AF638081

Karl König

Die zwölf Sinne des Menschen

Karl König

Die zwölf Sinne des Menschen

Band I

Der Kreis der zwölf Sinne und die Ich-Entwicklung

Herausgegeben von Richard Steel

Verlag Freies Geistesleben

Karl König Werkausgabe
Abteilung 8: Allgemeine Anthroposophie

Karl König Archive
Camphill

1. Auflage 2021

Verlag Freies Geistesleben
Landhausstraße 82, 70190 Stuttgart
www.geistesleben.com

Frontispiz: Karl König in USA 1962
Foto von Trude Fleischmann, New York
(Karl König und Trude Fleischmann kannten sich aus Wien. Auch sie stammte aus einer jüdischen Familie, verließ Wien 1938 und gründete ihr Studio in New York neu neben Carnegie Hall, wo König sie besuchte.)

Weitere Informationen zur Karl König Werkausgabe finden Sie unter: www.karlkoeniginstitute.org

ISBN 978-3-7725-2408-0

© 2021 Verlag Freies Geistesleben
& Urachhaus GmbH, Stuttgart
Gestaltung & Satz: Bianca Bonfert
Druck und Bindung: Eberl & Koesel GmbH, Altusried-Krugzell
Printed in Germany

Inhalt

Die zwölf Sinne des Menschen

Editorische Vorbemerkung

von Richard Steel

Die zweibändige Ausgabe der Sinnesarbeiten Karl Königs erscheint innerhalb der Werkausgabe in der Fachabteilung «Allgemeine Anthroposophie», wenngleich eine Zuordnung zur medizinischen Menschenkunde zunächst naheliegender erscheint. Königs Arbeiten zur Sinneslehre sind jedoch weitreichender, komplexer und fachübergreifend.

Seine Sinnesstudien begann Karl König bereits im Bereich der Zoologie und setzte sie nach seinem Medizinstudium in Wien in der Humanmedizin und Embryologie fort. Erste Kurse zur Sinneslehre gab er in der Arlesheimer Klinik und in Fortbildungsseminaren für Ärzte, aber auch für therapeutische und pflegerische Berufe, um sie dann in der Zeit des Aufbaus der Camphill-Bewegung – vor allem innerhalb der in Schottland entstehenden Ausbildung für Mitarbeiter – zu intensivieren. Dort war seine Blickrichtung besonders auf heilpädagogische Fragestellungen und die Beobachtungen aus dem pathologischen Bereich gerichtet, was letztlich das Verständnis der Sinnesorgane und -prozesse im Allgemeinen vertiefte. Gerade die Pathologien, die er dort beobachten und behandeln konnte, verstärkten seine Einsichten sichtlich.

Die beiden großen Kurse[1] über die Sinne, die in Band I enthalten sind, können vor allem im allgemeinen anthroposophischen Sinne als Hinführung zu einem neuen Verständnis des Menschenwesens selbst betrachtet werden – also ganz im Zusammenhang mit der zentralen Aufgabe der Anthroposophie!

Insbesondere in seinem ersten Vortrag in Wien bezieht sich König auf dieses «Allgemeine» im Sinne des Umfassenden, indem er diese Absicht bei Rudolf Steiner feststellt:

> Rudolf Steiner hat im Jahre 1909 die erste Konzeption seiner Sinneslehre dargelegt[2] und hat sie das Grundkapitel der Anthroposophie genannt, ohne das es unmöglich wäre, eine anthroposophische Geisteswissenschaft zu entwickeln.

In diesem Sinne handelt es sich bei unseren beiden Bänden nicht um eine komplette Sinnesphysiologie, sondern um Betrachtungen zu den einzelnen Sinnen in ihrem ganzheitlichen Zusammenhang, als «Hinführung zu einem neuen Verständnis des Menschenwesens» überhaupt; ein Weg allerdings, der sich als hilfreich und fruchtbar für pädagogische und vor allem therapeutische Fragen erweist. Dies wiederum kommt besonders deutlich in den Beiträgen im zweiten Band zum Ausdruck.

Die Bände in der Übersicht:

Band I
Der Kreis der zwölf Sinne und die Ich-Entwicklung

Der erste Band enthält im Kern die beiden Kurse, die Karl König 1960 in Spring Valley, New York, und 1963 in Wien über die Ganzheit der zwölf Sinne gehalten hat. Der Titel des Bandes drückt bereits aus, dass es hier zentral um die Frage des Menschen in seiner Ich-Entwicklung geht. In dem Aufsatz «Die Zwölfheit der Sinne – Ich-Entwicklung und Gemeinschaftsbildung» in Band II wird das Thema noch einmal zusammenfassend ausgeführt.

Beide Kurse haben zu ihrer Zeit viele Menschen für das Thema begeistern können und nachhaltig in den Zuhörern gewirkt. Auf Englisch erschien 1999 – zusammen mit Vorträgen über «Die sieben Lebensprozesse» – eine Buchausgabe des in den USA gehaltenen Kurses unter dem Titel *Living Physiology*. Als diese Arbeiten im gleichen Jahr auf Deutsch erschienen,[3] wurden lediglich Auszüge aus den Vorträgen des Wiener Kurs ergänzend hinzugestellt, weil die damaligen Herausgeber Wiederholungen vermeiden wollten. Wir sind jedoch heute der Meinung, dass dieser Wiener Kurs in seiner Gesamtheit relevant ist, sodass wir die Texte nun erstmalig vollständig veröffentlichen. Für Karl König war dieser Kurs, den er 1963 hielt, sicherlich bedeutend, denn es war seit der Flucht 1938 sein erster längerer Besuch in der Wiener Heimat – damals behandelten seine letzten Vorträge eben auch die Sinneslehre (und die Tiere).[4]

In Anbetracht der Fülle an Vorträgen, Aufsätzen und Seminarnotizen Königs zu den Sinnen werden die Arbeiten zu den «sieben Lebensprozessen», die in den oben erwähnten Ausgaben aufgenommen wurden, künftig in einem separaten Band zu den inneren Organen und Organprozessen publiziert.

Beiden Kursen wird im ersten Band nun ergänzend noch ein Vortrag Königs hinzugestellt, der ebenso allgemeine Gesichtspunkte zum Sinneswesen enthält – vor allem in Bezug auf das Verhältnis dieser Sinneswelt zum Menschen selbst. Auch wenn der Vortrag bereits 1961 (in Stuttgart) gehalten worden ist, und dadurch natürlich in mancher Hinsicht zeitgebunden sein mag, hat er mit dem Thema «Vom Sinn der Sinne und von der Not der Sinne in unserer Zeit» absolut nichts an Aktualität verloren, sondern wirft Fragen und Aspekte auf, die heute und für die Zukunft immer drängender werden. In diesem Vortrag kommt vor allem das große Anliegen Königs zum Ausdruck, dass die Bedeutung der Sinne für den Menschen im Allgemeinen und für seine Entwicklung erkannt und dadurch zu einem Leitprinzip unserer Gesellschaftsgestaltung wird. Wenn König in diesem Vortrag ausführt: *Die Sinne sind die Wiege, in der das Ich-Kind zu wachsen beginnt,* so drückt das genau das aus, was mit diesem ersten Band gemeint ist, der den Untertitel *Der Kreis der zwölf Sinne und die Ich-Entwicklung* trägt.

Königs Arbeiten werden mit einem Essay von Prof. Dr. Peter

Der Seminarkurs 1962, Donegal Springs House, Pennsylvania

Matthiessen eingeführt, in dem ein Überblick über das Phänomen «Sinneswesen» und über die «Gliederung der Sinnesbereiche in ihre Zwölfheit» gegeben wird.

Der Anhang enthält fragmentarische Hörernotizen aus einem weiteren Kurs («Course on Differential Diagnosis»), den König 1962 in den USA gegeben hat. Zwei Jahre nach dem großen Kurs in Spring Valley war er wieder auf Vortragsreise – nun vor allem, um anzuknüpfen an die Resultate seines ersten Amerika-Besuchs, denn in New York State war eine Dorfgemeinschaft im Entstehen, und in Pennsylvania hatte sich durch die Entwicklung der Schule ein Stamm von Mitarbeitern zusammengefunden, der eine starke Pioniergruppe für die beginnende Camphill-Region in Nordamerika bildete. Bis heute sind aus dieser Zusammenarbeit 15 Gemeinschaften und weitere Initiativen in den USA und Kanada entstanden, die mit Kindern, Jugendlichen, Erwachsenen und alten Menschen arbeiten. Seinerzeit – 1962 – veranstaltete König mit einer kleinen Gruppe einen Kurs über Diagnostik in Zusammenhang mit den Sinnen.

Im Weiteren enthält der Anhang Auszüge aus seinem Tagebuch, die seine Eindrücke während der Reise nach Wien 1963 veranschaulichen.

Band II
Sinnesentwicklung und Leiberfahrung

Der zweite Band dieser Sinnesarbeiten fügt dem mehr allgemeinen ersten Band genauere Studien zu den einzelnen Sinnen hinzu und weist bereits im Titel auf den Hauptinhalt hin – die grundlegenden Aufsätze Karl Königs zu den «unteren» Sinnen, die bereits 1971 unter dem gleichen Titel erschienen; ergänzt auch durch den Aufsatz «Körperschema und Leibessinne» von Königs Freund und Schüler Georg von Arnim. Dieser Aufsatz wurde aus der Zusammenarbeit mit König zur Abrundung seiner Ausführungen zur ersten Herausgabe geschrieben.[5]

Wenn die Ausführungen zunächst auch sehr große Bereiche umspannen und grundsätzliche Erkenntnisse über Fragen der Gestalt, über das menschliche Leiberleben darstellen, so führen sie jedoch unmittelbar in die Praxis – in die Grundfragen der Erziehung, der Heilberufe und auch in die Fragen des sozialen Lebens.

König plante, zwei Bücher über heilpädagogische Diagnostik zu schreiben – einmal vom Gesichtspunkt der Bewegungsentwicklung und im Weiteren vom Gesichtspunkt der Sinne. So wie König Diagnostik verstanden und auch betrieben hat, wäre der therapeutische Ansatz in beiden Büchern mit impliziert gewesen und diese hätten sich gegenseitig ergänzt. Wir können vermuten, dass die Aufsätze über die «unteren» Sinne ein Kapitel abgegeben hätten; Notizen, die sich mit dem Datum 1951 und 1952 über die mittleren Sinne in seinem Nachlass befinden, könnten der Anfang eines eigenständigen Kapitels gewesen sein. Auch wenn sich das nicht belegen lässt, veröffentlichen wir sie in dieser Publikation.

Vermutlich hatte König damit begonnen, Texte aus den Seminarstunden, die er regelmäßig für die Mitarbeiterschaft gegeben hatte – und für die es auch eine Fülle von Notizen gibt –, zusammenzuführen. Sie bleiben bruchstückhaft und zeigen dennoch bemerkenswerte Ansätze zu einem neuen Verständnis dieser Umwelt-Sinne. Hinzugefügt sind dann Notizen zu den oberen Sinnen, die 1954 in Vorbereitung für Kurse im heilpädagogischen Seminar in Aberdeen entstanden waren. Auch hier handelt es sich um unvollständige Ausführungen, nicht ausgearbeitete Manuskripte, die interessante Aspekte zu den oberen Sinnen liefern. Um den Charakter des Arbeitsmaterials beizubehalten, fügen wir einige Faksimiles hinzu – vor allem dort, wo Zeichnungen zu einem Verständnis der Inhalte beitragen.

Einleitendes

Als Einstieg in das Material des zweiten Bandes dient ein Aufsatz, entstanden während einer Reihe von Vorträgen über Karl Königs Arbeiten an der Sinneslehre – ein Versuch, eine Zusammenfassung einer anthroposophischen Sinneslehre zu skizzieren, aus dem die Bedeutung für das Menschenverständnis, vor allem aber auch für die Praxis deutlich wird, ob im Erzieherischen oder in den Heilberufen. Denn dies war Königs großes Anliegen, dass die Anthroposophie im praktischen Leben fruchtbar wird, was bei ihm selbstverständlich gleich den Bezug zum sozialen Leben an sich aufzeigt. Die Relevanz der «oberen» oder «geistigen» Sinne für das Soziale – auch für das Heilen des Sozialen – war für Karl König essenziell. An dieser Stelle sollen daher seine Vorträge über das Soziale erwähnt werden, die in dem Band: *Mensch unter Menschen werden* bereits veröffentlicht worden sind; wir können sie vielleicht als eine notwendige Fortführung der Grundlagen der Sinneslehre sehen, wie sie König erarbeitet und gelehrt hat, ja auch versucht hat, im Leben der therapeutischen Gemeinschaft direkt wirksam werden zu lassen. Wir erkennen aber, dass das Hineinführen einer neuen Erkenntnis der Sinne in die soziale Wirklichkeit, gleichzeitig und unmittelbar eine Bemühung um Erkenntnis des Übersinnlichen bedingt. Die Sinne selbst scheinen das Tor zum Übersinnlichen darzustellen.

So ist es an dieser Stelle folgerichtig, dass als Übergang zu Königs Darstellungen der einzelnen Sinne eine Betrachtung steht, die den Bezug des Menschen zu seinem Sinneswesen und dessen Natur deutlich beleuchtet. Diese Gedanken von Peter Matthiessen haben in einem weiteren Aufsatz eine Fortsetzung erfahren, den er als Begleitlektüre für diesen Band komponiert hat, und den wir den Lesern ans Herz legen möchten.[6]

Karl Königs Weg mit der Sinneslehre

Bevor Karl König in die Humanmedizin einsteigen konnte, hatte er Latein nachzuholen und nutzte die Zeit, um nebenher weitere Fächer zu studieren. Neben Botanik war ihm die Zoologie sehr am Herzen gelegen, worüber die Aufsatzsammlung *Bruder Tier* Zeugnis gibt.[7] Sicher wurden diese Studien von der Freundschaft mit Eugen Kolisko beeinflusst, der an der Angabe Rudolf Steiners über die Zwölfheit des Tierreichs gearbeitet hatte. So waren die ersten Arbeiten Königs zur Sinneslehre durch die Sinne im Tierreich und den Vergleich der beiden Zwölfheiten geprägt. Diese frühen Arbeiten würden allein schon ein Buch füllen. An dieser Stelle möge die Wiedergabe einiger Zeichnungen zunächst genügen, um auf diese Studien hinzuweisen.

Trotz der schwierigen Situation, verbunden mit seiner Flucht aus Schlesien 1936 und nach Schottland 1938, mit der folgenden Pionierzeit der kleinen Gemeinschaft, hielt König für die Anthroposophische Gesellschaft in Wien 1937 (26.10.–14.12.) und 1938 (11.1.–28.2.) insgesamt vierzehn Vorträge über die Sinne, die Tiere und den Tierkreis. 1939 veröffentlichte er drei Aufsätze zu diesem Thema mit dem Titel «Zodiac» in der Zeitschrift *The Modern Mystic*[8] und schrieb 1939/40 drei Bücher: *Die Ordnung der Tiere im Tierkreis*, die als Manuskriptdruck über Elisabeth Vreede und Ernst Marti in Arlesheim erhältlich waren.

Seine Sinnesstudien erfuhren eine weitere Vertiefung durch das Medizinstudium, vor allem aber weil König seinen tiefen Fragen nach Wesen und Entwicklung des Menschen neben dem Studium im emb-

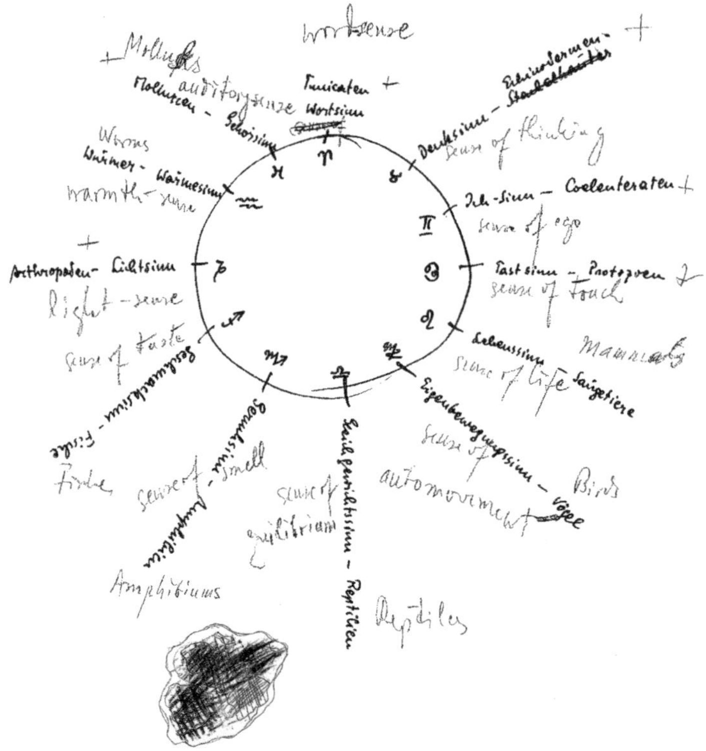

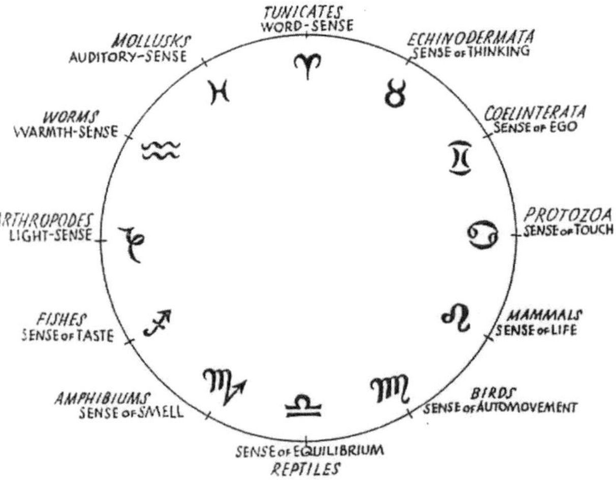

Aus den Aufsätzen «Zodiac», 1939: Vorbereitungsnotiz und Manuskript

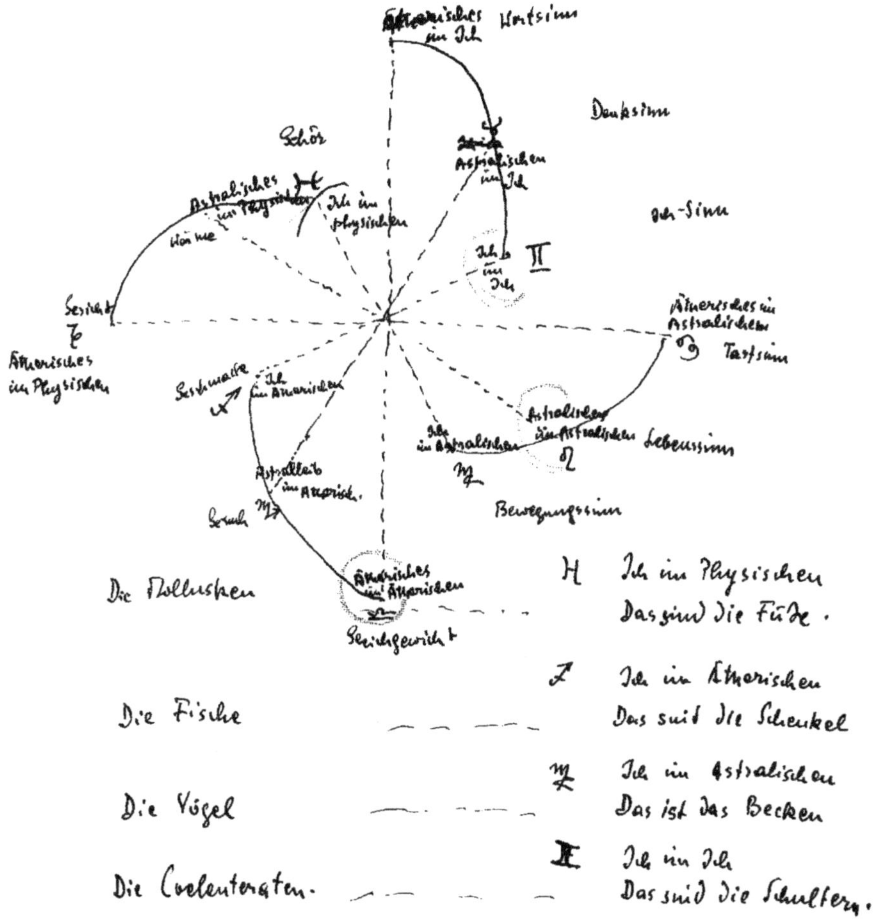

Aus einer Notizmappe: «Tierstudien», 1939/1940

Das Gleichgewichts-Organ & der Gleichgewichts-Sinn kann nur erfaßt werden, wenn es als der 4. Sinn gesehen wird.

Der Vierte aber geht durch den Prozeß der Geburt, der durch die ersten Drei vorbereitet wird.

Bewußtsein {
- Uterus ..... Tasten – Riechen – Hören
- Amnion .... Lebenssinn – Schmecken – Wortsinn
- Embryo .. Bewegungssinn – Sehen – Denksinn

↓

Selbst-Bewußtsein: Säugling ... Gleichgewicht – Wärme – Ichsinn

Statocyst = Embryo!

Notiz zum Gleichgewichtssinn, 1952

ryologischen Institut nachging. So hielt er in seinen Seminaren über die Sinne auch immer wieder Stunden über die embryologische Entwicklung der Sinnesorgane. Mit dem Aufbau der heilpädagogischen Gemeinschaft und der dazugehörenden Ausbildung, die formal 1949 eröffnet wurde, sowie der speziellen Schulung der Krankenschwester, die 1945 mit einem ersten Kurs begann, intensivierte sich seine diesbezügliche Lehrtätigkeit. Als Beispiel diene die rätselvolle Notiz aus dem Jahr 1952 zum Gleichgewichtssinn auf S. 18.

Als 1952 eine Camphill-Arbeit in Norwegen beginnen sollte, wählte Karl König insbesondere drei Themen für seine Vorträge, die den Boden bereiten sollten: die Tempelritter, die Rosenkreutzer und die Sinne. In den menschenkundlichen Darstellungen, so erfahren wir vor allem durch Hörernotizen, sprach König zunächst über Krankheiten und Vererbung in der kindlichen Entwicklung, dann aber über die Ich-Entwicklung des Menschen vor dem Hintergrund der Zwölfheit der Sinne. Er stellte dar, wie die Naturreiche den «Boden» für die menschliche Entwicklung abgeben, und wie gerade in der dauernden direkten Auseinandersetzung mit den Naturreichen um uns herum das Ich sich entwickelt, indem der Mensch ein eigenes Reich außerhalb der Natur aufbaut. In diesem Zusammenhang – in der Frage nach dem wirklichen «Sinn der Sinne» – stellen die Sinne nicht nur einen Bezug zur äußeren Welt dar, sondern erheben den Menschen, vor allem durch die oberen Sinne, über die Natur hinaus. Aus Königs Vorbereitungsnotizen auf S. 20–21 können wir einiges darüber erfahren.

In den 1950er-Jahren stellte König im heilpädagogischen Seminar Camphills zwar immer wieder den Zusammenhang aller zwölf Sinne dar, doch überwiegen in den hinterlassenen Dokumenten Ausführungen über die Umwelt-Sinne und ihre Sinnesorgane, oft auch über die Gegensätze von Sehen und Hören. 1959–61 entstanden dann die grundlegenden Aufsätze über die unteren Sinne für die deutsche Zeitschrift *Das Seelenpflege-bedürftige Kind*, die im Zentrum unseres zweiten Bandes stehen.

Senses & The 3 Kingdoms of Nature. 18.

Oslo

21. März 1952

	Tastsinn	Klasse	
Vater	Lebenssinn	Ordnung	der Tiere
	Bewegungssinn	Familie	
	Gleichgewicht	Art	

	Geruch	Bau	
Sohn	Geschmack	Substanz	der Pflanze
	Gesicht	Farbe	
	Wärme	Um- u. Innenwelt	

	Gehör	Welt der Gesteine	
Geist	Sprachsinn	Chemie	der Minerale
	Denksinn	Geometrie	
	Ichsinn	Kristall (der Herr der Erde)	

Damit setzt sich das Menschen-Ich dauernd auseinander.

Notizen zu den Vorträgen in Oslo 1952: «Senses and The 3 Kingdoms of Nature»

Leib	Seele	Geist
Astralleib	Empfindungsseele	Sprachsinn
Aetherleib	Verstandesseele	Denksinn
Physischer Leib	Bewusstseinsseele	Ichsinn

E.D.N.

J.C.M.

Ist das nicht das Bild der Taube?

P.S.S.R.

Diese drei Sinne bestehen substantiell nicht aus Aether- u. Astralsubstanz, sondern aus Empfindungsseele
Verstandesseele
Bewusstseinsseele.

Notizen zu den Vorträgen in Oslo 1952

Aus undatierten Unterlagen, die etwa 1945 entstanden sind, erscheint ein ganz anderer Zugang zu der Ganzheit der zwölf Sinne in Bezug zu dem «zwölffachen Verlangen» – also zu einer seelischen Zwölfheit. Da nur zwei Seiten erhalten sind, können wir nur annehmen, dass König sich dafür mit der «zwölfgliedrigen Kette des bedingten Entstehens» beschäftigt hat, wie sie im Pali-Kanon beschrieben ist (siehe Faksimile S. 23).[9]

Auch im Aufbau der therapeutischen Gemeinschaft war die Zwölfheit der Sinne für König so zentral, dass das Thema selbst in seinen Spielen für die Jahresfeste in künstlerischer Weise deutlich aufleuchtet. Das Spiel für das Johanni-Fest ist ganz den Gestaltungskräften des Tierkreises in ihrer Wirkung auf den werdenden Menschen gewidmet, insbesondere dem vierteiligen Osterspiel liegt auch die Zwölfheit zu Grunde. Vor einer Aufführung des Teils für Karfreitag legte König den Zuschauern dar, wie diese Zwölfheit auch direkt mit den Sinnen in Zusammenhang steht:

> Ihr werdet es verstehen, wenn ich sage, dass das Karfreitagsspiel tatsächlich etwas ist, das uns die Welt der Sinne entdecken lässt; welches uns den Sinn der Sinne zeigt; das Wesen der Sinne selbst.

Später, nachdem er bereits nach Mitteleuropa zurückgekehrt war, waren es vor allem die oberen Sinne, die er eindrücklich darstellte: Die Sinne, die dem Menschen die Welt des Seelisch-Geistigen erschließen und ihn «Mensch unter Menschen werden» lassen. Diese Worte klangen immer wieder in den Vorträgen an, sodass wir sie dann als Buchtitel auswählten.[10] In seiner Vorbereitung für den dort veröffentlichten Vortrag am Palmsonntag 1964 in Föhrenbühl schrieb Karl König am Ende seiner Notizen:

> Nun aber erkennen wir: Die Christus-Kräfte, die im kleinen Kind das Gehen, Sprechen und Denken ermöglichen, sie wandeln sich in den drei obersten Sinnesorganen zu den Kräften des Heiligen Geistes um. Dieses aber ist die Sphäre des sozialen Lebens.[11]

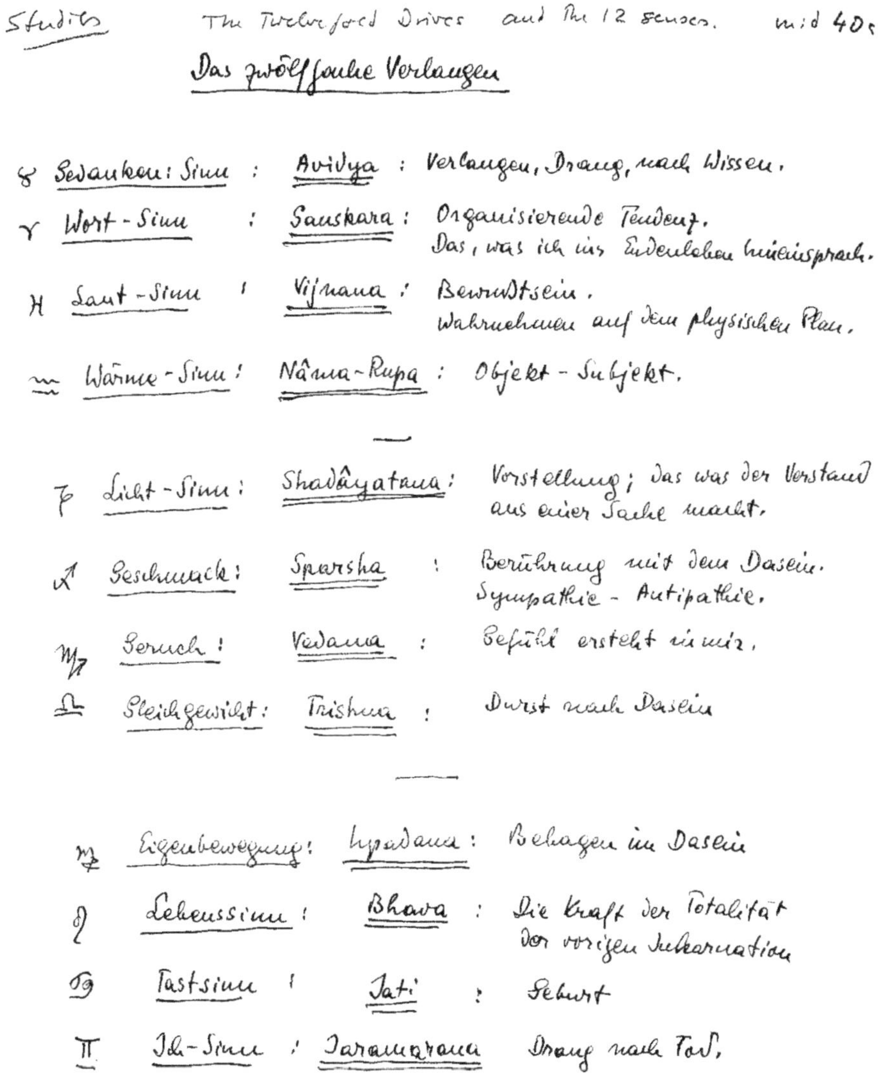

Studies   The Twelvefold Drives and the 12 senses.   mid 40s

Das zwölffache Verlangen

♉ Gedanken-Sinn : Avidya : Verlangen, Drang, nach Wissen.

♈ Wort-Sinn : Sanskara : Organisierende Tendenz.
Das, was ich ins Erdenleben hineinsprach.

♓ Laut-Sinn : Vijnana : Bewußtsein.
Wahrnehmen auf dem physischen Plan.

♒ Wärme-Sinn : Nâma-Rupa : Objekt-Subjekt.

—

♑ Licht-Sinn : Shadâyatana : Vorstellung; das was der Verstand
aus einer Sache macht.

♐ Geschmack : Sparsha : Berührung mit dem Dasein.
Sympathie - Antipathie.

♏ Geruch : Vedana : Gefühl ersteht in mir.

♎ Gleichgewicht : Trishna : Durst nach Dasein

—

♍ Eigenbewegung : Upadana : Behagen im Dasein

♌ Lebenssinn : Bhava : Die Kraft der Totalität
der vorigen Inkarnation

♋ Tastsinn : Jati : Geburt

♊ Ich-Sinn : Jaramarana Drang nach Tod.

Studien zu den zwölf Sinnen, etwa 1945

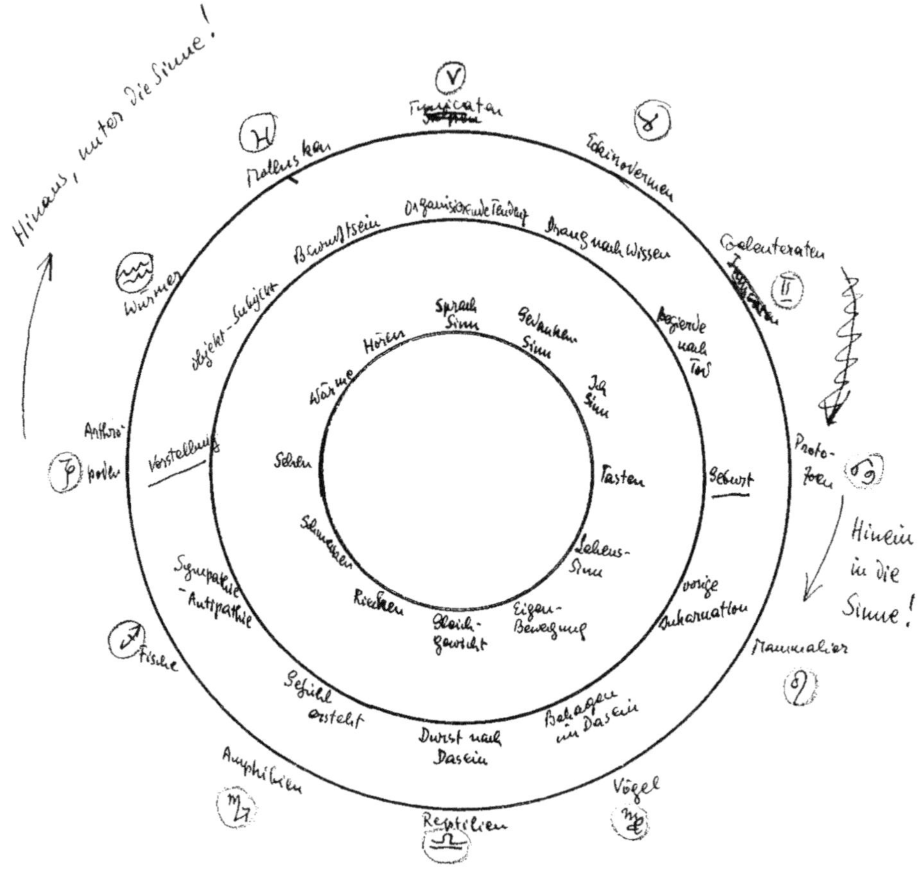

Studien zu den 12 Sinnen, etwa 1945

Zur Editionsarbeit und eine Danksagung

Es ist mir nun ein Anliegen, ein Wort über den Freund zu schreiben, der die Editionsarbeit mit großem Interesse begleitet hat: Peter Matthiessen, Neurologe, Psychiater, Professor für Medizintheorie und Komplementärmedizin und Mitgründer der Universität Witten-Herdecke, hat eine Einführung für die Bände verfasst und plante, einige weiterführende

Notizen zu Königs Forschungen auszuarbeiten. Leider ist es dazu nicht mehr gekommen, da er drei Wochen nach unserer letzten Besprechung, am 30. April 2019, in seine geistige Heimat zurückgekehrt ist. Es war immer etwas sehr Besonderes, mit Herrn Matthiessen gemeinsam die Texte zu studieren – einerseits weil er als Experte auf diesem Gebiet seine Erfahrung und sein weites Wissen anbringen konnte, andererseits war es deswegen eine Freude, da er jedes Mal seine Begeisterung für Karl Königs Art der Beschreibung zum Ausdruck brachte. So vertrat er die Meinung, dass König einen sehr künstlerischen Zugang zu den Fragen der Sinne schaffen konnte, der wesentlich dazu beitragen kann, unser Verständnis für die spirituelle Bedeutung der Sinnesvorgänge zu wecken. Persönlich bin ich immer von den Gesprächen bereichert nach Hause gegangen, dabei beteuerte er jedes Mal mit Bescheidenheit, selbst hinzugelernt zu haben. Es waren Begegnungen, für die ich sehr dankbar bin. Noch in den letzten Wochen seines Lebens hat er die einleitenden Texte fertiggestellt, und ich bin sicher, dass er unsere Arbeit weiter begleiten wird. Sein ausgesprochener Wunsch war es, dass der Aufsatz «Die Zwölfheit der Sinne – Ich-Entwicklung und Gemeinschaftsbildung», den ich während der Zeit unserer Zusammenarbeit schrieb, in den zweiten Band aufgenommen wird. Der Hinweis auf den Zusammenhang der «oberen» Sinne mit dem Sozialen – also auch das Einbeziehen von Königs Ausführungen in dem Band *Mensch unter Menschen werden* – war ihm sehr wichtig; so sollte ein Bogen gespannt werden von Königs frühen Arbeiten zum Wesen der Tiere, die ihn von Jugend an begleiteten, bis hin zu den Anliegen im Sozialen, die seine eigene Biographie immer mehr prägten.

An dieser Stelle darf ich auch einen Dank an Konrad Schily richten, der lange mit Peter Matthiessen zusammengearbeitet hat und sich schon länger für Karl Königs Werk einsetzt. Er hat die fachliche Begleitung der Editionsarbeit in der Schlussphase zu Ende geführt. Ein Dank soll ebenfalls an Angela Stintzing gehen, da sie nach dem Tod von Herrn Matthiessen wesentlich dazu beigetragen hat, die Literaturangaben und

Fußnoten zu rekonstruieren, die er für diese beiden Bände vorgesehen hatte.

Zu den Vorlagen für diese zweibändige Ausgabe

Wenn auch die Texte aus den beiden längst vergriffenen Publikationen *Der Kreis der zwölf Sinne und die sieben Lebensprozesse und Sinnesentwicklung und Leiberfahrung* den Kern dieser zwei Bände ausmachen, so sind einige Texte neu hinzugefügt worden, die noch nicht veröffentlicht wurden. Diese haben teils redaktionelle Arbeit benötigt, da es sich (im ersten Band bei den Wiener Vorträgen und bei dem Vortrag in Stuttgart) um lückenhafte Hörernotizen handelt. Alle Vortragstexte sind aber weitgehend so belassen worden, wie sie aufgenommen wurden, um den persönlichen lebendigen Stil seines Vortragens so weit als möglich zu erhalten. Lediglich an einigen Stellen wurde der Text des lesenden Verständnisses wegen etwas redigiert. In wenigen Fällen werden heute übliche Begriffe verwendet, um es dem Leser leichter zu machen – die damals übliche Bezeichnung «Mongolismus» zum Beispiel wurde mit «Down-Syndrom» ersetzt.

Beim Wiener Kurs haben wir Zeichnungen in Faksimile aus Königs Vorbereitungsnotizen in die Texte eingefügt, da die Tafelzeichnungen nicht aufgehoben wurden – allerdings waren nicht alle Zeichnungen von ihm vorbereitet worden, und so liegen von den spontanen Tafelzeichnungen leider keine Abbildungen vor.

Die Seminarinhalte, die wir in den zweiten Band eingegliedert haben, sind nicht mitgeschrieben worden, folglich haben wir einige seiner Vorbereitungsnotizen aufgenommen, von denen wir annehmen, dass König selbst plante, eine Schrift daraus anzufertigen. Die Londoner Vorträge, 1952/53, die er schriftlich gut vorbereitet hatte, sind dort in der Übersetzung unter Beibehaltung der ursprünglichen Form des Originals ohne weitere editorische Bearbeitung wiedergegeben.

Schließlich soll erwähnt werden, dass König beabsichtigte, einen umfassenden Band über die Sinne zu veröffentlichen und letztlich, wie bei vielen seiner Vorträge und Forschungsarbeiten, in den relativ wenigen Jahren, die ihm noch zur Verfügung standen, nicht mehr die Zeit gefunden hat, die Texte weiterzubearbeiten. Christof-Andreas Lindenberg, der die Herstellung und Verteilung der Manuskripte von Karl Königs Vorträgen besorgte (was oft am späten Abend gleich nach dem jeweiligen Vortrag geschah), berichtete uns, dass König mit den relativ guten Nachschriften des Kurses in Spring Valley, USA, nicht zufrieden war und sie lieber nicht verteilt haben wollte. Er wollte sie in einer ähnlich übersichtlich gegliederten Form wie die Aufsätze über die unteren Sinne (Band II) überarbeiten. Damals willigte er trotzdem ein, und vielleicht wird er uns heute vergeben, wenn wir die Texte, die zweifelsohne ihren Wert haben, erneut publizieren. Vermutlich könnte er zustimmen, weil seine Ansätze auf diesem Weg von vielen Menschen ernsthaft studiert, weitergeführt – und vor allem für die Praxis fruchtbar gemacht werden. Denn sein Hauptanliegen war es, dass die höchsten Ideen aus der Anthroposophie die soziale Wirklichkeit durchdringen, denn ihm war der Ruf des Johannes: «Ändert euren Sinn» ganz wesentlich – und wo soll eine Sinnesänderung beginnen, wenn nicht mit der Sinneslehre? In diesem Sinne sei eine Notiz wiedergegeben, die er 1952 niederschrieb:

Der Wortsinn gibt die <u>Lyrik</u>
Der Gedankensinn die <u>Epik</u>
Der Ichsinn ergibt die <u>Dramatik</u>.

1. Im Sprachsinn berühren wir das Kleid der Erzengel.
2. Im Gedankensinn ertasten wir das Wehen des Menschensohnes.
3. Im Ichsinn kann sich uns das Wirken des Heiligen Geistes offenbaren.

Für das Karl König Archiv *Richard Steel 2021*

Das Sinneswesen als Ich-Leib

Zur Sinneslehre von Karl König

Prof. Dr. Peter F. Matthiessen

Rudolf Steiner hat in seinem erkenntniswissenschaftlichen Hauptwerk *Die Philosophie der Freiheit*[1] die (Sinnes-)Wahrnehmung und das Denken als die beiden letzt-begründenden Quellen aller Wirklichkeitserkenntnis aufgezeigt. Damit ist zugleich der Boden dafür bereitet worden, neben dem Denken auch die Sinnes-Wahrnehmung als unabdingbare Erkenntnisquelle anzuerkennen.

Im Gegensatz zum Denken, das wir tätig hervorbringen müssen, kennzeichnet sich die Wahrnehmung dadurch, dass sie uns ohne unser Zutun «gegeben» ist. So gehört das Phänomen der Letzt Gegebenheit zu den essenziellen Eigenschaften der Sinneswahrnehmung.

Meist sprechen wir von der Sinneswahrnehmung im Singular, obwohl sich die Sinneswahrnehmung in ganz unterschiedliche Sinnesbereiche bzw. Modalbezirke untergliedern lässt. Hier unterscheiden wir die fünf klassischen Sinne, nämlich Tastsinn, Geruch, Geschmack, Sehsinn und Hörsinn. Der Grund dafür, traditionellerweise fünf Sinne aufzuzählen, dürfte darin bestehen, dass bei diesen Sinnen die dazugehörigen Sinnesorgane unschwer aufzufinden sind. Es trägt die Kenntnis der organologischen Grundlage der Sinnesorgane jedoch nichts zu deren phänomenal inhaltlicher Erhellung bei: Als Alltagsmenschen und in den empirischen Wissenschaften gebrauchen wir unsere Sinne unhinterfragt.

Weiterführend für die Grenzziehung zwischen unterschiedlichen Sinnesmodalitäten und für die Verfolgung der Frage, wie viele Sinne des Menschen sich berechtigterweise darstellen lassen, hat sich ein phänomenologischer Ansatz erwiesen. «Dieser Begriff wird in sehr unterschiedlicher Weise gebraucht, vor allem auch im Sinne einer naiven Beschreibung der gewöhnlichen Lebenswelt. Was dagegen im Folgenden als Phänomenologie bezeichnet wird, ist eine erst durch Übung schrittweise zu erlangende Fähigkeit, von der Selbstverborgenheit der Sinneswahrnehmung und ihrer naiv-objektivistischen Handhabung zu einer Thematisierung des Sinnlichen selbst zu gelangen.»[2] «Beim phänomenologischen Ansatz haben wir es nicht mit einer natürlichen, sondern mit einer durch eine mit freiem Willensentschluss herbeigeführten künstlichen Einstellung zu tun. Ihr Leitmotiv ist das Postulat der theoretischen Voraussetzungslosigkeit oder der konsequenten Urteilsenthaltung, der methodischen Ausklammerung aller Setzungen, Deutungen und Wertungen, insbesondere der Frage nach Wahrheit oder Falschheit, Wirklichkeit oder Unwirklichkeit, Objektivität oder Subjektivität. Was sich dieser Einstellung darbietet, ist das unmittelbar Gegebene.

Die Wahrnehmung selbst aber tritt originär auf. Sie bedarf keiner anderen Inhalte oder Erkenntnisse, auch keines physiologischen oder physikalischen Wissens, um gegeben zu sein.»[3]

Den Weg einer methodisch stringenten Selbstbeobachtung und einer konsequenten Erlebnisanalyse hat Rudolf Steiner als Erster aufgezeigt, indem er spätestens im Zusammenhang mit seiner erstmaligen Darstellung der Sinne des Menschen 1909 in dem Vortragszyklus «Anthroposophie» auf diese Vorgehensweise hingewiesen hat.[4] Unsere begrifflich geleitete Intention löst dabei die Objekte der Außenwelt in ihre qualitativen «Eigenschaften» auf, die beim gewöhnlichen Wahrnehmen den Dingen gewissermaßen fest anhaften und richtet sich auf die Qualitäten als solche. Die sogenannte analytische Reduktion ist somit nur hinsichtlich der Auflösung der Dinglichkeit analytisch, während sie bei der Herausarbeitung des Qualitativen synthetisch vorgeht: Im Erfassen der Sinnesqualitäten als selbstständiger, auch durch eigene Begriffe repräsentierter Wesenheiten lösen wir uns aus der Verhaftung an die konkreten Gegenständlichkeiten der naiven Lebenswelt und vollziehen eine freie Synthese dessen, was über die Sinneswelt in Einzelerscheinungen verstreut ist. Die Grundsätze, nach denen in der modernen Sinneslehre die analytische Reduktion der Sinnesmannigfaltigkeit erfolgt, sind die Ähnlichkeit (Unähnlichkeit) und die Abhängigkeit (Unabhängigkeit) der verschiedenen Qualitätsbereiche.

«Führt man die analytische Reduktion der Sinnesmannigfaltigkeit konsequent weiter, so gelangt man schließlich zu Elementen, die begrifflich nicht weiter analysierbar sind, also rein phänomenalen Charakter besitzen. Es sind dies die sogenannten einstelligen Elemente der Sinneserlebnisse, z. B. das Erlebnis Rot. Die Sinnesphysiologie als experimentelle Wissenschaft unterscheidet sich nun von der Phänomenologie vor allem dadurch, dass sie diese phänomenalen Grundgegenstände nicht nur begrifflich aus der Sinnesmannigfaltigkeit extrahiert, sondern sie mittels entsprechender Versuchsanordnungen auch experimentell möglichst rein darstellt und die Bedingungen ihres Auftretens untersucht. In den ‹künstlich› erzeugten, rein phänomenalen Objekten der allgemeinen Sinnesphysiologie haben wir also einen Fall vor uns, in welchem der erkenntnistheoretische Grenzbegriff der reinen Wahrnehmung praktisch realisiert wird.»[5]

Ein Ergebnis dieser phänomenologischen Vorgehensweise ist die Auflösung, das Verschwinden der gegenständlichen Welt, und das Erstehen neuer Welten: einer Welt der Tasterlebnisse – und nur der Tasterlebnisse; einer Welt der Gerüche – und nur der Gerüche; einer Welt der Geschmackserlebnisse – und nur der Geschmackserlebnisse; einer Welt der Farben sowie von Licht und Dunkelheit – und nur der Farben sowie des Lichts und der Dunkelheit; und einer Welt der Töne – und nur der Töne.

Ein Vorgehen, bei dem methodisch dasjenige thematisiert wird, was die einzelnen Sinnesbereiche an spezifisch qualitativem Erlebniswert zeigen, ist von Erwin Straus als «Ästhesiologie» bezeichnet worden.[6] Auf ihrem Boden ergibt sich für die moderne, erkenntniskritisch ausgerichtete Sinnesphysiologie (u.a. Hensel, Reenpää, Husserl, Steiner, König u.a.m.) die Möglichkeit, die einzelnen Sinne als Modalbezirke zu begreifen: «Die Modalität ist eine mehrstellige Eigenschaft, die eine ganze Gruppe von Sinneserlebnissen zu einem Modalbezirk verbindet. Dabei können wir aufgrund von Ähnlichkeits- und Unähnlichkeitsbeziehungen verschiedene Modalbezirke abgrenzen: die Sehmodalität, die Hörmodalität, die Bewegungsmodalität, die Tastmodalität, die Geruchsmodalität, die Geschmacksmodalität – um nur eine Auswahl zu nennen. [...] Was die Modalbezirke voneinander sondert, ist ihre phänomenale Verschiedenheit. Wir sind uns ohne Weiteres darüber klar, ob ein Sinneserlebnis zum Bereich des Gesichts gehört oder zum Bereich des Gehörs. Ferner ist es evident, dass die verschiedenen Elemente eines Modalbezirks eine gewisse Ähnlichkeit besitzen, welche sie zu einer Teilmannigfaltigkeit – eben der betreffenden Modalität – verbindet. Eine gesehene Farbe und eine gesehene Räumlichkeit sind sich darin ähnlich, dass beide zum Modalbezirk des Gesichts gehören und nicht zu einem anderen Sinnesbereich. [...] Man kann daher sagen, dass es in erster Linie die Qualitäten sind, welche die verschiedenen Modalbezirke konstituieren und ihnen das spezifische Gepräge geben.»[7]

Die Sinneserlebnisse haben unverwechselbare und spezifische Qualitäten, die in ihrer Gesamtheit die Sinnesmannigfaltigkeit darstellen. Diese phänomenale Struktur lässt sich aufgrund ihrer qualitativen Wesensinhalte beschreiben, in ihren gegenseitigen Verhältnissen untersuchen und begrifflich darstellen, ohne den Bereich des sinnlich Gegebenen zu überschreiten. Dies sei am Beispiel der Farben verdeutlicht: die Farbqualitäten lassen sich rein phänomenal nach ihren Wesenseigenschaften beschreiben und nach ihren unmittelbar erlebten Verwandtschafts- und Komplementaritätsverhältnissen in eine bestimmte Ordnung bringen, z.B. den Goethe'schen Farbenkreis, die Runge'sche Farbenkugel oder neuere Systeme des Farbendreiecks und Farbenkörpers. Gegenüber der Objektivität oder Subjektivität der Farben ist diese Farbenordnung völlig invariant; sie gilt unabhängig davon, ob es sich um Körperfarben, Lichtfarben oder Nachbilder handelt. Es liegt in unserer freien Entscheidung, dass wir die Wahrnehmungsdimension nicht nur – wie im natürlichen Alltag zumeist – auf die Dinge und die an ihnen als Eigenschaften auftretenden Sinnesqualitäten richten können, sondern, unter Abstraktion von den Dingen, auf die Qualitäten selbst.

«Wir können darüber hinaus im sinnesphysiologischen Experiment diese Qualitäten in reiner Form zum Erlebnis bringen. Hier zeigt sich eine spezifisch menschliche Fähigkeit des Wahrnehmens, die über die naturgegebenen Lebenszusammenhänge hinausreicht. Auf diesem Wege gelangen wir schließlich zu elementaren, nicht weiter analysierbaren Erlebnissen. Es sind dies die sogenannten einstelligen Elemente der Sinnesmannigfaltigkeit, z. B. das Erlebnis der Farbe Rot. Was Rot ist, kann man nicht definieren und deshalb auch nicht mit Worten sagen; man kann es nur erleben, und wer diese Erlebnisfähigkeit nicht besitzt, etwa weil er farbenblind ist, dem ist auch mit Definitionen nicht zu helfen.»[8]

Wie viele Sinne besitzt der Mensch?

Je nachdem wie sorgfältig man die auf Ähnlichkeitserlebnissen beruhenden Modalbereiche fasst oder phänomenologisch untersucht, wird man zu einer verschiedenen Anzahl von Sinnen gelangen. Die Sinneslehre von Aristoteles umfasst fünf Sinne, die neuere konventionelle, ästhesiologische Sinnenphysiologie unterscheidet acht bis zehn Sinne, Rudolf Steiner hat bei seiner ersten Auseinandersetzung (1909) zehn Sinne beschrieben, um später, ab 1916, zwölf Sinne zu beschreiben.[9] Die Zahl zwölf ist auch für die von Karl König verfolgte Sinneslehre maßgebend. Da Karl König im Zuge seiner genialischen Schaffenskraft der von ihm vertretenen Sinneserkenntnis zwar eine durch seine Persönlichkeit eigenständig geprägte Auffassung zum zwölfgliedrigen Sinnesorganismus vertrat, andererseits aber sich ausdrücklich als ein Geistesschüler Rudolf Steiners empfand, auch bei seinen den Sinnen gewidmeten Vorträgen ausdrücklich Rudolf Steiner als Kronzeugen nennt, sei zunächst der Ansatz Rudolf Steiners zur Sinnesauffassung dargelegt.

Er, Rudolf Steiner, hat in seinen frühen erkenntnistheoretischen Schriften nicht nur die prinzipielle Unhintergehbarkeit dessen aufgezeigt, was uns die Sinne zeigen. In vier Vorträgen unter der Rubrik «Anthroposophie» (1909) hat Rudolf Steiner zudem das Spektrum der klar voneinander abgrenzbaren Sinne deutlich erweitert, indem er folgende Erlebnisbezirke als Sinne benennt und skizziert, welchen Sinnesbereich sie erschließen:

An Sinnen, die uns das eigene Leibeserlebnis vermitteln, werden als «untere» Sinne genannt:

Lebenssinn
Eigenbewegungssinn
Gleichgewichtssinn

An umweltbezogenen «mittleren» Sinnen führt Steiner folgende Sinne an:

Geruchssinn
Geschmackssinn
Gesichtssinn
Wärmesinn

Interessanterweise grenzt Steiner den Hörsinn hiervon ab und rechnet ihn zu den «oberen» Sinnen. An weiteren, an den Hörsinn angrenzend, zeigt Steiner noch folgende Sinne auf, die zuvor nicht als Sinne erkannt worden waren:

Hörsinn
Wortsinn
Gedankensinn

Diese Auflistung bedarf einer kurzen Kommentierung. Was die auf das Erleben der eigenen Leiblichkeit bezogenen Sinne betrifft, so handelt es sich im Rahmen des 1909 gehaltenen Vortrags sowohl um eine Neu- als auch um eine Erstbeschreibung. Dazu Steiner: «Was ist der Lebenssinn? Er ist etwas im Menschen, was er eigentlich, wenn alles in Ordnung ist, nicht fühlt, sondern nur dann fühlt, wenn etwas in ihm nicht in Ordnung ist. Der Mensch fühlt Mattigkeit, die er wahrnimmt, als ein inneres Erlebnis, wie er eine Farbe wahrnimmt. Und das, was im Hunger- oder Durstgefühl zum Ausdruck kommt oder was man ein besonderes Kraftgefühl nennen kann, das müssen Sie auch innerlich wahrnehmen wie eine Farbe oder einen Ton. Man nimmt dies in der Regel nur wahr, wenn irgendetwas nicht in Ordnung ist. Die erste menschliche Eigenwahrnehmung wird durch den Lebenssinn gegeben, durch den der Mensch als ein Ganzes sich seiner Körperlichkeit nach bewusst wird [...] Niemand kann Sinne verstehen, der nicht weiß, dass es eine Möglichkeit gibt, sich als Ganzes innerlich zu fühlen, sich als einer innerlich geschlossenen körperlichen Gesamtheit bewusst zu werden.»[10]

Diese Ausführungen weisen darauf hin, dass der Erfahrungsbereich des Lebenssinns einen Teil desjenigen ausmacht, was wir als unser Befinden bezeichnen. Hinzu kommt hier, dass die durch den Lebenssinn erfahrenen Qualitäten – wie bei allen leibbezogenen Sinnen auch – von Steiner nicht etwa als subjektive Erlebnisse, sondern als objektive Erfahrungen begriffen werden. So führt Steiner in einem anderen Zusammenhang aus: «Nehmen Sie den Menschen in Bezug auf das, was durch diese letzten vier Sinne (Gleichgewichts-, Bewegungs-, Lebens- und Tastsinn; d. Verf.) wahrgenommen wird; es sind, trotzdem wir die Dinge wahrnehmen – unsere eigene Bewegung, unser eigenes Gleichgewicht –, es sind, trotzdem wir das, was wir wahrnehmen, auf entschieden subjektive Weise nach innen hin wahrnehmen, dennoch aber Vorgänge, die ganz objektiv sind. Das ist das Interessante an der Sache. Wir nehmen diese Dinge nach innen hin wahr, aber was wir da wahrnehmen, sind ganz objektive Dinge, denn es ist im Grunde genommen physikalisch gleichgültig, ob, sagen wir, ein Holzklotz sich bewegt oder ein Mensch, ob ein Holzklotz im Gleichgewicht ist oder ein Mensch. Für die äußere physische Welt in ihrer Bewegung ist der sich bewegende Mensch ganz genau ebenso zu betrachten wie ein Holzklotz; ebenso mit Bezug auf das Gleichgewicht. Und wenn Sie den Lebenssinn nehmen, so ist es so, dass das, was unser Lebenssinn übermittelt, ganz objektive Vorgänge sind. Stellen Sie sich vor einen Vorgang in einer Retorte: er verläuft nach gewissen Gesetzen, kann objektiv beschrieben werden. Das, was der Lebenssinn wahrnimmt, ist ein solcher Vorgang, der nach innen gelegen ist. Ist er in Ordnung, dieser Vorgang, ganz als objektiver Vorgang, so übermittelt Ihnen dieses der Lebenssinn, oder ist er nicht in Ordnung, so überliefert Ihnen der Lebenssinn auch das. Wenn auch der Vorgang in Ihrer Haut eingeschlossen ist, der Lebenssinn übermittelt es.»[11]

Dieser Aspekt findet sich neuerdings auch durch empirische Untersuchungen bestätigt. Entgegen einem weit verbreiteten Vorurteil handelt es sich bei vielen Formen des Sich-krank-Fühlens keineswegs nur um subjektive Erlebnisweisen, denen in der Patient-Arzt-Beziehung ein Erkenntniswert nicht zugebilligt werden kann. Sie gehören vielmehr zu der auf den eigenen Leib bezogenen Sinnesmodalität, die auch als Coenästhesie[12], als Allästhesie[13] oder als Lebenssinn[14] bezeichnet werden.

Subsumierend finden sich in diesem Modalbereich sogenannte Komfort- und Diskomfortempfindungen, die jeweils auf eine aktuelle, konkrete und objektivierbare eigenleibliche physiologische Situation hinweisen. So ist von Cabanac, Beste, Hensel, Hildebrandt und anderen nachgewiesen worden,[15] dass die Komfort- bzw. Behagensempfindungen bei Wärmeapplikation auf die Hand von der integralen Hauttemperatur, also vom Gesamtwärmezustand abhängen. Bei relativ erhöhter Körperwärme wird eine kühlere Temperatur an der Hand (unter 30°C) als angenehm, eine höhere (über 37°C) dagegen als unangenehm empfunden. Umgekehrt gilt für die Komfortempfindungen bei niedriger Körpertemperatur, dass Erwärmung der Hand als angenehm, Kühlung aber als unangenehm erlebt wird. Die Korrelation der Behagensempfindung an die gemessene Temperatur ist dabei so eng, dass für eine willkürliche Deutung des Behagens kein Spielraum bleibt. «Die Lebensempfindungen sind vielmehr ein exakter Gradmesser für den ausgeglichenen integralen Wärmezustand.»[16]

Entsprechende Korrelationen zwischen den Empfindungen «angenehm» und «unangenehm» im Hinblick auf den Süßgeschmack in Abhängigkeit von der Höhe des Blutzuckers sind gleichermaßen nachgewiesen worden.[17]

Im Gegensatz zu den landläufigen Vorstellungen von subjektiven Wärmeerlebnissen, die einer res cogitans zugerechnet werden, und einer vermeintlich objektiven, einer res extensa zugerechneten Körpertemperatur, *handelt es sich hier um die zwei Seiten ein und derselben Münze!*[18]

Auch wenn im Hinblick auf den hier behandelten Modalbezirk der Coenästhesie bzw. des Lebenssinns ein Mangel an phänomenologischer bzw. empirisch-experimenteller Beforschung besteht, so muss in diesem Zusammenhang doch darauf hingewiesen werden, dass es sich hier um einen Modalbereich handelt, der für die Medizin und die Medizinanthropologie von zentraler Bedeutung ist. Denn was zu ihm gehört, ist eben nicht nur die Schmerzempfindung als Hinweis auf eine aktuelle Schädigung bzw. ein krankhaftes Geschehen. Zu ihm gehören neben Schmerz und Lust, Hunger und Sättigung, Durst und Labung, Ermattung und Erquickung, Ermüdung und Erfrischung u.a.m. alle lokalen und nicht lokalen Missempfindungen bei krankhaften Organ- und Allgemeinerkrankungen. Ohne ihn, diesen Sinn, wäre eine lebenserhaltende autonome Lebenspraxis gar nicht denkbar. Ohne Dursterleben als Hinweis auf einen aktuellen Flüssigkeitsmangel bzw. eine drohende Elektrolytverschiebung, ohne Hunger als ein innerleiblich empfundenes Signal eines anstehenden Nahrungsmangels und ohne das Erleben der Müdigkeit bzw. der Ermattung als innerleiblichem Hinweis auf das Erfordernis von Schlaf und Erholung würde bereits nach wenigen Tagen der Tod eintreten.

Was uns die Gesamtheit der auf den eigenen Leib bezogenen Sinne an Wahrnehmung vermittelt, ist nicht etwas nur Subjektives, es ist viel mehr der «Innenaspekt» erlebter Leiblichkeit. Wir sind in der ärztlichen Praxis oft nicht in der Lage, die Phänomene des Befindens bzw. Missbefindens als feine Indikatoren für im Entstehen begriffene Krankheiten diagnostisch und therapeutisch verwerten zu können. So ist es eine geläufige Erfahrung, dass der befundmäßig objektivierbaren Parkinson'schen Krankheit über Jahre hinweg «innere» Erlebnisse vorausgehen können in dem Sinne, dass charakteristische eigenleibliche Wahrnehmungen, die in der Regel mit «objektiv» greifbaren Symptomen dieser Erkrankung verbunden sind, bereits bei (noch) völlig «unauffälligem» neurologischen Befund vorhanden sein können, bis der pathische Aspekt «inneren Vibrierens» sich schließlich um den des äußeren Tremorphänomens erweitert.[19]

Was den Eigenbewegungssinn betrifft, so ist dieser der konventionellen Physiologie bekannt und wird dort als Kinästhesie bezeichnet. Dieser Sinn wird in der Physiologie auch als Propriozeption bezeichnet, also als eine Modalität, die das Körperselbst bzw. die eigenleibliche Selbstwahrnehmung vermittelt. Folgt man aber Rudolf Steiner und Karl König, so ist es das Gesamt der auf den eigenen Leib bezogenen Sinne, also Lebenssinn, Eigenbewegungssinn und Gleichgewichtssinn, mit deren Hilfe wir uns als leibliches Wesen selbst wahrnehmen.

Auch der Gleichgewichtssinn erweist sich als ein zwar auf die eigene Leiblichkeit bezogener, aber dennoch objektiver Sinn, in dem durch ihn – vor aller Urteilsbildung, als sinnenfällige Gegebenheit – die leibliche Orientierung in den drei Raumesrichtungen, nämlich oben – unten, vorne – hinten sowie rechts – links bewusst werden sowie die entsprechenden Abweichungen des eigenen Leibes von den vorgenannten Qualitäten, die sich bei einer qualitativen Raumauffassung auch als objektive Eigenschaften des Raumes erweisen.

Was den Tastsinn betrifft, so wird von Steiner bei der Erstvorstellung seiner Konzeption der menschlichen Sinne 1909 noch darauf verwiesen, dass diese «gewöhnlich zusammengeworfen» wird «mit dem Wärmesinn»: «Zunächst hat der Tastsinn freilich nur als Wärmesinn Bedeutung. Als solcher Sinn ist sozusagen im Groben zu bezeichnen die ganze Haut. Diese ist auch in gewisser Weise für den Tastsinn da. Doch ist, richtig betrachtet, nicht nur das ein Tasten, was wir tun, wenn wir einen Gegenstand anrühren, seine Oberfläche abfühlen; Tasten ist es auch, wenn wir mit den Augen etwas suchen. Auch Geruchssinn und Geschmackssinn können tasten. Wenn wir schnüffeln, so tasten wir mit dem Geruchssinn. Bis herauf zum Wärmesinn ist das Tasten eine gemeinschaftliche Eigenschaft der Sinne vier bis sieben. Von diesen Sinnen können wir also sprechen als von *Sinnen des Tastens.* [...] Nur unsere grobklotzige Betrachtungsweise der Physiologie kann einem Sinn etwas zuschreiben, was einer ganzen Reihe von Sinnen zukommt, dem Geruchssinn, Geschmackssinn, Gesichtssinn und Wärmesinn. Beim Gehörsinn hört die Möglichkeit auf, ihn als Tastsinn zu bezeichnen; noch weniger ist das beim Sprachsinn und wiederum weniger beim Begriffssinn möglich. Während wir beim Tastsinn etwas haben, was an der Oberfläche bleibt, was nicht in die Dinge hineindringen kann, so dringen wir beim Wärmesinn zunächst in die Dinge ein und dann immer tiefer und tiefer. Diese oberen Sinne liefern uns das Verstehen und Begreifen der Dinge in ihrem Innern, und sie werden daher als Sinne des Begreifens bezeichnet.»[20]

Was die umweltbezogenen Sinne betrifft, nämlich Geruchssinn, Geschmackssinn, Sehsinn und Wärmesinn, so sind diese aus der konventionellen Physiologie bekannt, erhalten zwar im Rahmen einer anthroposophischen Sinneslehre eine spirituell erweiterte Deutung, werden aber in phänomenologischer Hinsicht nicht abweichend behandelt, weshalb sich eine detailhafte Darstellung hier erübrigt.

Die Mitwelt-bezogenen Sinne

Als ebenso interessant wie denkanstoßend erweist sich der Umstand, dass Rudolf Steiner den Hörsinn ausdrücklich nicht als umweltbezogenen Sinn auffasst, sondern einer Gruppe von Sinnen zuordnet, die er als die «oberen» «höheren» bzw. «geistigen» Sinne bezeichnet. Gemeinsam ist ihnen, dass sie zwar die Kriterien erfüllen, Sinne zu sein, eine spezifische Wahrnehmungsqualität vermitteln, die gerade nicht das Ergebnis einer gedanklichen Schlussfolgerung, also eines Urteils ist – uns aber ein Erfassen der seelisch-geistigen Wirklichkeit des anderen ermöglicht. Im Hinblick auf die Frage, wie sehr wir mittels der (umweltbezogenen) Sinne ins Innere der Dinge vorzudringen vermögen, charakterisiert Steiner den Hörsinn wie folgt: «Kann der Mensch vermittels seiner Sinne noch tiefer in die Untergründe der Dinge gelangen? Kann er das intime Innere der Dinge noch genauer kennenlernen als durch den Wärmesinn? Ja, das kann er, indem die Dinge ihm zeigen, wie sie in ihrer Innerlichkeit sind, wenn sie zu tönen anfangen. Die Wärme ist in den Dingen ganz gleichmäßig verteilt. Was Ton in den Dingen ist, ist nicht gleichmäßig verteilt. Der Ton bringt die Innerlichkeit der Dinge zum Erzittern. Dadurch zeigt sich eine gewisse innere Beschaffenheit. Wie das Ding im Innern beweglich ist, nehmen Sie wahr durch den intimen *Gehörsinn*. Er liefert uns eine intimere Kenntnis der Außenwelt als der Wärmesinn. Das ist der achte Sinn, der Gehörsinn. Im Ton offenbart uns ein Ding, wie es innerlich ist, wenn wir dieses Ding anschlagen. Wir unterscheiden die Dinge nach ihrer inneren Natur, nach der Art, wie sie innerlich erzittern und erbeben können, wenn wir sie zum Tönen bringen. Die Seele der Dinge spricht in gewisser Weise da zu uns.»

An den Hörsinn anschließend weist Steiner im gleichen Vortrag noch zwei weitere Sinne auf: «Gibt es nun noch höhere Sinne als den Gehörsinn? Hier müssen wir noch viel behutsamer zu Werke gehen, um die höheren Sinne zu erforschen; denn wir dürfen die Sinne nicht mit etwas anderem verwechseln. Im gewöhnlichen Leben, da wo man unten stehen bleibt, wo man alles durcheinanderwirft, spricht man noch von anderen Sinnen, zum Beispiel vom Nachahmungssinn, vom Verheimlichungssinn und so weiter. Da ist das Wort Sinn aber falsch angewendet. *Sinn* ist das, wodurch wir uns eine Erkenntnis verschaffen ohne Mitwirken des Verstandes. Wo wir uns durch das Urteil eine Erkenntnis verschaffen, da sprechen wir nicht von Sinn, sondern nur da, wo unsere Urteilsfähigkeit noch nicht in Kraft getreten ist. Nehmen Sie eine Farbe wahr, so gebrauchen Sie einen Sinn. Wollen Sie urteilen zwischen zwei Farben, so gebrauchen Sie keinen Sinn.

Gibt es in diesem Sinn [...] noch andere Sinne? Ja, es gibt noch einen neunten Sinn. Wir finden ihn, wenn wir uns überlegen, dass es allerdings im Menschen noch eine gewisse Wahrnehmungsfähigkeit gibt. Das ist ganz besonders wichtig für die Fundamentierung der Anthroposophie. Es gibt eine Wahrnehmungsfähigkeit, die nicht auf dem Urteil beruht, aber doch in ihm vorhanden ist. Es ist dasjenige, was wir wahrnehmen, wenn wir durch die Sprache uns mit unseren Mitmenschen verständigen. In dem Wahrnehmen dessen, was uns durch die Sprache gegeben ist, liegt nicht nur ein Ausdruck des Urteilens, sondern es liegt ein wirklicher *Sprachsinn* da zugrunde. Dieser Sprachsinn ist der neunte Sinn. Von ihm muss man sprechen, wie man von einem Gesichts- oder Geruchssinn spricht. Das Kind lernt sprechen, bevor es urteilen lernt. Das ganze Volk hat eine Sprache; das Urteilen obliegt dem einzelnen Menschen. Was zum Sinne spricht, unterliegt nicht der Seelentätigkeit des einzelnen Menschen. Das Hören kündet einem das innere Erzittern an. Die Wahrnehmung, dass ein Laut dieses oder jenes bedeutet, ist nicht bloßes Hören. Der Sinn, der sich darin als Sinn der Sprache ausdrückt, gibt sich eben einem anderen Sinne kund, dem Sprachsinn. Daher kann das Kind lange, bevor es urteilen lernt, sprechen oder Gesprochenes verstehen. Erst an der Sprache lernt es urteilen. Welcher Erzieher ist der Sprachsinn, geradeso wie der Gesichtssinn und der Gehörsinn solche Erzieher sind, während der ersten Lebensjahre!»

Dass es sich bei dem von Steiner erstmals beschriebenen Sprach-

oder Lautsinn um ein Modalbezirk handelt, der alle Kriterien erfüllt, also als ein Sinn aufgefasst und akzeptiert zu werden hat, ist im Rahmen einer an der Universität Witten/Herdecke durchgeführten medizinischen Inauguraldissertation aufgezeigt worden.[21]

Als einen noch subtileren Sinn hat Steiner einen Begriffssinn herausgearbeitet und charakterisiert. «Dann kommen wir zum zehnten der Sinne. Das ist derjenige, der für das gewöhnliche Menschenleben der höchste ist. Durch ihn wird der Mensch fähig, den Begriff, der sich in Sprachlaute kleidet, zu verstehen. Das ist geradeso ein Sinn wie jeder andere. Damit wir urteilen können, müssen wir Begriffe haben. Soll die Seele sich regen, so muss sie Begriffe wahrnehmen können. Dies vermag sie durch den *Begriffssinn*. So haben wir in ihm einen zehnten Sinn aufgezählt.» (Steiner 1909, Vortrag vom 23.10.1909)

Im Rahmen der in der Vortragsreihe 1909 dargestellten Konzeption zu einer geisteswissenschaftlich erweiterten Sinneslehre hat Rudolf Steiner den Tastsinn und den Ichsinn bewusst nicht als Sinn behandelt. Beide Sinne erfahren bei Rudolf Steiner erst ab 1916 eine Würdigung. In dem Vortrag «Die zwölf Sinnesbezirke und die sieben Lebensprozesse» (im Vortrag vom 12.08.1916) und in allen späteren Darstellungen werden nun zwölf Sinne beschrieben. Als erster wird hier der Tastsinn genannt und folgendermaßen charakterisiert. «*Tastsinn* ist gewissermaßen derjenige Sinn, durch den der Mensch in ein Verhältnis zur materiellsten Art der Außenwelt tritt. Durch den Tastsinn stößt gewissermaßen der Mensch an die Außenwelt, fortwährend verkehrt der Mensch durch den Tastsinn in der gröbsten Weise mit der Außenwelt. Aber trotzdem spielt sich der Vorgang, der beim Tasten stattfindet, innerhalb der Haut des Menschen ab. Der Mensch stößt mit seiner Haut an den Gegenstand. Das, was sich abspielt, dass er eine Wahrnehmung hat von dem Gegenstand, an den er stößt, das geschieht selbstverständlich innerhalb der Haut, innerhalb des Leibes. Also der Prozess, der Vorgang des Tastens geschieht innerhalb des Menschen.»

Die mitweltbezogenen Sinne, d. h. Gehörsinn, Wortsinn bzw. Sprachsinn oder Lautsinn und Denksinn werden jetzt durch einen Ichsinn ergänzt. Diese Gruppe der «oberen» Sinne werden von Rudolf Steiner im vorgenannten Vortrag wie folgt ergänzt: «Noch intimer setzen Sie sich mit dem Inneren der Außenwelt durch den *Gehörsinn* in Beziehung. Der Ton verrät uns schon sehr viel von dem inneren Gefüge des Äußeren, viel mehr noch als die Wärme, und sehr viel mehr als der Gesichtssinn. Der Gesichtssinn gibt uns sozusagen nur Bilder von der Oberfläche. Der Hörsinn verrät uns, indem das Metall anfängt zu tönen, wie es in seinem eigenen Innern ist. Der Wärmesinn geht schon auch in das Innere hinein. Wenn ich irgendetwas, zum Beispiel ein Stück Eis anfasse, so bin ich überzeugt: Nicht bloß die Oberfläche ist kalt, sondern es ist durch und durch kalt. Wenn ich etwas anschaue, sehe ich nur die Farbe der Grenze, der Oberfläche; aber wenn ich etwas zum Tönen bringe, dann nehme ich gewissermaßen von dem Tönenden das Innere intim wahr.

Und noch intimer nimmt man wahr, wenn das Tönende Sinn enthält. Also Tonsinn: Sprachsinn, Wortsinn könnten wir vielleicht besser sagen. Es ist einfach unsinnig, wenn man glaubt, dass die Wahrnehmung des Wortes dasselbe ist wie die Wahrnehmung des Tones. Sie sind ebenso voneinander verschieden wie Geschmack und Gesicht. Im Ton nehmen wir zwar sehr das Innere der Außenwelt wahr, aber dieses Innere der Außenwelt muss sich noch mehr verinnerlichen, wenn der Ton sinnvoll zum Worte werden soll. Also noch intimer in die Außenwelt leben wir uns ein, wenn wir nicht bloß Tönendes durch den Hörsinn wahrnehmen, sondern wenn wir Sinnvolles durch den Wortsinn wahrnehmen. Aber wiederum, wenn ich das Wort wahrnehme, so lebe ich mich nicht so intim in das Objekt, in das äußere Wesen hinein, als wenn ich durch das Wort den Gedanken wahrnehme. Da unterscheiden die meisten Menschen schon nicht mehr. Aber es ist ein Unterschied zwischen dem Wahrnehmen des bloßen Wortes, des sinnvoll Tönenden, und dem realen Wahrnehmen des Gedankens hinter dem Worte. Das Wort nehmen Sie schließlich auch wahr, wenn es gelöst wird von dem Denker durch den Phonographen, oder selbst durch das Geschriebene. Aber im lebendigen Zusammenhange mit dem Wesen, das das Wort bildet, unmittelbar durch das Wort in das Wesen, in das denkende, vorstellende Wesen mich hineinversetzen, das erfordert noch einen tieferen Sinn als den gewöhnlichen Wortsinn, das erfordert den Denksinn, wie ich es nennen möchte.»

Dieser hier geschilderte Denksinn dürfte, so scheint es, die Grundlage dafür darstellen, dass wir über semantisches Verstehen verfügen bzw. Semantik betreiben. «Und ein noch intimeres Verhältnis zur Außenwelt als der Denksinn gibt uns derjenige Sinn, der es uns möglich macht, mit einem anderen Wesen so zu fühlen, sich eins zu wissen, dass man es wie sich selbst empfindet. Das ist, wenn man durch das Denken, durch das lebendige Denken, das einem das Wesen zuwendet, das Ich dieses Wesens wahrnimmt – der *Ichsinn*. Sehen Sie, man muss wirklich unterscheiden zwischen dem Ichsinn, der das Ich des anderen wahrnimmt, und dem Wahrnehmen des eigenen Ich. [...] Diese beiden Dinge müssen streng voneinander unterschieden werden. Wenn wir vom Ichsinn reden, so reden wir von der Fähigkeit des Menschen, ein anderes Ich wahrzunehmen. [...] Bezüglich dieser Wahrnehmung des anderen Ich durch den Ichsinn ist nun – das sage ich aus tiefer Liebe zur materialistischen Wissenschaft, weil diese tiefe Liebe zur materialistischen Wissenschaft einen befähigt, die Sache wirklich zu durchschauen – die materialistische Wissenschaft ist heute geradezu behaftet mit Blödsinnigkeit. Sie wird blödsinnig, wenn sie von der Art redet, wie sich der Mensch verhält, wenn er den Ichsinn in Bewegung setzt, denn sie reden ihnen vor, diese materialistische Wissenschaft, dass eigentlich der Mensch, wenn er einem Menschen entgegentritt, aus den Gesten, die der andere Mensch macht, aus seinen Mienen und aus allerlei anderem unbewusst auf das Ich schließt, dass es ein unbewusster Schluss wäre auf das Ich des anderen. Das ist ein völliger Unsinn! Wahrhaftig, so unmittelbar wie wir eine Farbe wahrnehmen, nehmen wir das Ich des anderen wahr, indem wir ihm entgegentreten. Zu glauben, dass wir erst aus der körperlichen Wahrnehmung auf das Ich schließen, ist eigentlich vollständig stumpfsinnig, weil es abstumpft gegen die wahre Tatsache, dass im Menschen ein tiefer Sinn vorhanden ist, das andere Ich aufzufassen. So wie durch das Auge Hell und Dunkel und Farben wahrgenommen werden, so werden durch den Ichsinn die anderen Iche unmittelbar wahrgenommen. Es ist ein Sinnenverhältnis zu dem anderen Ich. Das muss man erleben. Und ebenso, wie die Farbe durch das Auge auf mich wirkt, so wirkt das andere Ich durch den Ichsinn. [...] Zwölf gesonderte Gebiete des menschlichen Organismus haben wir in diesen Sinnesgebieten.»

Der Kreis der zwölf Sinne bei Karl König

Als Geistesschüler Rudolf Steiners hat sich Karl König sein ganzes, hoch intensives und höchst vielseitiges Leben lang mit der Frage nach der Bedeutung einer durch die anthroposophische Geisteswissenschaft Rudolf Steiners erweiterten Erkenntnis der Sinne des Menschen beschäftigt. Die Ausführungen Steiners zur Sinneswahrnehmung und zu den einzelnen Sinnen unvoreingenommen höchst ernsthaft und gewissenhaft prüfend, hat Karl König dank der ihm eigenen Genialität und Kreativität eigenständige Auffassungen und Bewertungen der einzelnen Sinne und ihres Zusammenwirkens vollzogen.

Die in diesem Band herausgegebenen Schriften zu den menschlichen Sinnen stützen sich im Wesentlichen auf Vorträge und Kurse, die Karl König an unterschiedlichen Orten gehalten hat. In den acht Vorträgen des 1960 in Spring Valley gehaltenen Kurses gibt König im ersten Vortrag einen Überblick über die Zwölfheit der Sinne des Menschen, um sodann im Verlauf der beiden nachfolgenden Vorträge eingehend sich mit den die Wahrnehmungen des eigenen Leibes ermöglichenden Sinnen – Tastsinn, Lebensinn, Bewegungssinn und Gleichgewichtssinn – zu beschäftigen.

Inwelt-bezogene Sinne

Angeregt durch Rudolf Steiner gibt König neben einer subtilen phänomenologischen Schilderung des Tastens Erlebnismetamorphosen des Tastsinns in Form des Angsterlebens und weist auf die Aussage Steiners hin, dass der Mensch, «wenn er keinen Tastsinn hätte, das Gottgefühl nicht haben» könnte. Der Angst, so König, als der Erfahrung der Unsicherheit im Tasten, «steht gegenüber die Erfahrung des Durchdrungenseins mit Gottgefühl: die Anwesenheit göttlicher Schöpfungskräfte in unserer physischen Existenz». Sowohl im Kontrast zum Tastsinn als auch unter dem Aspekt zu dessen Ergänzung bei der Vermittlung des Erlebens leiblicher Geschlossenheit zeigt König die Erlebnisqualitäten des Lebenssinns auf. «Durch den Lebenssinn erlebt sich der Mensch als ein Wesen, das den Raum seines Körpers erfüllt.» Dort wo dies nicht hinreichend gelingt, so die Beobachtung des Arztes und Heilpädagogen König «wachsen in den vergangenen Jahren Kinder auf, die an Schizophrenie, an Psychosen oder an verwandten Störungen leiden. Wenn man sie kennenlernt, fällt ein Symptom ganz besonders auf: diese Kinder sind nicht in der Lage, sich mit ihrem eigenen Körper zu identifizieren».

Die Frage nach der organischen Grundlage des Lebenssinnes beantwortet König mit dem Verweis auf das autonome vegetative Nervensystem, wobei er eingehend die Polarität zwischen sympathischem und parasympathischem System herausarbeitet. Als die beiden seelischen Äquivalente des Lebenssinns werden die Urerlebnisgebärden Furcht und Scham überzeugend vor Augen geführt. König: «Wir müssen uns darüber klar werden, dass es keine gültige Trennung zwischen der Geisteswissenschaft und der gewöhnlichen Wissenschaft gibt. Sie müssen sich vereinigen. Und wenn wir nicht mutig genug sind, den Lebenssinn den Baum des Lebens zu nennen, der dem Menschen entzogen worden ist, und Furcht und Scham als die Folge davon zu sehen, dass wir einseitig vom Baum des Lebens gegessen haben, dann sind wir unfähig, die umfassenden Ergebnisse der modernen Wissenschaft mit den geistigen Einsichten zu verbinden, die Rudolf Steiner uns vermittelt hat.»

In einem weiteren Vortrag werden Bewegungssinn und Gleichgewichtssinn vorgestellt. Im Hinblick auf den Bewegungssinn hebt König hervor, dass dieser uns nicht etwa die eigenaktive Selbstbewegung vermittelt, sondern deren Ergebnis: die vielfältige und hochdifferenzierte Bewegtheit unseres Leibes, weswegen eine Erlebnisanalyse dieses Sinns, der Kinästhesie, leichter und unmissverständlicher gelingt, wenn wir zunächst davon absehen, uns selbst zu bewegen, und stattdessen unsere Gliedmaßen von einer anderen Person bewegen lassen. König: «Wenn wir gehen oder unseren Arm heben, wissen wir, dass wir es tun, weil wir diese Bewegungsgestalten im Raum wahrnehmen können. Ähnlich ist es, wenn wir durstig sind und einen Schluck Wasser trinken; wir spüren, dass wir trinken, und wissen, was wir getan haben. Wenn wir dies jedoch sorgfältig beobachten, wird uns deutlich, dass wir uns weniger bewusst sind über das, was wir gerade tun, als über das, was wir gerade getan haben. [...] All unsere Beweglichkeit wird uns jedoch fortwährend durch den Bewegungssinn bewusst.» Als das Organ des Bewegungssinnes nennt König das «sogenannte motorische Nervensystem des Rückenmarks und des zentralen Nervensystems». Bei all meiner Wertschätzung, die ich gegenüber Karl König hege, so kann ich ihm bei dieser Zuordnung nicht folgen. Bei allem, was wir heute wissen, ist die organologische Grundlage des Eigenbewegungssinnes, also der Kinästhesie, das sensorische System der sogenannten Tiefensensibilität oder der Propriozeption, bestehend aus den Sinnesorganen in Muskulatur, Sehnen und Faszien, den Muskelspindeln bzw. Tensorezeptoren, deren Erregung über die bipolaren Nervenzellen des Rückenmarks weitergeleitet wird und nach einer synaptischen Umschaltung auf ein zweites Neuron über die Hinterstränge des Rückenmarks bis zum Thalamus geleitet wird und sodann in Form eines drittes Neuron zum Gyrus postzentralis der Großhirnrinde geleitet wird. Das sogenannte motorische Nervensystem dient nach traditioneller neurophysiologischer Auffassung der Willkürbewegung, also dem Akt des Bewegens, nicht der Bewegtheit unseres Leibes. Allerdings wird diese Auffassung von Rudolf Steiner sehr dezidiert als unzutreffend kritisiert. Die Aufgabe des «motorischen» Nerven sei es stattdessen, im Sinne einer sich im Schlafbewusstsein abspielenden Wahrnehmung, den willentlichen Akt der Bewegungshervorbringung zu vermitteln, was ich hier gleichwohl nicht weiterverfolgen möchte.

Mit Blick auf den Gleichgewichtssinn betont König mit Nachdruck, dass dieser Sinn die aufrechte Körperhaltung und damit zugleich auch die seelische Aufrechte ermöglicht. Beim Vergleich mit der Tierwelt wird deutlich, welche kategoriale Bedeutung diese durch den Gleichgewichtssinn vermittelte Tätigkeit des Menschen zur Aufrichtung hat: «Wir erleben nur eine durchdringende Sicherheit, dass wir ein Geist sind, frei von Raum und Zeit. Tastsinn, Lebenssinn und Bewegungssinn sind in das Unbewusste eingetaucht, aber die spirituelle Gewissheit, dass wir derselbe Mensch sind, ganz gleich, wo wir uns befinden, dieser innere Frieden ist uns gegenwärtig durch den Gleichgewichtssinn.» Die Behandlung des Gleichgewichtssinn schließt mit einem Ausblick auf die Korrespondenz zwischen dem Mikrokosmos Mensch und dem Makrokosmus in Bezug auf die Raumesgesetze: «Wir denken, dass wir den Gleichgewichtssinn theoretisch verstehen, aber wenn wir ihn näher studieren, entdecken wir, dass es drei verschiedene Arten von Nerven gibt, die zu den drei verschiedenen Teilen des Gleichgewichtsorgans führen. Ein Typ dieser Nerven hat sieben Fasern, der zweite zwölf und der dritte hat achtundzwanzig Fasern. Sie repräsentieren den Kosmos, der die Organisation aufbaut: sieben Erde, zwölf Sonne, achtundzwanzig Mond. Dies legt nahe, dass die drei Arten der sensorischen Nerven den dreidimensionalen Raum repräsentieren und uns die Möglichkeit geben, uns von der Bewegung der Erde, der Sonne und des Mondes zu befreien. Sie geben uns die Möglichkeit, aufrecht zu sein, und dies wiederum ist die Grundlage dafür, dass allmählich Frieden in uns werden kann. Wir befreien uns vom Einfluss der Natur, ihrer Kräfte und allem, was uns sonst eins machen würde mit der Welt. Es ist unsere Aufgabe, uns darüber zu erheben. In seinem ersten Lebensjahr erlangt das Kind den Gleichgewichtssinn. Es bildet ihn in der aufrechten Haltung aus und hat dadurch die Möglichkeit, zu denken und in eine menschliche Haltung hineinzuwachsen. Diese urmenschlichen Fähigkeiten verdanken wir dem Gleichgewichtssinn.»

Umwelt-bezogene Sinne

Zu ihnen werden Geruchssinn, Geschmackssinn, Sehsinn und Wärmesinn gerechnet. Hier weist König darauf hin, dass es sich bei den in-Welt-bezogenen «unteren» Sinnen um bloße Empfindungen handelt, während die Umwelt in unterschiedlichen Modalitäten als Erfahrungen vermittelt werden. Es wird, mit den Worten Karl Königs, «ein anderer ‹Leib›, der Leib der uns umgebenden Welt» wahrgenommen, was bedeutet, «dass unser eigener Leib in einem größeren, weiteren und schöneren Leib lebt, der ihn umgibt». Worauf König ebenfalls hinweist ist, dass die Wahrnehmung dieser Umwelt-bezogenen Sinne in dem Sinne «individuelle Erfahrungen» sind, dass wir sie mit keinem anderen Menschen teilen, wir sie ganz für uns haben. Zugleich wird aber verdeutlicht, dass wir «die Wahrnehmungen, die ein jeder macht, miteinander vergleichen, sie benennen, und uns über sie austauschen [...] Moderne Physiologen irren sich, wenn sie annehmen, es handele sich bei den Erfahrungen des Geruchs, des Geschmacks, der Farbe und der Wärme um Urteile. Ein Geruch oder ein Geschmack hat mehr Realität als eine chemische Formel, die in Bezug auf diesen Geruch oder Geschmack erarbeitet werden kann. Geschmack, Geruch, Gesehenes und Wärme sind Wirklichkeiten des Weltleibes, in den wir eingebettet sind. Weil das für alle Menschen so ist, können wir uns auf sie beziehen und über sie sprechen, auch wenn es sich um individuelle Erfahrungen handelt».

«Wir können nur sagen, wonach etwas riecht, denn Gerüche sind individuell, und es gibt so viele Gerüche, wie es Worte gibt, sie zu benennen und zu beschreiben», so Karl König im Hinblick auf die schier unbegrenzte Mannigfaltigkeit an Gerüchen. Abgesehen davon, dass man beim Versuch, dieser unübersehbaren Mannigfaltigkeit an Geruchsqualitäten auf die besonders dem Geruchssinn eigene Schwierigkeit stößt, dass keine spezifischen Wortbezeichnungen für Geruchsklassen oder Geruchskategorien existieren, weil Gerüche in besonderem Maße der Sphäre des Emotionalen, Affektiven und Vitalen angehören, ist die Charakterisierung der einzelnen Gerüche als «individuell» zutreffend. Das zeigt sich auch daran, dass die Versuche, das vielfältige Gesamt der Geruchsqualitäten in eine Phänomenale oder an anderen Kriterien orientierte Ordnung zu bringen, allesamt vorläufig sind, unbefriedigend erscheinen und letztendlich als gescheitert angesehen werden müssen.[22]

Der Geruchssinn, darauf verweist König eindrücklich, bringt uns auf sehr intime Weise in eine Vereinigung mit den Dingen, insofern diese, gleichsam «verduftend», sich der Luft mitteilen, dass wir dort, wo wir mit unserer Sprache darauf zu verweisen suchen, auf das jeweilige Substantiv Bezug nehmen: es riecht wie eine Rose, wie Lindenblüten, wie ein Kadaver. In früherer Zeit ist von den Ärzten beispielsweise eine Masernerkrankung nicht nur am Hautausschlag, sondern auch an einem spezifischen Geruch diagnostiziert worden, nämlich: Es riecht wie im Keller der Berliner Viktualienhändler (Scharlach), oder, bei Masern: Es riecht wie frisch gerupfte Gänsekiele.[23] Ähnliches findet sich in der Medizin hinsichtlich spezifischer, unverwechselbarer Mundgerüche, nämlich einem Foetor hepaticus, diabeticus, psychoticus u. a. m.[24] Zudem macht König darauf aufmerksam, dass Gerüche dann entstehen, wenn Verwesungsprozesse sich abspielen, Absterbeprozesse, wenn also im aristotelischen Ursachenmodell sich eine *Steresis* abspielt, im Rahmen von Entstehen und Vergehen der einjährigen Pflanze eine «Beraubung» (vom gestaltenden «eidos» bzw. der «causa formalis») vonstattengeht. Oder in der Begrifflichkeit der modernen Naturwissenschaften: Dass das Phänomen Geruch im Zuge eines Prozesses auftritt, der nach dem Zweiten Thermodynamischen Hauptsatz nach Entropiezunahme im Sinne maximaler molekularer Unordnung strebt. Eine aufschlussreiche phänomenologische Zuordnung bestimmter Geruchsqualitäten zu den jeweiligen Relationen zwischen Aufbau- und Abbauprozessen ist von Thomas Göbel durchgeführt worden.[25] Worauf König uns des Weiteren bei der Besprechung des Riechsinns verweist, ist der Umstand, dass wir beim Riechen die Substanzen in extremen Verdünnungen noch riechen, die den Verdünnungen potenzierter Arzneimitteln entsprechen, und auch darauf, dass sich das Riechhirn im Zuge einer evolutiven Höherentwicklung in das Limbische System unseres Gehirns metamorphosiert hat, das neben dem Gedächtnis im Dienste der emotionalen Tönung unserer Sinneserfahrungen steht.

Eindrucksvoll gelingt König eine Kontrastierung zwischen Riechsinn und Geschmackssinn, hier die unbegrenzt individualisierte Erlebnismannigfaltigkeit, dort eine klare Konturierung auf die Grundqualitäten bitter, salzig, süß und sauer, die erst im Verbund mit dem Riechen eine qualitative Vervielfältigung erfahren, wobei gerade durch das Schmecken Vorlieben und Abneigungen in Erscheinung treten, die uns darauf hinweisen, wie weitreichend die Sinneserlebnisse im engeren Sinn auch auf andere Erlebnisstufen übertragbar sind, ohne dabei ihre spezifische Sinnesqualität einzubüßen.

Der Darstellung des Sehens stellt König eine Behandlung seines Organs, also des Auges voraus. Dabei streift er den Gedanken, dass das Auge als Organ nicht allein die Funktion erfüllt, dem Menschen das Sehen der Welt, also eine Bewusstwerdung des (visuellen) Weltganzen zu ermöglichen, sondern es zugleich dem Weltganzen ermöglicht, sich seiner Selbst bewusst zu werden. Insofern gehört das Sinnesorgan als Werkzeug der Wahrnehmung stets dem Menschen als Mikrokosmos und dem Weltganzen als Makrokosmos an.

Die Natur ist es, die (nach Goethe) durch uns – und zwar zuallererst durch unsere Sinne – sich offenbaren will: Das Auge hat sein Dasein dem

Licht zu danken. «Aus gleichgiltigen thierischen Hilfsorganen ruft sich das Licht ein Organ hervor, das seinesgleichen werde, und so bildet sich das Auge am Lichte fürs Licht, damit das innere Licht dem äußeren entgegentrete.»[26] Wenn das stimmt – der in die Breite geführte Erweis, vor allem des «Wie», steht noch aus! –, könnte man gemäß diesem Modell ganz allgemein die These aussprechen: Der Mensch bildet sich (aus dem Sinn) am Sein für das Sein; die Welt-Wirklichkeit tendiert dahin, sich ständig neue Organe im Menschen heranzuziehen, um sich mit ihrer Hilfe in immer weiteren und tieferen Bereichen erschließen zu können. Hebt man das Gegenüber von Selbst und Welt auf und betrachtet das Selbst als Moment (Movens) innerhalb der Welt, dann stellt sich nicht nur der Leib, sondern der ganze Mensch – genauer: die ganze Menschheit – als ein Organ dar, durch das die Welt ihre Evolution bewerkstelligt. Nicht nur Goethes Weltbild, sondern auch die Anthroposophie Rudolf Steiners baut in sehr weitem Umfang auf solchen Voraussetzungen auf. Immer wieder finden sich bei Steiner lapidare Sätze wie dieser: «Was in die Erkenntnis des Menschen hineinfällt, ist davon abhängig, dass der Mensch Organe dafür hat.»[27] Diese Aussage enthält eine Binsenwahrheit, die so selbstverständlich ist, dass es schwer ist, ihre ungeheure Tragweite für das Verhältnis des Menschen zu sich selbst und zur Welt zu ermessen. Sie begründet eine der Einsichten, die eine vorurteilslose Beschäftigung mit dem Weg zur Erlangung von Erkenntnissen der «höheren Welten» ermöglichen. Nicht zufällig beginnt das Werk *Theosophie*[28] mit jenem bekannten Fichte-Zitat, das auf die Möglichkeit einer Erschließung neuer Sinne hinweist. Das Buch endet damit,[29] dass Steiner diejenigen Regionen aufzeigt – es sind vor allem die der Gefühle –, wo der Mensch unmittelbar aus seinem alltäglichen Dasein heraus an der Bildung neuer Organe zu arbeiten vermag. Diese Arbeit der Umwandlung der Gefühle hat ihre Bedeutung nicht nur durch die Erfolge, die ihr beschieden sind oder nicht. Unabhängig davon ist bedeutsam, was der Mensch an einer solchen Arbeit erfährt. Dafür kommt es nicht so sehr darauf an, wie weit – sondern *dass* überhaupt eine solche Umwandlung möglich ist. Diese Erfahrung gehört zu den wichtigsten, die der Mensch machen kann. Denn er hält damit (d. h. mit einer bewussten Mikroevolution) einen Zipfel der Weltevolution in seinen Händen. Das Bilden neuer Organe wird dadurch auf eine ganz neue Stufe gehoben, ja im eigentlichen Sinne des Wortes potenziert, dass der Mensch nicht nur durch seine (ihm mitgegebenen) Sinne «belehrt» wird, sondern diese seinerseits zu belehren vermag.[30] Diese Spontaneität bereitet eine neue Form der Rezeptivität vor. Für die Anthroposophie bedeutet der «organologische» Ansatz aber nicht nur den Angelhaken, mit dem der Mensch geistig in die Ausgangsposition «gelupft» wird, von der aus er sich auf den Weg machen kann. Konsequent verfolgt, führte dieser Ansatz zugleich zu tiefen Einsichten in den konkreten Aufbau der menschlichen Wesenheit. Rudolf Steiner selbst hat diesen Weg am weitesten in seinem Fragment gebliebenen Buch *Anthroposophie. Ein Fragment* (GA 45) ausgeführt.

Karl König weist zudem auf den Umstand, dass das Auge während der Embryonalzeit vom Zwischenhirn aus entsteht und zusammen mit dem Ektoderm, der Hautanlage, das Auge bildet, wobei der bildentwerfende Apparat des Auges aus der ektodermalen Anlage, der bildempfangende Teil aus dem vom Zwischenhirn ausgegangenen Augenbecher entsteht. Verfolgt man Augen- und Gehirnentwicklung im Detail und vergleicht man im voll ausgebildeten Zustand Gehirn und Auge, so erweist sich das Auge als eine Metamorphose des Gehirns. Das Auge als kleines Gehirn, was es zugleich ermöglicht, das Gehirn als Sinnesorgan aufzufassen, als ein großes Auge also. Dieser Gesichtspunkt ist erstmals von Rudolf Steiner entwickelt[31] und von Gisbert Husemann im Detail ausgearbeitet worden.[32] Entsprechend erweisen sich Sehen und Denken als Abwandlung *einer* Tätigkeit, *eines* Typus. «Das Organ des Denkens erweist sich als ein solches, dem das Sehen, unser Organ des Sehens erweist sich als ein solches, dem auch das Denken, in irgendeiner Form zugrunde liegt» (Husemann). Oder in den Worten Rudolf Steiners: «Das Denken hat den Ideen gegenüber dieselbe Bedeutung, wie das Auge dem Licht, das Ohr dem Ton gegenüber. Es ist Organ der Auffassung».[33] Ohne dies hier im Einzelnen kommentieren zu wollen, bezieht sich Karl König auf Hinweise Rudolf Steiners und leitet daraus ab, dass dem Menschen durch die luziferische Versuchung durch den Sündenfall die Augen geöffnet wurden und ihm dadurch «die Welt in ihrer Herrlichkeit» erschien. «Das Auge ist», so König seine Auseinandersetzung mit dem Sehsinn beschließend, «das Ergebnis des Sündenfalls, und es ist das Organ, durch das wir die Schönheit und Herrlichkeit der Welt um uns erblicken».

In bewusstem Kontrast zum Sehsinn findet sich bei König der Wärmesinn behandelt. Bei der Verfolgung der Frage, warum Rudolf Steiner der Wahrnehmung der Wärme im Kreis der zwölf Sinne einen so hohen Rang einräumt und sie zwischen dem Sehsinn und dem Hörsinn einordnet, während der Wärmesinn in der konventionellen Physiologie gemeinhin den Erfahrungen der Hautsinne, also Berührung, Schmerz und Vibration zugerechnet wird, führt König aus: «In der Tat ist der Wärmesinn das Tor von den hohen, zu den höchsten Sinnen. Aber warum?» In Bezugnahme des Phänomens, dass wir bei drei Wasserbecken, von denen das eine mit heißem, das andere mit kaltem und ein drittes mit lauwarmem Wasser gefüllt ist, wir die rechte Hand in heißes Wasser, die linke in kaltes Wasser legen und dann die Hände in das Becken mit lauwarmem Wasser halten, so erhalten wir ungleiche Wärmeempfindungen der Hände. Hierzu König: «Wenn wir dieselbe Außentemperatur wegen der Verfassung unserer Hände verschieden wahrnehmen, müssen wir annehmen, dass wir uns nicht auf die Information verlassen können, die uns der Wärmesinn gibt. [...] Dies sind Phänomene, die alle höheren Sinne gemeinsam haben. [...] es ist der Gleichgewichtssinn, der uns die oben beschriebene, differenzierte Wärmeerfahrung gibt, [...] denn der Gleichgewichtssinn arbeitet kontinuierlich daran, eine Balance zwischen der Wärme außerhalb und innerhalb des Leibes zu schaffen.» Im Weiteren führt König aus, dass der Gleichgewichtssinn «viel tiefer in unserem physischen Organismus» arbeitet, indem er «das Verhältnis kleinster Substanzen im Blut so zueinander» reguliert, «dass z. B. die Menge der verschiedenen mineralischen Substanzen im Blut konstant bleibt. Dadurch wird das menschliche Bewusstsein, die persönliche Identität aufrechterhalten».

In diesem Zusammenhang betont König, dass es «die Substanz der Wärme» sei, die für die physikalische Wissenschaft nicht existiere, die gleichwohl «urzeitliche Grundlage aller Schöpfung» sei, die aus der «ersten Verkörperung der Erde als alter Saturn» entstanden sei. «Überall war Wärme, und es ist dieselbe Wärme, die uns in uns die Beständigkeit unseres inneren Milieus aufrechterhält, um unserem Ich die Möglichkeit zu geben, in unserem physischen Leib zu leben [...] Wärme ist der Ursprung der Bewegung in der Flüssigkeit.» Und hier ist es das Blut in seiner eigenen Wärme, an das König den Wärme- wie den Gleichgewichtssinn ankoppelt. Dabei wird zudem darauf verwiesen, dass nach Rudolf Steiner im Gegensatz zur traditionellen Auffassung der (damaligen) konventionellen Medizin – nicht das Herz das Blut bewegt, sondern das Herz durch die Eigenbewegung des Blutes in Bewegung versetzt wird, wofür König den Sachverhalt ins Spiel bringt, dass im Verlauf der Embryonalentwicklung eine Blutzirkulation zu beobachten ist, lange bevor diese mit den Anlagen von Herz- und Blutgefäßen verbunden ist. Im Übrigen zeigen neuere kardiologische Forschungsergebnisse, dass sich hier inzwischen stillschweigend ein Paradigmenwechsel vollzogen hat. Denn die Kompensationsbreite der Kreislaufperipherie und deren wirkungsvolle Manipulation durch β-Blocker und ACE-Hemmer bei systolischer Herzinsuffizienz stellt eine mechanisch gedachte Funktion des Herzens als eine Pumpenvorrichtung infrage. Hinzu kommt das systematische Versagen positiv inotroper (die Herzschlagkraft erhöhender) pharmakologischer Ansätze der Herzinsuffizienztherapie, was indirekt auf die Bedeutung der Mikrozirkulation auf Organebene hinweist und die postulierte Bedeutung des Herzens als alleinige Ursache der Blutbewegung infrage stellt. Diese und weitere Detailerkenntnisse haben dazu geführt, dass inzwischen bei der Behandlung der chronischen

Herzinsuffizienz die ehemals angewendeten, positiv inotrop wirkenden Pharmaka kontraindiziert sind und die zuvor ausdrücklich kontraindizieren Arzneimittel wie β-Blocker, ACE-Hemmer und Sartane zu den Mitteln der Wahl wurden. Erst die Verabschiedung des Paradigmas vom Herzen als einer Pumpe und deren Versagen bei der Herzinsuffizienz hat es ermöglicht, dass sich die β-Blocker als negativ inotrope Substanz durchgesetzt haben. Bei der diastolischen Herzinsuffizienz ist nicht primär die systolische Kontraktion betroffen, sondern die Relaxation, das «Lösen» des Herzens eingeschränkt. Hier zeigen neuere Forschungsergebnisse, dass selbst die vorgenannte Arzneitherapie zu keiner Verbesserung führt, also unwirksam ist. Was anthroposophisch orientierte Kardiologen an Erfahrungen berichten, ist, dass gerade die chronische Herzinsuffizienz eine Herausforderung an die Therapieprinzipien der anthroposophischen Kardiologie ist und sich die Heileurythmie sowie die anthroposophisch ausgerichtete Psychokardiologie als wichtige und wirksame Pfeiler der Therapie erweisen. Jedenfalls scheint es, als ob die paradigmatische Ausrichtung der Herzfunktion im Verlauf der vergangenen Jahrzehnte eine Richtungsänderung erfahren hat, nämlich weg von der tradierten Vorstellung der Pumpenfunktion des Herzorgans in eine Richtung, die sich zunehmend derjenigen des Herzens als eines Wahrnehmungsorgans auf unterschiedlichen Ebenen annähert.[34]

Angeregt durch geisteswissenschaftliche Forschungsergebnisse Rudolf Steiners stellt Karl König eine Verbindung zwischen Wärmesinn, Gleichgewichtssinn und dem Ich des Menschen her. «Innerhalb des zirkulierenden Blutes lebt der Wärmesinn, und innerhalb des Wärmesinns lebt das Ich des Menschen, welches Gleichgewicht und Wärme durchdringt.» Und weiter: «Das Herz ist nicht nur ein Wahrnehmungsorgan für den Wärmesinn, sondern auch für den Mut – oder auch die Feigheit. Eine der wichtigsten menschlichen Emotionen, der Zorn, lebt im Wärmesinn.» König verweist hier auf Ausführungen Rudolf Steiners, wonach «der Zorn der Erzieher des Ich» ist. Und König führt weiter aus: «Der Zorn kann nur wirken, weil der Wärmesinn sein Milieu ist, und so können wir verstehen, warum wir uns erhitzen, wenn wir zornig werden – oder kalt werden, wenn wir einen Wutanfall bekommen. Zorn ist immer mit Wärme, Wut mit Kälte verbunden. Das Ich entwickelt sich im Verlauf der menschlichen Evolution und wächst in der Kraft seiner Liebe. Für einen Menschen, der nie zornig war, wird es äußerst schwer werden, wirkliche Liebe zu entwickeln. Dies ist eng verbunden mit dem Wärmesinn und auch dem Gleichgewichtssinn. [...] Das ist die Bedeutung des Wärmesinns. Mut und Feigheit sind ein Teil von ihm, und innerhalb der Gleichgewichtsverhältnisse unserer Wärme entsteht allmählich der Zorn, verwandelt sich in die Kraft der Liebe und gibt unserem Ich die Möglichkeit, sich mit dem Geist-Wesen zu verbinden, das durch den Wärmesinn diese höchste Verbindung vorbereitet.»

Mit diesem Bild des Wärmesinns können wir das Tor zu den vier höchsten Sinnen öffnen, denn dieses Bild entfaltet bestimmte Qualitäten innerhalb des niederen Ich des Menschen und hilft diesem Ich, durch die Liebe, zu seinem eigenen höheren Wesen aufzuschauen. Von diesem aus strömen Hörsinn, Wortsinn, Gedankensinn und Ichsinn in uns. Aber dass dies so sein kann, verdanken wir ganz dem Wärmesinn.

Mitwelt-bezogene Sinne

Den Hörsinn behandelt König in enger Gemeinsamkeit mit dem menschlichen Ohr. Dabei bezieht er sich auf geisteswissenschaftliche Forschungsergebnisse Rudolf Steiners, denen zu Folge die erste Anlage des Ohres als eiförmiges Wärmegebilde bereits auf dem alten Saturn erfolgt ist. König: «Das Ohr ist unsere Mutter; wir kommen aus dem Ohr, und das Ohr, das wir jetzt haben, ist geschrumpft und klein geworden. Dennoch war das Ohr vom Anfang der Welt an mit uns und ist es noch – und es offenbart, was wir in unserem innersten Wesen erreichen werden: das Reich der höchsten Sinne, der Sinne für das Wort, den Gedanken und das Ich, die uns unsere Geistigkeit offenbaren. Das Ohr ist das Tor zu den höchsten Sinnen.»

Während es sich bei den unteren Sinnen um «subjektive» Empfindungen handelt, bei den höheren Sinnen um Individuum-abhängige Erfahrungen, so handelt es sich bei dem, was die höchsten Sinne vermitteln, um Vorstellungen: «Jeder Mensch sieht seine eigene Welt des Lichtes und der Farben, seinen eigenen Raum, aber der Raum offenbart uns die Dinge und Wesen, die jeder von uns sieht [...] Wir können ein Ding beschreiben und darüber sprechen, weil es sich um dasselbe handelt. Dennoch gehen wir mit unserer eigenen Wahrnehmung des Raumes so um, als würde jeder von uns sein eigenes ‹Haus› mit sich tragen, so wie die Schnecke ihr eigenes Haus auf dem Rücken trägt. Wir können uns einigen, weil wir dasselbe ähnlich sehen. Mit dem Hören ist es anders. Und dann, wenn Sie mich sprechen hören, haben Sie nicht Ihr eigenes ‹Haus› des Hörens, weil wir alle gemeinsam hören. Wenn wir einem Lied, einer Stimme oder einem Ton zuhören, hören wir genau dasselbe; nur eine Stimme wird von vielen verschiedenen Ohren gehört. Dies ist ein fundamentaler Unterschied, weil nur in den höchsten Sinnen alle Menschen gleich sind; nur in den höchsten Sinnen können wir Brüder sein. Es ist von größter Bedeutung, dass jeder in der Welt der Empfindung und der Welt der Wahrnehmung für sich allein ist, dass wir aber in der Welt der Vorstellungen, die mit dem Hören beginnt, sozusagen alle im selben Boot sind.» Innerhalb des Hörens ordnet König das Geräusch der physischen, den Klang der ätherischen Organisationsebene zu, die Stimme der Seele und den Ton dem Geist. Alle diese vier Qualitäten werden von König unterschiedlichen morphologischen Elementen des Ohres zugeordnet, nämlich Geräusche dem äußeren Ohr, Klänge dem Mittelohr samt Gehörknöchelchen, die menschliche Stimme der Gemeinsamkeit von Innenohr und Kehlkopf. Das «Empfangsorgan für den Ton» ist das Innenohr samt zugehörigem Nervensystem.

«Nach dem Wärmesinn kamen wir an das Tor zu den vier höchsten Sinnen und lernten, wie der Hörsinn ein völlig neues Gebiet eröffnet –

vielleicht nicht ein spirituelles, aber sicherlich ein übersinnliches Gebiet, an dem jedes menschliche Wesen Anteil hat. Die Trennung, die Individualisierung, die in jedem der anderen Sinne, auch im Sehsinn, gegenwärtig ist, besteht nicht mehr im Hörsinn, weil wir alle dasselbe hören; es ist uns allen gemeinsam. Mit dem Hörsinn gelangen wir in die Welt der Vorstellungen. Durch die vier höchsten Sinne haben wir weder bloß Wahrnehmungen noch einfach Empfindungen, die in unserem eigenen Körper aufsteigen. In dieser neuen Sphäre, der Sphäre des Hörens, öffnet sich etwas, dessen wir uns bewusst werden müssen. Die Menschheit ist sich noch nicht darüber im Klaren, dass uns der Hörsinn ein völlig neues Gebiet eröffnet, indem das Hören von Worten, Klängen und der Stimme eine uns allen gemeinsame, übersinnliche Erfahrung darstellt. Aber es ist nicht genug, eine übersinnliche Erfahrung zu haben; es ist nötig, sich ihrer bewusst zu werden. Es war Rudolf Steiner, der als Erster in der Geschichte der Menschheit die drei höchsten Sinne beschrieben hat. Obwohl einige moderne deutsche Philosophen zu der Tatsache aufgewacht sind, dass da mehr als Hören sein muss, wenn wir das gesprochene Wort verstehen sollen, dass da mehr als nur Verstehen sein muss, wenn wir das, was wir in einem Buch lesen, wirklich begreifen sollen, dauerte es bis zum Jahre 1909, dass Rudolf Steiner erstmals den Wortsinn und den Gedankensinn beschrieb. [...] Kaum ein Psychologie oder Philosoph ist sich der Tatsache bewusst, dass, wenn jemand spricht, wir nicht nur den Klang hören durch unseren Hörsinn, sondern dass innerhalb des Klangs etwas geschieht, das überhaupt nichts mit unserem Denken zu tun hat, etwas, das nicht zu irgendeiner Art gedanklicher Schlussfolgerung gehört, sondern das es uns ermöglicht, einen Klang von einer Stimme, eine Melodie von einem gesprochenen Wort, ein Geräusch von einer sprachlichen Äußerung zu unterscheiden. Dies verdanken wir einer spezifischen Sinneswahrnehmung, einem Akt des Wahrnehmens und nicht des Denkens. Es ist ein völlig neuer Gedanke, dass wir ein gesprochenes Wort nicht aufgrund eines Erkenntnisvorgangs verstehen, sondern dass wir es in derselben Weise erfassen, wie wir eine Wand sehen, einen Baum oder einen Vogel; in genau der gleichen Weise, wie wir etwas riechen oder schmecken. Wir müssen uns darüber klar werden, dass mit dem Verstehen von Worten, mit dem Erfassen der Bedeutung dieser Worte Sinneswahrnehmungen verbunden sind. Auf diese Weise beschrieb Rudolf Steiner zuerst den Wortsinn und dann den Gedankensinn. [...] Was nehmen wir durch den Wortsinn wahr? Wir nehmen nicht die Bedeutung des Wortes wahr, wir nehmen wahr, dass das Wort nicht nur ein Klang ist, sondern dass es ein Wort ist. Dass die menschliche Sprache kein Geplätscher, sondern Sprache ist, ist eine notwendige Unterscheidung. Auch wenn wir einen Menschen, der Chinesisch spricht, nicht verstehen, erkennen wir doch unmittelbar, dass es sich um Sprache handelt. Wenn uns jemand in einer fremden Sprache anspricht, die wir nicht verstehen, wird er versuchen, uns im Verstehen zu helfen, indem er lauter spricht, vielleicht langsamer und indem er Gesten macht. Durch die Gesten unterstreicht er seine Worte, er betont sie, weil er fühlt, dass der Wortsinn in dem anderen Menschen nicht richtig reagiert und daher den Gedankensinn nicht führen kann, der zum Verstehen dessen, was er zu übermitteln versucht, nötig ist. Durch Gesten versucht er, dem anderen Menschen zu helfen, den Gedankensinn aufzuwecken. Durch den Wortsinn wissen wir nicht nur, dass ein Wort ein Wort ist, sondern auch, dass eine Geste nicht eine gewöhnliche Bewegung ist; sie deutet auf etwas hin, das verstanden werden kann. Dies ist möglich durch die Aktivität des Wortsinns in unserem Sehfeld. Zu entdecken, dass Worte und Gesten eine Bedeutung haben, beruht weder auf einer Schlussfolgerung noch auf einer Gedankentätigkeit, sondern auf Wahrnehmung. [...] Ein Kind hat innerhalb der ersten Wochen seines Lebens die Grundlage für die vier unteren Sinne ausgebildet und für die vier höheren Sinne, wie auch für den Hörsinn, in den ersten Monaten seiner Entwicklung, sodass ein Kind ungefähr im dritten oder vierten Monat hören und sehen, schmecken und riechen kann, sein Gleichgewicht und den Bewegungssinn entwickelt und natürlich den Tastsinn und den Lebenssinn entfaltet hat. Der Wortsinn, der Gedankensinn und der Ichsinn jedoch können sich erst entfalten, wenn bestimmte andere Schritte gemacht worden sind. Die drei großen Gaben oder Segnungen für jedes menschliche Wesen sind das Gehen, Sprechen und Denken, wie es Rudolf Steiner 1911 beschrieben hat. Sie sind die wesentlichen Grundlagen für die Entwicklung des Wortsinns, des Gedankensinns und des Ichsinns. Aufrechter Gang, Sprechen und Denken sind drei Errungenschaften, die wir nicht nur unserer eigenen Bemühung allein verdanken, denn sie zu erlangen ist außerhalb unserer eigenen Reichweite. Wir lernen als aufrechte, menschliche Wesen zu gehen, das Wort zu gebrauchen in Form von Stimme und Sprache und schließlich zu Denken mithilfe der Kräfte des Logos. Die wissenschaftlichen Fakten, die über die Entwicklung der ersten drei Jahre des Kindes bekannt sind, veranschaulichen im Detail, was Rudolf Steiner nur andeuten konnte. Es ist ganz offensichtlich, dass der Mensch mit einem gewissen Maß an natürlichen Fähigkeiten geboren wird».

Ausführlich findet sich diese Thematik in dem wichtigen, schön geschriebenen und empfehlenswerten Buch von Karl König behandelt, nämlich: *Die ersten drei Jahre des Kindes;* aber auch in dem zweiten Band dieser Sinnesarbeiten, *Sinnesentwicklung und Leiberfahrung.*[35]

Was die weiteren Mitwelt-bezogenen, höchsten Sinne betrifft, so sind diese in meiner Einführung bereits bei der Darlegung der zwölf Sinne durch Rudolf Steiner skizziert worden, weswegen ich hier auf eine nochmalige Thematisierung verzichte. Stattdessen möchte ich abschließend Karl König, wenn auch nur auszugsweise, sprechen lassen.

Karl König: «Plötzlich steht es [das Kind] mit einer Freude, der man den spirituellen Charakter ansieht, auf, gegen die Kräfte der Schwerkraft, und geht über die Erde in einer Art und Weise, wie es kein Erwachsener tun könnte, weil es ist, als ob lediglich ein Haar den kleinen Körper von oben halten würde und ihm das Gehen ermöglichte. Wenn wir diese Kraft bedenken, wissen wir, dass dies der erste Schritt zur Menschlichkeit ist, den jeder von uns macht. Dahinter stehen die Kräfte des Christus.»

«Der Gedankensinn gibt uns nicht die Möglichkeit zu denken. Er vermittelt uns das Verständnis, die Bedeutung eines Begriffs, etwa die des Spatens. Um ein anderes Beispiel zu geben: vielleicht haben wir einen bestimmten Menschen zwanzig Jahre lang nicht gesehen; wir starren ihn an und können ihn nicht einordnen, bis er nach einer Weile seinen Namen sagt und wir uns plötzlich an ihn erinnern können. Der Name ist die Offenbarung der innersten Existenz eines Menschen, einer Sache oder eines Wesens. Das kleine Kind bemerkt, dass seine Mama geht, sein Papa geht, dass Marie geht und ‹ich› geht. Dies dauert ungefähr bis ins dritte Jahr. Heutzutage entdecken manche Kinder ihr eigenes Ich schon mit zwei Jahren, und statt sich zuerst mit ihrem eigenen Namen zu bezeichnen, beginnen sie gleich, ‹ich› zu sich zu sagen. Dies weist hin auf den Beginn der Entwicklung des Ichsinns. Der Ichsinn entwickelt sich mehr oder weniger von selbst bis ans Ende des Lebens – wenn der Mensch bereit ist, ein Kind zu bleiben. Die drei höchsten Sinne – Wortsinn, Gedankensinn und Ichsinn – bleiben in ständiger Entwicklung.»

Mit diesen vermächtnishaften Ausführungen Karl Königs möchte ich meine Einführung schließen. Dies in dankbarem Gedenken an diesen großen Geist Karl König, der neben einer immensen Zahl von ebenso genialen, spirituellen und aufrüttelnden Ausführungen zu anderen Themenkreisen auch eine durch Rudolf Steiner inspirierte Sinneslehre ein Leben lang bearbeitet und weiterentwickelt hat – und zwar auf eine Weise, die allen daran Interessierten ihre menschliche Würde zuspricht und die zugleich seit Langem als heilsamer Impuls für eine segensreiche Arbeit mit seelenpflege-bedürftigen Kindern wirkt. Die Ausführungen Karl Königs zur Bedeutung einer spirituellen Sinneslehre werden weiterhin für eine zeitgemäße erzieherische und heilberufliche Praxis von großem Wert sein.

Vorträge zur Sinneslehre

von Karl König

Vom Sinn der Sinne und von der Not dieser Sinne in unserer Zeit

Vortrag in Stuttgart, 1961

10. Oktober 1961

Es ist ein Problem heute, dass wir den Eindrücken der Sinne einfach ausgesetzt sind, was mit dazu führt, dass die wirkliche Erkenntnis unserer Sinne und der Sinnesprozesse außerordentlich mangelhaft ist, obwohl die Einzelarbeiten der Wissenschaften zu den Sinnen ins Unendliche gehen. Es ist keinem Menschen mehr möglich, die Literatur eines einzigen Sinnes zu überschauen. Heute kann trotzdem niemand mehr sagen, wie wir hören, sehen, empfinden. Es ist aber vor allem deshalb unmöglich, weil Angst und Abwehr besteht vor der Wahrheit einer geisteswissenschaftlichen Menschenkunde.

Viele gegenwärtige Arbeiten zur Physiologie der Sinne [in 1961] prägen alles hinein in eine Lehre der Elektrifikation. Elektrische Widerstände in den Sinnen werden untersucht, elektrische Schwankungen. Man sucht aber immer noch da, in einem Bereich, den man das «Untersinnliche» nennen kann. Dies gründet noch in den Anschauungen des 19. Jahrhunderts, als man sich vorstellte, dass der Mensch durch Wellenbewegungen verschiedenster Art irgendwie Impressionen aufnehmen könnte, die die Sinnesorgane reizen und sich ins Nervensystem fortpflanzen. Dort gäbe es, so meinte man, eine Art Umschaltung, so, dass aus diesen Reizen Empfindungen werden. Dies ist eine Hypothese, von der man heute weiß, dass sie grundfalsch ist – aber nicht weiß, wie das zu ändern oder neu zu interpretieren wäre, obwohl seit 1909 Rudolf Steiner eine völlig neue, allumfassende Lehre von den Sinnen gegeben hat.[1]

Man findet diese Ausführungen vor allem in den Vorträgen «Anthroposophie», als er 1909 in Berlin begann, für seine Zuhörer 10 Sinne aufzufächern.[2] Erst 1916 schilderte er 12 Sinne, indem er den ersten zehn [Sinnen] den Tastsinn als untersten und den Ichsinn als den höchsten angliederte.[3]

Die unteren Sinne, die einzig und allein verbunden sind mit unserer Körperlichkeit, also die, die «Leibessinne» genannt werden können, geben uns ein dumpfes Bewusstsein dessen, was der Leib uns eben *nicht* offenbart, sondern, was er uns als Funktionen verhüllt. Die Sinne breiten ein Sinnestuch über die Funktionen unseres Leibes. Sie decken zu, sie verhüllen, was wir nicht erfahren, was wir nicht empfinden und erleben sollen. Da ist zuerst der Tastsinn, der uns das dumpfe Empfinden unseres Leibesumfanges gibt. Wir wissen durch den Tastsinn, dass wir einen Leib haben. Wir wissen nicht, dass wir tasten, das ist etwas ganz anderes. Aber die ganze Haut als allgemeiner Tastsinn wird einheitlich dumpf empfunden, und dieses dumpfe Empfinden vermittelt uns die Umfangsgestalt unserer Leibesnatur, und innerhalb dieses Leibes, da leben und weben die ganzen Prozesse in Blut und Lymphe, in den Gewebeflüssigkeiten. Und damit auch das nicht in den Vordergrund tritt, damit das verhüllt, bedeckt bleibt, damit *wir* sind und nicht die Leibesfunktionen, dafür ist der Lebenssinn da. Den Lebenssinn hat Rudolf Steiner damals schon genannt, der heute teilweise von der Wissenschaft anerkannt wird, wenn er auch immer wieder falsch interpretiert wird.[4]

Der dritte ist der Eigenbewegungssinn, durch den wir die einzelnen Teile unserer Gestalt in ihrer gegenseitigen Lage zueinander dumpf empfinden, jeden Finger, jeden Arm, jede Stellung unseres Leibes. Wir wissen ohne hinzuschauen, ob dieser Finger gestreckt oder gebeugt ist. Das alles geschieht durch unseren Eigenbewegungssinn. Dann kommt das Gleichgewicht, was als Sinn von allumfassender Bedeutung ist. Aus diesem Grund kann sich die Wissenschaft immer noch nicht entschließen, ihn als Sinn zu bezeichnen. Die meisten sagen, dies sei eine unbewusste Funktionsregelung. Dennoch, dass wir uns aufrecht, innerhalb einer Umwelt uns empfindend halten und bewegen können, verdanken wir der Funktion des Gleichgewichtssinnes. Durch diese vier Sinne sind wir verbunden mit unserem Leib.

Die fünf Sinne: Riechen, Schmecken, Sehen, Wärmesinn, zum Teil auch das Gehör eröffnen uns die Beziehung zur Umwelt. Das sind die Sinne, die von der Wissenschaft heute mehr oder weniger ahnungsweise interpretiert werden.[5] Dann kam eine der größten Geistestaten Rudolf Steiners, die man erst in den nächsten Jahrhunderten begreifen wird, die man in Mitteleuropa zu begreifen anfängt, was aber in Amerika noch nicht begriffen werden kann, weil das Denkgefüge dort ein solches ist, dass es sie noch nicht erfassen kann. Dennoch gibt es einen Sprachsinn, einen Denksinn und einen Ichsinn, die wie mit einem Zauberstab eine ganz neue Welt uns erschließt, eine Welt, ohne die wir niemals sprechende, denkende, selbstbewusste Menschen hätten werden können. Das Wort als Menschenwort, wie es gesprochen wird, das Weltgedanken und Weltideen in sich trägt, führt uns hin zu einem Denksinn. Gedanken werden eben als solche wahrgenommen. Und das Weltenwort, das sich in jeder einzelnen Individualität, in den Seelen der Pflanzen, in den Gruppenseelen der Tiere, in allem Geist-Seienden uns offenbart dadurch, dass wir es schauen, wahrnehmen, so wie wir Farben wahrnehmen, Gerüche, Geschmäcke, wie wir Töne hören. So wird durch die drei höchsten Sinne eine Welt erschlossen, die nur dem Selbstbewusstwerden im Menschen offenbar wird. Man kann im Grunde kaum beschreiben, welche philosophischen Purzelbäume ganz wesentliche Denker unserer Zeit schlagen müssten, um wirklich begreifen zu können, wie ein Kind mit einem Jahr Worte verstehen kann, Namen der Dinge sich aneignen kann. Ein philosophisch geschulter Mensch weiß, was es bedeutet, aber er kann es solange nicht erklären, solange er den Sinncharakter des Sprachsinnes, des Denksinnes, des Ichsinnes zu erkennen nicht gewöhnt ist.

Das sind die drei Räume, die uns offenbart werden durch den Kreis der Sinne, und wem wird denn das offenbar? Es ist die Menschenseele, die mit dem Leib auf dem Weg der Sinne in Verbindung tritt, der sich der Leib zu verbergen hat, schamverhüllt in den Schleier der vier unteren Sinne. Es ist die Welt, die sich enträtselt, vor den Sinnen des Sehens und Hörens usw. und es ist die Welt des Wortes, die sich entschlüsselt durch die drei höchsten Sinne. Das sind diese Sinne, die Tore und die Fenster, die Brücken und die Wege, die unser Sein mit der Welt verbinden. Das ist das eine. Fragen wir aber jetzt nach dem tieferen Sinn dieser Sinne. Fragen wir nicht nur, in welcher Art diese Sinne uns mit der dreifachen Welt des Leibes und der Umwelt und des Wortes verbinden. Fragen wir nach dem tieferen Sinn: Was sind diese Sinne?

Dann dürfen wir es nur tun, wenn wir wiederum eine Grunderkenntnis, die Rudolf Steiner uns vermittelt hat, wecken, indem wir sie erinnern: Die Sinne sind nicht, wie wir immer glauben, passive Organe, die einfach empfangen. Rudolf Steiner hat exakt und klar darauf hingewiesen, dass der gesamte Sinnesprozess, wo immer er sich vollzieht, ein Atmen ist, ein Empfangen und ein Geben. Es wäre ganz unmöglich, dass sich dies vollzöge, wenn nicht ein aktives, ein willensartiges Element von der Seele aus in dem jeweiligen Sinn eingreifen würde. In der Heilpädagogik erlebt man es immer wieder neu, und gerade da kann man erkennen, dass nur durch eine Aktivierung der Sinne es möglich ist, Sinnesdumpfheit zu überwinden.

In Camphill konnten wir erleben, wie man die «toten» Augen blinder Kinder durch rhythmisches Beleuchten mit komplementären Farben so beleben kann, dass die Pupillen zu reagieren beginnen, man kann sagen, dass das *innere* Sehen in den Kindern erwacht. Damit kann man unmittelbar zu erleben beginnen: Ja, das Auge, das ist ein Instrument, das ich zu beleben habe, sollte es überhaupt wirksam werden. Ich schaue durch das Auge hindurch in die Welt, ich ergreife durch das Auge hindurch die Welt, und dieses aktive Eingreifen, ob Ohr, Nase, Zunge, das ist die Ergänzung zu den sonst immer wieder vor uns stehenden Sinnesprozessen. Es ist im Grunde genommen so, dass die Sinne als Organisation zutiefst in unsere ganze Leib-Seele-Geist-Natur eingeschrieben sind.

Wir können auch andere Beispiele anführen: Betrachten wir unseren Tastsinn – so dumpf er auch sein mag, aber ohne die Möglichkeit des Tastsinnes würden wir niemals die Sicherheit unserer Existenz durch unsere Seele ziehen haben. Rudolf Steiner hat es in einem bedeutenden Vortrag so ausgedrückt, dass wir ein *Gottgefühl* haben, ein dumpfes Gottgefühl.[6] Das verdanken wir dem Tastsinn. Und wenn dieser Tastsinn in irgendeiner Art uns erregt, ohne dass ein richtiges Gestaltgefühl da ist oder halb funktionierend da ist, dann entsteht in unserer Seele das Gegenbild dieses Gottgefühles, denn alle Angst, die wir erleben, hat ihren Sitz in unserem Leib-umgrenzenden und umschließenden Tastsinn. Man muss sich das ganz konkret vorstellen – zum Beispiel, dass Kinder Angst haben können und diese Angst durch Kräftigung ihrer Haut wieder «weggewaschen» werden kann, dass dadurch wieder die Sicherheit eines Gottgefühles, so dumpf es auch sein mag, entsteht. Das gibt nämlich den Kindern und auch den Erwachsenen eine Lebensgrundlage.

Der Lebenssinn, der sich sehr früh entwickelt, in den ersten 9–10 Monaten, kann sich besonders erfolgreich, gut, umhüllend entwickeln, wenn die Kinder Muttermilch zu trinken bekommen. Wenn er sich richtig entwickelt, entsteht etwas, was durch die Kinder und Jugendjahre und vielleicht auch Erwachsenenjahre uns als ein leibliches Wohlbehagen durchzieht. Wir wiegen uns im Empfinden unseres Wohlseins, unserer Gesundheit. Wenn der Lebenssinn gestört ist, dann treten nicht nur Schmerzen auf, nicht nur Organempfindungen, sondern dann durchbricht etwas ganz Neues unsere Welt, und das ist Furcht und Scham. Diese beiden Grundemotionen unserer Existenz kann man nicht anders verstehen, als dass sie aus dem zerbrechenden, nicht funktionierenden Lebenssinn heraus entstehen. Was ist Furcht, was ist Scham? Furcht ist nichts anderes als das Erinnern des Todes. Dumpfes Todesahnen, weil der Lebenssinn plötzlich Spalten seines Schleiers aufmacht, indem die Seele anfängt, in die Tiefen der Existenz zu blicken. Und Scham ist nichts anders als das Erblicken, manchmal das schaudernde Erblicken, wie das Ich in diese irdische Welt hineingeboren wurde. Ich will mich verhüllen wie Adam und Eva es taten, als der Herr sie anrief zum ersten Mal. Scham hängt mit dem Geborensein zusammen. Hier in dieser Welt sich finden, das heißt Scham. Aber darüber liegt, im gesunden Organismus, der Schleier des Lebenssinnes.

Im Eigenbewegungssinn ist es die Freude und die Trauer, die da leben. Und im Gleichgewichtssinn, da sitzt das Gleichgewicht nicht nur unseres Leibes, sondern auch unserer Seele und unseres Geistes, und wenn dieses Gleichgewicht gestört ist, dann geht es entweder hinauf in das manische Irresein oder hinunter in die tiefsten Depressionen, wo die Seele hinunterfällt in die Leibesnatur und alle Fesseln und Bindungen, die sie mit der Erde verbinden, verliert. Nur wenn das deutlicher angeschaut wird, beginnen wir die Sinne ihrem Sinn nach zu verstehen.

Hören ist zum Beispiel nicht nur, «ein Ohr zu haben». Das Hören ist eine unendlich vielfältige Welt und das Ohr ist eigentlich nur das äußere Zeichen dafür, dass im ganzen Organismus das Hören als Prozess eingebaut ist. Wir hören mit völlig anderen Organen die Geräusche, Klänge, Töne. Ich könnte Ihnen zeigen, wie das Ohr ein vierfältiges Gebilde ist und mit vier verschiedenen Organsystemen in Verbindung steht; mit dem einen können wir zwar Geräusche hören, aber nicht Klänge, Geräusche hören, aber nicht Töne, auch nicht Worte, weil das vier verschiedene Sphären sind. Diese vier Sphären können sich so zueinander und miteinander verhalten, dass sie nicht nur selbstverständlich in Harmonie miteinander funktionieren können, sondern auch unter

Umständen auseinanderzufallen vermögen. So ist es mit dem Auge, mit allen anderen Sinnen. Aber was heißt das für den Menschen? Nun haben wir damit die Grundfrage nach dem Sinn dieser Sinne.

Ich wies schon auf dieses Wesentliche hin, das uns Rudolf Steiner gelehrt hat: Die Sinne atmen, nehmen nicht nur auf, sondern sind auch aktiv, sie wehren auch ab. Wie versteht man nun die Tätigkeit der Sinne im Ganzen? Die Sinne geben uns die Möglichkeit, dass wir von den Weltenkräften nicht zerrissen werden, dass wir vom Feuer der Weltenmächte nicht verbrannt werden, dass wir in die Weltenwogen der Existenz nicht einfach hineinverwoben werden. Was wären wir, wenn wir die Sinne nicht hätten? Wir wären Teil der Welt. Wir wären unentwegt und ununterbrochen Wind und Woge. Wir wären Blühen und Vergehen, Donner und Blitz, Wolke und Regen, Abbild des Sternenganges und der Weltenmusik und von Licht und Schatten, aber wir wären nicht *Ich*. Wir wären nicht das Selbst, das auf dem Wege zur Erkenntnis ist. An dieser Schwelle stehen die Sinne. Und es ist nicht nur so, dass sie uns alles offenbaren, sie wehren uns, umschirmen uns vom Übermaß der Kräfte unseres Leibes, vom Übermaß der Kräfte einer wirkenden Umwelt, des Einbruchs einer wirkenden Geisteswelt. Und nur, wenn das mehr und mehr uns in Fleisch und Blut übergeht, als Überzeugung durchdringt, dann werden wir anfangen zu begreifen, was es heißt, mit Sinnen begabt zu sein.

Die Sinne sind die Wiege, in der das Ich-Kind zu wachsen beginnt. Die Sinne sind das Boot, das uns gezimmert wurde, damit wir auf dem Meer der Zeit nicht hilflos treiben, sondern in einer Welt leben, die räumlich ist und die *ist* – Sein hat. Nicht das Werden, das *Sein* wird uns von den Sinnen gegeben und erhalten. Das *Ich-bin*, nicht das Ich-werde. Dass ich als Ich bin, dass ich sein kann, das kommt daher, dass ich mit Sinnen begabt bin. «Sinn» und «Sein» haben die gleiche Wurzel, und das ist der Sinn unserer Sinne. Und nun fragen wir uns einmal, wie das mit dem Schicksal der Sinne in unserer Zeit ist.

Der berühmte Kultursoziologe Arnold Gehlen, ein Mann, dessen

Bücher ich Ihnen sehr empfehle[7], schreibt in seinem Buch *Der Mensch, seine Natur und seine Stellung in der Welt* sehr anschaulich, wenn auch philosophisch, über die Seele im technischen Zeitalter. Er prägt Begriffe wie «der Abbau der Anschaubarkeit, der Unmittelbarkeit und der Zugänglichkeit» und sagt, dass die Welt für den Menschen im Grunde immer «abstrakter und unsinniger» wird. Er war es, der die Begriffe «Reizüberflutung» und «Entinstitutionalisierung» in die Alltagssprache eingeführt hat. Eine exakte Charakterisierung jener Kultur der Entsinnlichung kann man ja auch in ihrem Ursprung verfolgen, wenn Sie durch eine größere Bildergalerie gehen und sehen, wie die Entsinnlichung erst am Ende des vorigen Jahrhunderts ihren Beginn hat. Denken Sie an die Bilder des Barock, Rokoko, Romantik und dann kommt plötzlich im ersten Drittel des vorigen Jahrhunderts ein Bruch. Die «Nazarener» kamen zwar mit großen Idealen, wollten viel erreichen und konnten aber nicht das Entscheidende bringen – es war alles wie leer. Dann kam der Durchstoß des Impressionismus, da wird die Welt der Eindrücke, der Impressionen verwischt, da lösen sich die Sinnesimpressionen in wunderbarer Art auf. Am Anfang unseres zwanzigsten Jahrhunderts, da wird alles, was Malerei ist, entsinnlicht. Statt Sinninhalt treten entweder Geisterlebnisse auf oder es treten intellektuelle Begriffsbildungen in die Sphäre des Farbigen ein. Am stärksten kann man das erleben, wenn man heute durch eine solche Bildergalerie geht. In New York habe ich erlebt, wie man nur noch für ganz moderne Bilder Bedarf hat. Selbst die Galerie ist so gebaut, dass man allen Halt verliert. Sie ist eine Spirale, oben weit und nach unten immer enger, und man kann nur oben mit dem Besuch beginnen. Da es eine Spirale ist, steht man nie gerade, man muss entlang der Bilder langsam herunterrutschen und dabei sieht man die einzelnen Bilder, die in der Ausstellung, die ich sah, im Grunde genommen nichts anderes als geometrisierende, arhythmisierende, zerfetzende Intellektionen waren. Man sah Fetzen, Schrauben, Drähte; für mich unerhört interessant, aber nicht zum Lachen, sondern zum Weinen, denn es hat nichts mehr mit Kunst zu tun – es ist eben eine Entsinnlichung. Und diese Entsinnlichung ist nicht nur in der Kunst vorhanden; die moderne Psychologie, zum Beispiel, besteht im Grunde genommen daraus, dass sie alle Sinnesempfindungen, alle Begegnungen von Mensch zu Mensch ausschließt. Alles, was untersucht wird, muss statistisch belegt werden, Faktoren müssen sich analytisch belegen lassen. Wenn untersucht werden soll, wie bestimmte seelische Eigenschaften mit körperlichen Tendenzen zusammenhängen, wird Materie von Tausenden statistisch untersucht, und Sie müssen kein Psychologe sein, sondern Sie müssen ein Versicherungs-Mathematiker sein und aus dieser Versicherungsmathematik kann man vielleicht etwas herausarbeiten, was gar nicht am Ende falsch sein wird, nur wird es auch nicht stimmen, weil es nichts mehr mit der Wirklichkeit zu tun hat. Ähnliche Strömungen sind eingebrochen in die heutige Medizin. Man hört Wahnsinnsideen, dass man es nicht mehr wagen kann, einem Menschen zu sagen, welches Medikament er bekommt, nicht einmal der Arzt soll wirklich wissen, was er verabreicht, weil er Einfluss nehmen könnte auf die Wirkung dieses Medikamentes. Es handelt sich um einen Zusammenbruch der Werte, weil das Sinnengegebene nicht mehr funktioniert.

Wir müssen ja durch diesen Prozess hindurch. Es ist notwendig, aber wir müssen es erkennen, für was es ist. Die Entsinnlichung, die Entdinglichung hat zur Folge, dass die Menschen heute in einer nicht mehr nur sich entsinnlichenden, sondern auch entdinglichenden Welt leben und daraus notwendig wird, dass neue Sinneseindrücke geschaffen werden müssen, weil die bestehenden nicht nur nicht mehr funktionieren, sondern nicht mehr gelten.

Dass das so ist, das sieht man am deutlichsten neben vielen anderen Dingen an der Korruption unseres Sprachprozesses, unserer Sprache und unseres Sprechens. In den letzten 40–50 Jahren hat man sich bemüht, den Sinn der Sprache philosophisch und psychologisch zu untersuchen, die Sprachlehre überhaupt sowie die Sprache der sogenannten «primitiven» Menschen genau zu studieren. Unendlicher Fleiß ist angewandt worden, aber das letzte große 12-bändige Wörterbuch der Irokesensprache ist so unvollständig, dass man es nicht verwenden kann, weil so viele hunderttausend Wörter in dieser Sprache lebendig sind, dass sie darin eine derartige Mannigfaltigkeit haben, dass jeder Sprechende die Sprache immer neu gebiert. Irokesen oder Eskimos kennen nicht ein einziges Wort für «Vater» oder «Mutter», aber es gibt besondere Worte für «mein Vater», «deine Mutter». Ob ein Fluss strömt oder trübe dahinfließt; ob ich ihn sehe oder du – jedes Mal ist es eine andere Wirklichkeit, und wird deswegen anders benannt, anders von der Sprache beschrieben. Waschen, das gibt es nicht, aber was ich wasche und wie, das wird beschrieben, also in diesen Sprachen gibt es keine aktiven Verben. Die elektrisch beleuchtete Mietskaserne besitzt nicht den gleichen Hintergrund wie die Stimmung des Tages und der Nacht, mit der der urtümliche Jäger allein ist. Es deutet darauf hin, welche unendliche Fülle der Sinneswahrnehmungen für diese Völker da gewesen ist, die die Lebendigkeit der Sprache ausmachte. Man kann erahnen, wie durch die Sinne hindurch die Natur im Sprachprozess lebte und wie dies im Sprachprozess, im sprechenden Menschen sich gewissermaßen immer neu erfüllen konnte. Da gibt es keine Wörterbücher, weil die Worte lebendig sind, immer neu geschaffen werden. Wenn sie festgelegt werden, sind sie eingesargt und gelten nicht mehr für eine solche lebendige Sprache. Was für Dummköpfe wir sind, von «primitiven Sprachen» zu sprechen, denn es ist gerade umgekehrt: Weil dort noch die Sinne weit sind, leben, heil sind in dem Zusammenhang mit der Welt, kann dort, durch die Sinne hindurch, die Sprache gebildet werden. Dagegen sind wir in die Entsinnlichung hineingegangen und deswegen geschieht das Folgende: Es geschieht das, dass nun unsere Sinne missbraucht werden. Und ich sage dieses Wort in ganz klarer Überlegung: Unsere Sinne werden heute schon missbraucht. Radio, Kino, Fernsehen, alles, was überhaupt an moderner Zivilisation sich um uns herum aufbaut – und das soll keine Kritik sein, sondern nüchterne Beobachtung –, das ist alles neue Sinnessubstanz, die nicht mehr aus wirklichen Wahrnehmungen besteht, sondern aus Registrierungen. Unsere Sinne registrieren nur noch.

In Amerika ist die Durchschnittszeit, die ein Kind vor dem Fernsehapparat sitzt, 40 Stunden in der Woche. Man muss bedenken, dass der Haupteffekt des Fernsehens darin besteht, dass es Passivität und Abhängigkeit zur Folge hat. Jedes Kind und sogar jeder Erwachsene, der vor dem Fernsehschirm sitzt, erinnert an das kleine Kind, wenn es an der Mutterbrust saugt. Mit offenem Mund und starrem Blick werden die Bilder eingesaugt. Dabei werden die Arme schlaff und jede Entscheidungsfähigkeit, jede Unabhängigkeit, jedes Gefühl der Freiheit geht dabei allmählich verloren. Noch etwas kommt dazu, das Sie erkennen müssen, weil es meiner Meinung nach noch ein viel tieferes Eingreifen ist, noch stärker auf die Entsinnlichung des Menschen einwirkt. In den letzten 4–5 Jahren ist in Amerika und in England eine ganz neue Industrie entstanden, die sich damit beschäftigt, Lernmaschinen zu erzeugen, und das nicht zu Hunderttausenden, sondern zu Millionen. Millionen Menschen haben nun den Lehrer im Haus[8]. Heute gibt es so etwas für 40–50 Pfennig das Stück. Man soll damit alles lernen können: Medizin, Mathematik, Musik, Fremdsprachen, alles können Sie so lernen. Sie stehen oder sitzen vor der Maschine, drehen Scheiben, die Maschine sagt Ihnen dann: im Russischen heißt ein bestimmtes Wort so oder so, dann dreht man weiter, es übersetzt das russische Wort in jegliche andere Sprache. Dann kommt der sogenannte Lerneffekt; man übersetzt, und wenn die eigene Antwort falsch ist, kommt die Frage zurück, wenn sie richtig ist, so kommt die nächste Frage. Wenn man das selber ausprobiert, dann merkt man, dass man das, was man gelernt hat, überhaupt nicht mehr vergessen kann. Das prägt sich so ein, dass es wirklich sitzt, aber es sitzt unveränderlich. So unveränderlich, wie eben das Auge beim Fernsehen unveränderlich als Apparat etwas registriert. So lernen heute Kinder lesen und schreiben, aber Ärzte können auch Neurologie, Psychologie, Innere Medizin lernen und es sitzt in ihnen. Verstehen Sie die Entsinnlichung, die sich da vollzieht, dadurch, dass das Wort nicht mehr gesprochen wird, dass die Begegnung von Lehrer und Schüler nicht mehr sich vollziehen kann, dass der Mensch zur Registratur wird in einer entsinnlichten Welt, in der er einfach lernt, wirklich lernt und dann ein Wissen hat, das wie eine schwere Last ihm anhaftet. Er kann das so Gelernte nie mehr vergessen, verwandeln, verändern. Es ist ein Wissen, mit dem er herumklappert, aber das nicht sein eigenes ist. Er ist des Wissens, das Wissen ist nicht seins. Diese Dinge muss man einmal aussprechen, damit man weiß, um was es sich handelt.

Indem man so etwas einfach beschreibt, beginnt man erst die Menschheitsbedeutung dessen zu verstehen, zu verstehen, was heute als Seuche, als grauenhafte Seuche sich unter den Menschen anfängt auszubreiten.

Karl Heinrich Bauer von der Universität Heidelberg[9] hat ein Buch geschrieben: *Das Krebsproblem*. Das ist ein Thema, das heute jeden angeht! Er schreibt:

> Anfang und Endziel aller Krebsfragen ist der Mensch. Jeder sechste stirbt an Krebs. So ist das Krebsproblem eines der vordringlichsten Probleme der Medizin und Naturwissenschaften, ja es ist ein Anliegen der gesamten Menschheit. Und wenn man weiterliest, heißt es: Keine Tierart hat auch nur annähernd die gleiche Häufigkeit wie der Mensch und hier wiederum marschiert der Kulturmensch weitaus an der Spitze. Das Krebsproblem ist somit nicht nur ein Problem des Menschen schlechthin, sondern vor allem ein Problem der modernen Zivilisation und damit auf lange Sicht ein Problem der Gesundheit des Menschengeschlechtes überhaupt.

Er nennt dann den Krebs eine Seuche unserer Zeit:

> So ist der Krebs die Krankheitsgeißel unserer Tage und damit dem vergleichbar geworden, was im Mittelalter die großen Seuchen (Pest, Cholera, Fleckfieber und Pocken) gewesen sind.

Die Ursache dieser Seuche wird aber erst zur Sprache kommen können, wenn wir anfangen, eingedenk zu sein des Wortes Rudolf Steiners, dass die Krebsgeschwulst ein Sinnesorgan am falschen Ort ist. Und das, was ich heute versucht habe, andeutend zu beschreiben, das ist der gewaltige Hintergrund dessen, was als Krebsseuche mehr und mehr seit dem Beginn des Jahrhunderts, seit der Zeit, da die Entsinnlichung eingesetzt hat, beginnt, und da sind wir noch am Anfang.

Was vollzieht sich? Wir sagten vorhin: Die Sinnesorgane sind die Wiege, in der das erwachende Selbst sich herangebildet hat. Wir wissen aus den Forschungen Rudolf Steiners, dass zuerst die Sinne waren, das war das Allererste im Uranfange des Weltenwerdens. Da war die Mutter, und diese Mutter, sie war die Welt der Ursinne, und diese Ursinne, sie haben Schritt für Schritt die Umwelt geschaffen, in der Jahrmillionen und Zeitenkreise das Ich des Menschen Schritt für Schritt sich einsenken konnte. Diese Mutter beginnt nun sich zurückzuziehen, sie beginnt, uns zu entsinnlichen. Sie ist in die Wüste geschickt, um dort zu warten, um es mit den Worten der Apokalypse zu sagen. Dort wartet sie, und wir beginnen nun, die Mutter zu verraten. Wir beginnen, aus der Entsinnlichung der mütterlichen Sinnesorgane diese als Registrierapparate zu missbrauchen. Es ist nicht aus Rache, denn die Natur kennt keine Rache und die geistige Welt kennt keine Rache, aber aus der Reaktion entstehen nun Irrbilder der Sinne an falschen Orten und gehen hier und dort überall in den Menschenleibern auf. Das ist, was wir anzuschauen haben aus diesem Sinn der Sinne, aus der Not unserer Zeit heraus, und wir fragen uns: Wo liegt die Möglichkeit einer Heilung? Wo liegt die Möglichkeit, einer Besserung? Auch dafür gibt es bei Rudolf Steiner eine Antwort: Er hat einmal am 30.11.1919 einen Vortrag gehalten als Abschluss einer Reihe von Vorträgen über das Wirken Michaels in unserer Zeit.[10] Und in diesen Vorträgen hat er dargestellt, wie heute der Mensch in einer ganz anderen Welt drinnen steht, als er das vor dem Ereignis von Golgatha getan hat. Damals, so beschreibt es Rudolf Steiner, war die Luft beseelt und mit jedem Ein- und Ausatmen nahmen wir Seelisches auf, das von der Welt in uns hineinströmte. Aus diesem Seelenatmen wussten einmal die Menschen, dass sie aus einer vorgeburtlichen Existenz stammen. Das änderte sich mit dem Geschehen von Golgatha. Die Atmosphäre der Erde wandelte sich und heute beginnt nun im Licht zu leben das, was einmal im Atem da gewesen ist. Das heißt, dass dieses Geistig-Seelische, das der Mensch früher erleben konnte, indem er es einatmete, beginnt heute in jenem Licht zu leben, das allen unseren Sinnesprozessen zugrunde liegt. Dort, wo Entsinnlichung sich vollzieht, dort kann auch etwas Neues beginnen, indem Seelisch-Geistiges eingeatmet wird. Es beginnt heute ein Erleben, ein Wahrnehmen des Geistig-Seelischen, das hier und da auftaucht; so auftaucht, dass wir im Sinnlichen ein Übersinnliches, Seelisch-Geistiges wahrnehmen. Dort aber, wo ein bloßes Registrieren durch die Sinne einsetzt, wird dem ein Riegel vorgeschoben. Rudolf Steiner fügt diesen Ausführungen hinzu, dass ein bewusstes Umgehen mit diesen Prozessen dasjenige ist, was man Michaelskultur nennen kann. Unsere Zeit muss beginnen, eine Michaelskultur zu werden.

Die Not der Sinne in unserer Zeit gebietet uns, dass wir nicht nur die Not hören, sondern hören wollen, denn wir wissen, dass es um die Mutter geht, aus der heraus unsere Sinne entstanden sind. Aus Liebe hat sie sie aus dem Geistgebiete in die irdische Entwicklung hineingetragen. Und wenn wir das wissen und hören lernen diese Stimme des Geistes, kann es dazu führen, dass das, was eben heute eine Not ist, doch auch geheilt werden kann.

Der Kreis der zwölf Sinne

8 Vorträge in Spring Valley, New York, 1960

Einführung

23. Juli 1960

Dieser erste Vortrag soll eine Einführung in die zwölf Sinne des Menschen geben oder genauer gesagt, in den Kreis der zwölf Sinne. Dieser Kreis ist äußerst bedeutend, beinahe revolutionär für jene, die nicht mit dem vertraut sind, was Rudolf Steiner über die Sinne gesagt hat. Die moderne Physiologie, die moderne Medizin, die moderne Biologie haben diese Anzahl nie in Betracht gezogen. Die meisten Wissenschaftler sprechen von acht oder neun Sinnen, weil die drei höchsten Sinne noch immer unbekannt sind. Allerdings sind zwei große deutsche Philosophen und einige ihrer Schüler rein über das Denken zu dem Schluss gekommen, dass es eine Möglichkeit geben muss, die Bedeutung von Worten, die Gedanken und die Persönlichkeit eines anderen Menschen unmittelbar zu verstehen. Dass diese Fähigkeiten jedoch mit den Sinnen verknüpft sein sollen, ist völlig unbekannt.[1] Wir werden noch einige

Schritte im Verstehen gehen müssen, bevor wir beginnen können, uns einer solchen Vorstellung zu nähern. Doch muss der Versuch unternommen werden, denn ohne diese Sinne wäre es uns unmöglich, die Welt um uns herum zu verstehen. Während der Jahresversammlung der Anthroposophischen Gesellschaft in Berlin im Oktober 1909 hielt Rudolf Steiner vier Vorträge über die Sinnesorganisation des Menschen,[2] aber er führte nur zehn Sinne auf und bemühte sich darzustellen, dass der Tastsinn kein eigentlicher Sinn ist und daher in das Thema nicht einbezogen werden sollte. Zu diesem Zeitpunkt erwähnte er den Ichsinn nicht einmal, sondern er begann mit dem Lebenssinn und endete mit dem Gedankensinn. – Erst 1916 begann Rudolf Steiner von zwölf Sinnen zu sprechen, einschließlich des Tastsinns und des Ichsinns.[3] Es dauerte viele Jahre, bis er zu der Gesamtheit der zwölf Sinne kam. Er sprach zuerst von der «Sinneslehre», der Wissenschaft von den Sinnen, die man als das erste «Kapitel» der Anthroposophie betrachten sollte, die zwischen der Anthropologie und der «Theosophie» steht, der Wissenschaft vom Menschen und der Wissenschaft von dem höheren geistigen Wesen der Menschheit.[4] Es wird nicht ausreichen, die Sinne einfach aufzuzählen. Im Verlauf seiner Vorträge über die Sinne zwischen 1916 und 1924 sprach Rudolf Steiner von drei Sinnesbereichen und betonte dabei mehr den Unterschied zwischen den ‹unteren›, den ‹höheren› und den ‹höchsten› Sinnen. Mit den unteren Sinnen, die von Leben, Berührung, Bewegung und Gleichgewicht Kunde geben, erfahren wir die Natur unseres eigenen Leibes. Die unteren Sinne vermitteln uns ein gewisses Bewusstsein unserer leiblichen Existenz, und wir wissen, dass wir durch sie in unseren Leib hinein inkarniert sind. Nur der Leib wird durch die unteren Sinne erfahren; aus unserem leiblichen Bewusstsein gewahren wir nichts von unserem höheren Selbst. Unser Tastsinn vermittelt uns nicht die Existenz der Welt um uns herum, sondern nur die Erfahrung – wenn auch eine sehr allgemeine Erfahrung – von der Grenze unseres eigenen Leibes.[5] Daher zögerte Rudolf Steiner ursprünglich, das Tasten in die Sinne mit einzubeziehen. Die höheren Sinne beinhalten die gut bekannten Wahrnehmungsbereiche des Sehens, des Geruchs, des Geschmacks und der Wärme. Sie vermitteln uns eine ganz andere Wahrnehmungswelt als die unteren Sinne, nämlich die Erfahrung der Umwelt. Das gilt besonders für den Sehsinn: Wir alle erfahren durch ihn den Reichtum der Formen und Farben der Schöpfung, in die wir herabgestiegen sind. Das Universum liegt offen vor uns durch den Sehsinn. Wir können eine Substanz auch in ihrem Geschmack, ihrem Geruch oder ihrer Wärme oder Kälte spüren. Auf diese Weise sind wir durch unsere vier höheren Sinne ein Teil der Schöpfung und in Lage, diese wahrzunehmen. Mit den höchsten Sinnen beginnt etwas völlig anderes. Mit dem Gehörsinn hören wir auf etwas, das schon jenseits der Schöpfung ist, denn im Hören sind wir nicht mehr mit der geformten Materie verbunden, sondern mit Bewegung. Klang ist Vibration, durch Bewegung verursacht. Es sind die schöpferischen Kräfte, die Kräfte der Schöpfung, die wir im Hören wahrnehmen. Das Hören ist ein äußerst komplizierter Vorgang. Ob wir Geräusch, Klang, Wort oder Ton hören, es sind die Schöpferkräfte von allem, was um uns ist, die wir vernehmen. Das Hören eröffnet uns die Welt so, dass uns im Gebiet des Klangs die Namen der Dinge durch den Wortsinn bekannt werden. Durch den Gedankensinn beginnen wir das *Wort* zu vernehmen, das uns die Bedeutung der Dinge enthüllt. Und mit der Bedeutung beginnen wir die innere Wesenheit, die Existenz jedes einzelnen Dinges zu erfassen. Durch den Ichsinn erlangen wir ein Verständnis des Menschen selbst, nicht nur ein intellektuelles Verständnis, sondern auch ein gefühlsmäßiges.

Durch die unteren Sinne, die physischen Sinne, erfahren wir Wohlsein oder Unwohlsein, zum Beispiel Zittern, Magenschmerzen oder jede andere körperliche Empfindung. Es sind dies nur dumpfe Empfindungen, die ersten, die wir als Neugeborene haben. Ohne sie hätten wir keinen Hintergrund, kein fundamentales Empfinden unseres Seins. Sie sind die Wiege unserer täglichen Existenz. Mit den höheren Sinnen riechen, schmecken und sehen wir, spüren Wärme und Kälte. Dies sind die Symbole der Gegenstände um uns und sie geben uns die Gewissheit und die

Kenntnis der Welt. Die Schönheit der Natur enthüllt sich uns, etwa im Geruch des Grünens im Frühling. Durch diese höheren Sinne nehmen wir die Welt um uns mit hellem Bewusstsein, nicht nur in dumpfen Empfindungen, wahr. Der Klang jedoch ist von einer völlig anderen Natur als etwa die Farbe. Das Wort oder ein Ton sind nicht nur eine Wahrnehmung und viel mehr als eine Empfindung, denn durch das Wort gelangen wir zu Vorstellungen. Wir kommen durch Vorstellungen zu der Idee der Melodie, der Harmonie, der Bedeutung von Worten. Durch diese drei Gebiete sind wir ein gänzlich dreigegliedertes Wesen: Geist und Seele, mit unserem Leib verbunden.[6] Wir verbinden uns miteinander durch die höchsten Sinne; die Welt wird uns bekannt durch die höheren Sinne und wir erfahren unseren eigenen Leib durch die unteren Sinne. Kein Tier kann einen Ton oder ein Wort vernehmen, nur Lärm und – bis zu einem gewissen Grade – Klang. Nur der Mensch kann Worte verstehen. Über Jahrhunderte hinweg hat die Menschheit geglaubt, dass alle Sinneseindrücke subjektiver Natur wären. Dies ist eine falsche Idee und sie führt dahin, die Menschheit von dem echten Verständnis der Sinneswahrnehmungen auszuschließen. Wenn alles einfach subjektiv wäre, was wir durch die Sinne wahrnehmen, wie könnten wir überhaupt etwas von der Welt um uns wissen? Wie könnten wir Mathematik oder Physik verstehen? Goethe wies darauf hin, dass wir durch die Sinne tatsächlich Wirklichkeit erfassen; wir können ihnen trauen, weil sie sich nie irren. Es ist unser Verstand, der das, was uns die Sinneswahrnehmungen vermitteln, falsch interpretiert.[7] Unsere Empfindungen, Wahrnehmungen und Vorstellungen sind grundlegende Erfahrungen in einer Welt der Wahrheit und Gewissheit, einer Welt, welche die Grundlage all unserer inneren und äußeren Erfahrungen bildet. Durch die höchsten Sinne können wir geistige Kräfte aufnehmen und uns als Menschen unter Menschen hier auf der Erde begründen. Daher ist es nötig, die Sinnestätigkeit zu studieren, denn dadurch werden wir dazu kommen, wieder wahre Menschen zu sein. Wenden wir uns den vier unteren Sinnen zu. Durch sie erfahren wir nichts als unsere eigene leibliche Natur. Es sind dunkle, dumpfe Empfindungen, die eine allgemeine Erfahrung ergeben. Den Tastsinn haben wir schon erwähnt. Der Lebenssinn vermittelt uns die Erfahrung unseres leiblichen Wohlbehagens oder Missbehagens, wie es durch unseren Blutstrom, das Fließen der Flüssigkeiten in unserem Körper, die Bewegungen der inneren Organe hervorgerufen wird; es sind dies Empfindungen, die uns unsere Organe vermitteln und die wir oft gar nicht bemerken. – Der Bewegungssinn gibt uns die Möglichkeit zu spüren, wie die verschiedenen Teile unseres Körpers sich zueinander bewegen. Wenn wir uns bewegen, sind wir uns dessen bewusst. Ein gelähmtes Bein kann jedoch bewegt werden, ohne dass wir uns dessen bewusst werden, weil wir es nicht spüren: In dem gelähmten Glied ist der Bewegungssinn eingeschlafen oder er ist ganz und gar für unsere Bewegungsempfindung gestorben. – Der letzte der unteren Sinne ist der Gleichgewichtssinn. Er bringt uns einen Schritt weiter. Denn obwohl er eine Wahrnehmung unseres Leibes ist, vermittelt er die Erfahrung des uns umgebenden Raumes. Wir nehmen unsere Körperstellung im Verhältnis zu dem uns umgebenden Raum wahr, ob wir stehen oder flach auf dem Boden liegen, ob wir aufrecht gehen oder stolpern. Mit den vier höheren Sinnen gehen wir von reinen körperlichen Empfindungen über zu Wahrnehmungen der uns umgebenden Welt. Wenn wir etwas auf unsere Zunge nehmen, löst es sich auf und wir schmecken es, was eine viel intimere Erfahrung ist, als wenn wir etwas riechen. Farben, Formen, Weite und so weiter erscheinen uns durch den Sehsinn. Uns ist warm oder wir frösteln oder wir bemerken, ob etwas, das wir aufheben, heiss oder kalt ist, durch unseren Wärmesinn. Hörsinn, Wortsinn, Gedankensinn und Ichsinn bilden die vier höchsten Sinne. Wenn wir den Klang einer Glocke oder den Laut eines Tieres hören oder das Rauschen des Windes, deuten wir sogleich, was wir hören. Ist es eine Kuh, ein Pferd? Sind es Trommeln? Wenn jemand spricht, hören wir nicht nur darauf, was gesagt wird, sondern auch auf die Sprechhaltung des Sprechenden, die Harmonie oder Disharmonie seiner Wortbetonungen; wir erfahren etwas über diesen Menschen. Ein Arzt sollte nicht nur darauf

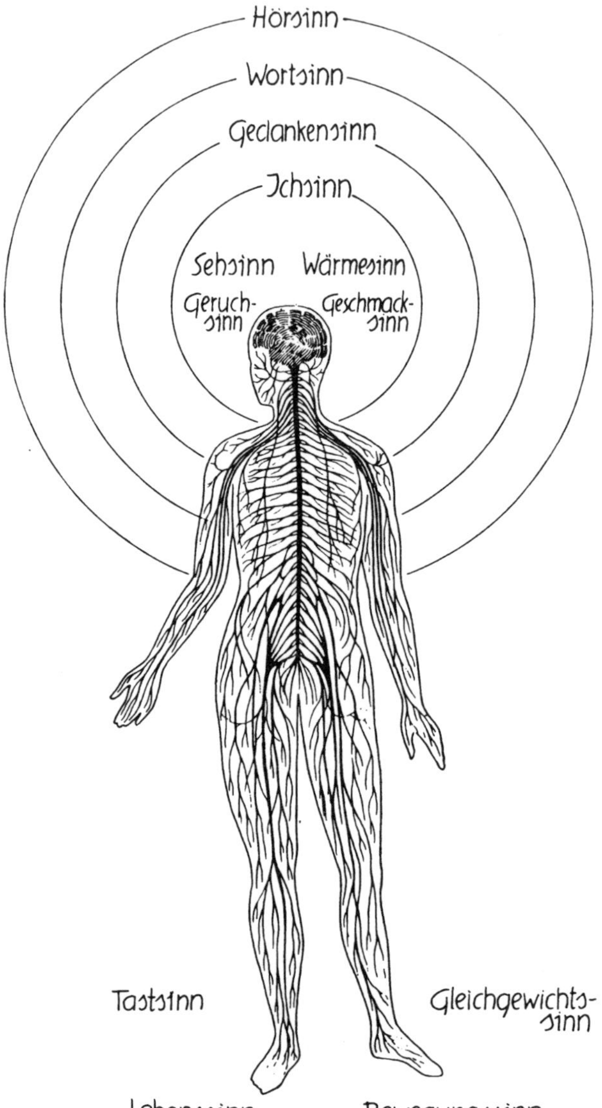

(Gehirn, Rückenmark, Nerven)

hören, was ein Patient ihm sagt, sondern zugleich darauf, wie er es sagt. Es gibt nichts, das so wunderbar und so subtil ist wie die menschliche Stimme. Denn durch sie erscheinen Seele und Geist des Sprechenden. Wir brauchen nicht im Wörterbuch die Bedeutung eines Wortes nachzusehen, wir verstehen es sofort – wenn wir die Sprache kennen – durch den Klang der Stimme des Sprechenden. Ein Baby beginnt mit acht oder neun Monaten die Bedeutung eines Wortes zu verstehen, das die Mutter ihm sagt, nicht weil es denken kann, sondern weil es die Bedeutung des Wortes mit dem Klang verbindet. Auf diese Weise haben wir Anteil an den Schöpferkräften der Welt, dem *Logos*.[8] Später beginnt das Kind, sich selbst als ein *Ich* zu erfahren, getrennt von jedem anderen Menschen, der selbst eine Person für sich ist. Das Kind versteht, dass auch die anderen Menschen ein «Ich bin» sind. Der Kreis der zwölf Sinne entwickelt sich von der frühen Kindheit bis in das reife Erwachsenenalter. Die Sinne wirken alle zusammen, aber sie sind gleichzeitig differenziert. Drei Sinne, jeweils einer aus den drei Bereichen, sind besonders eng miteinander verbunden, so etwa das Tasten, das Riechen und das Hören.[9] Wie ist dieser große Kreis der Sinne mit unserer leiblichen Existenz verbunden? Und wie ist unsere leibliche Existenz durch den großen Kreis der Sinne mit Seele und Geist verbunden? Bevor der Mensch erschaffen wurde, gab es schon das «Hören», das «Ohr» existierte bereits, bevor der Mensch in das Dasein eintrat. Der Mensch ist nach dem Bild Gottes erschaffen worden und wir müssen verstehen, dass auch die Sinnesorganisation mit ihren Organen nach diesem Vorbild gestaltet wird.[10]

Der Tastsinn und der Lebenssinn

26. Juli 1960

Über Jahrhunderte hinweg, seit der Mensch begann, die Welt aus der Perspektive der Verstandesseele[11] zu sehen, entzogen sich die vier unteren Sinne des Tastens, des Lebens, der Bewegung und des Gleichgewichts seinem Bewusstsein. Rudolf Steiner zog den Vorhang zurück und öffnete den Blick auf diese bis dahin unerkannten Sinne. Tastsinn, Lebenssinn, Bewegungssinn und Gleichgewichtssinn, was vermitteln sie uns? Welche Art von Empfindungen haben wir durch sie? Was sind die physischen Organe dieser Sinne? Gemeinhin wird angenommen, dass wir Sinne und Sinnesorgane haben, um unsere leibliche Natur und ihre Funktionen sowie die uns umgebende Welt kennenzulernen und zu verstehen. Dies ist bis zu einem gewissen Grad richtig; doch dass unsere Augen – um ein Beispiel zu nennen – einzig die Funktion des Sehens haben, ist ein Irrtum.

Als Rudolf Steiner 1909 zum ersten Mal den Kreis der Sinne beschrieb, zählte er das Tasten nicht zu den Sinnen in des Wortes eigentlicher Bedeutung.[12] Wenn er trotzdem dazu gerechnet werde, so beruhe dies auf einem Trugschluss. Wenn wir nämlich etwas Materielles berühren, ist es nicht der Gegenstand selbst, der sich uns enthüllt. Wenn ich etwa ein Stück Holz oder Metall berühre, nehme ich nichts anderes wahr als den Widerstand, den meine Haut erfährt, während sie auf diese harten Oberflächen einen Druck ausübt. Was wir so wahrnehmen, ist nur ein kleiner Ausschnitt aus der Sinneserfahrung, die wir dem Tastsinn zuschreiben können. Die Erfahrung des Tastens durchdringt vielmehr alle unsere unteren und höheren Sinne. Auch das Sehen zum Beispiel beinhaltet eine Tasterfahrung: wir berühren die Welt durch die Tätigkeit des Sehens. Auch wenn wir schmecken, riechen, wenn wir Wärme oder Kälte empfinden, tasten wir. Somit sind unsere Tasterfahrungen nicht auf den Tastsinn beschränkt. Sie sind im Sinne der angeführten

Druckerfahrung in alle acht unteren und höheren Sinne miteinbezogen: Tasten bedeutet eine Tätigkeit der menschlichen Seele, die alle diese Sinne durchdringt.

Wenn wir uns fragen, um welche Tätigkeit es sich dabei handelt, kann ich in Anlehnung an Rudolf Steiner antworten: Tasten ist eine Art dunkler Willenskraft.[13] Der Wille, unser Wille, dringt durch unsere Haut, unsere Zunge, unsere Nase, unser Blut in die Außenwelt ein und schafft aus der leiblichen Organisation eine Empfindung und von da aus eine Art Erinnerung an das, was empfunden wird. Es ist wichtig, diese Unterscheidungen zu machen. Wir tasten, und dadurch begegnen wir der Welt. Aber der Tastsinn im engeren Sinne reicht nur bis zur inneren Schicht der Haut. Die Empfindung, die wir erhalten, wenn wir die Oberfläche unseres Körpers von innen spüren – abgesehen von allen anderen Erfahrungen –, ist eine Empfindung unserer leiblichen Natur insofern, als diese leibliche Natur verschieden ist von der uns umgebenden Welt. Wir sind hier, und um uns herum ist etwas anderes; dies erfahren wir durch unseren Tastsinn. Erst allmählich lernen wir, zum Beispiel Holz von Papier zu unterscheiden oder von Stoff. Was wir empfinden, ist nur ein dunkler Eindruck von Widerstand, wie wenn wir an etwas stoßen. Diese Empfindung vermittelt uns der Tastsinn im engeren Sinne. Unsere Haut ist besonders empfindsam an Stellen, an denen sie mit Haaren bedeckt ist, und wir können mit Hilfe von Tausenden kleiner Nerven spüren, an welcher Stelle wir berühren oder berührt werden. Dies ist die dumpfe, dunkle Erfahrung, die wir zunächst durch unseren Tastsinn haben.

Wie weit reicht unser Tasten? Wenn wir mit einem Stück Kreide schreiben, spüren wir nicht nur, wo unsere Finger die Kreide berühren, sondern wir spüren auch den Punkt, wo die Kreide die Tafel berührt. Wenn wir einen Spazierstock in der Hand halten, fühlen wir seinen Griff; doch unsere Empfindung reicht den Schaft hinunter bis dahin, wo der Stock den Boden berührt. Alle unteren Sinne sind Teil unseres Empfindungsleibes, der aus einem Teil unseres Ätherleibes gebildet wird (während der feinere Teil des Ätherleibes eine Einheit mit der Empfindungsseele bildet).[14] Wenn wir dies verstehen, erkennen wir, dass der Empfindungsleib eine Erinnerung ist an unseren Tastsinn, unseren Lebenssinn und die anderen unteren Sinne. Der Empfindungsleib weitet sich aus mit Hilfe der unteren Sinne. Und wir bemerken, dass die unteren Sinne nichts als Bilder sind des Gewebes unseres Empfindungsleibes; sie sind die Gedanken, welche die Oberfläche unseres Körpers umhüllen, die ihrerseits das Organ des Tastsinns ist. Wir sind eingehüllt von unserem Leib wie von einem Schrein. In einem Vortrag über die Sinne im August 1920 sagt Rudolf Steiner: «Der Mensch würde, wenn er keinen Tastsinn hätte, das Gottgefühl nicht haben.»[15] Dieses Gefühl der göttlichen Gegenwart fließt kontinuierlich in unsere Seele und gibt uns die unbewusste Grundlage von Sicherheit, die wir alle bei jedem Tasterlebnis haben. Ohne diese Sicherheit hätten wir die größten Schwierigkeiten, überhaupt zu leben. Wir hätten Zweifel an unserem Leben und unserer Existenz. Jeder Arzt sollte lernen, diese Sicherheit, das Bewusstsein der göttlichen Gegenwart zu beachten. Ohne diese Empfindung erleben wir Gefühle der Angst. Wenn wir plötzlich von einer Empfindung überwältigt werden, für die wir keinen Grund finden können, wenn wir ein Opfer dieser Angst werden, so erfahren wir nichts anderes als unsere dunklen Willenskräfte, die uns fortwährend als Tastsinnerfahrung zur Sinneswahrnehmung werden. Wenn diese Willenskräfte sich jedoch über die Grenze des Körperlichen erheben und unsere Seele ohne Vermittlung des Tastsinnes als Grenzerfahrung überwältigen, wissen wir nicht mehr, was wir tun sollen. Wir fühlen unseren Herzschlag rasen, wir sind erfüllt von Unsicherheit, wir wissen nicht, wohin wir uns wenden sollen und können doch keinen Grund für unsere Angst finden. Wir wollen dieser Erfahrung entfliehen. Diese Unsicherheit ist gleichsam die andere Seite des Tastsinns. Dem steht gegenüber die Erfahrung des Durchdrungen-Seins mit Gottgefühl: die Anwesenheit göttlicher Schöpfungskräfte in unserer physischen Existenz. Die Oberfläche unseres Körpers, die Haut, ist der Ort sowohl für die Angsterfahrung als auch für das Durchdrungen-Sein mit dem Gottgefühl.

Der Tastsinn mit seinem Organ, der Haut, erscheint uns wie ein dunkler Kreis, der unsere körperliche Existenz umgibt, und darin eingebettet ist der Lebenssinn. Man könnte glauben, dass uns der Lebenssinn Empfindungen vermittelt wie Schmerz, Hunger, Durst und so weiter oder sogar eine Empfindung von Niedergeschlagenheit. Dagegen gibt jedoch der Lebenssinn dem Menschen eine alle anderen Empfindungen überragende Grundempfindung. Er macht es möglich, dass wir uns als eine unabhängige innere Existenz auf der Erde erfahren. Durch den Lebenssinn erlebt sich der Mensch als ein Wesen, das den Raum seines Körpers erfüllt. Wir erfahren uns als Teil unseres physischen Leibes. Dass wir uns als Teil unseres physischen Leibes erleben, ist das Ergebnis der kontinuierlichen Erfahrung, die uns der Lebenssinn gibt. Besonders in diesem Land [USA], aber auch in allen Teilen Westeuropas, wachsen in den vergangenen 20 Jahren Kinder auf, die an Schizophrenie, an Psychosen oder an verwandten Störungen leiden. Wenn man sie kennenlernt, fällt ein Symptom ganz besonders auf: Diese Kinder sind nicht in der Lage, sich mit ihrem eigenen Körper zu identifizieren. Wenn man sie bittet, sich selbst zu bezeichnen, sich als Ich im Leibe zu identifizieren, zeigen sie auf jemand anderen und nicht auf sich selbst. Beim Essen versuchen sie, das Kind neben sich zu füttern, anstatt selbst zu essen. Sie sind gleichsam neben ihrem Körper. Sie können sich anschauen, sich beklopfen, aber sich nicht mit ihrem Körper identifizieren. Sie können mit ihrem Körper nicht eins werden, weil der Lebenssinn gestört ist.[16]

Wenn wir krank sind oder Schmerzen haben, ist die Schicht des Lebenssinns zerbrochen. Wir verlieren dann unsere Empfindung des Lebenssinns, die gewöhnlich im Unbewussten liegt. Wir wissen nichts von ihr, wenn es uns gut geht. So haben wir auch kein Bewusstsein zum Beispiel von unserer Lunge; auch wissen wir nichts von unserem Stoffwechsel, denn es handelt sich um das Gebiet des Unbewussten, das durch den Lebenssinn als Sinnesempfindung gleichsam zugedeckt wird. Das Organ des Lebenssinns, welches es dieser Decke möglich macht, sich über den Stoffwechsel und die Organe auszubreiten, ist das autonome Nervensystem. Es unterscheidet sich von dem restlichen Nervensystem und ist etwas sehr Besonderes. Es gibt kaum eine Zelle im ganzen Körper, die nicht mit dem autonomen Nervensystem verbunden ist. Es gliedert sich in zwei Teile – das sympathische und das parasympathische System –, die gegensätzliche Funktionen haben. Wenn zum Beispiel das sympathische Nervensystem aktiviert ist, weiten sich unsere Pupillen, während sie sich zusammenziehen, wenn das parasympathische Nervensystem überwiegt. Es gibt noch andere Reaktionen, die sich mehr oder weniger gegenüberstehen. Wenn das sympathische Nervensystem stärker ist, wird das Gesicht blass vor Spannung, Darm und Magen verkrampfen sich, und wir erkennen sofort, dass der Mensch in großer Furcht ist. Das Gegenteil tritt ein, wenn das parasympathische Nervensystem stärker aktiv ist. Jetzt verengen sich die Pupillen, die Haut errötet, das Herz schlägt langsamer, weil alle Blutgefäße an der Hautoberfläche sich öffnen, sodass eine Wärmeempfindung die Haut durchflutet. Wir haben den Eindruck, dass der Mensch Scham empfindet. Furcht und Scham sind zwei grundlegende Gefühle der menschlichen Seele. Sie werden durch das sympathische und das parasympathische Nervensystem vermittelt.

Wenn wir uns fragen, was Furcht und Scham in Wirklichkeit sind, dann gibt es darauf nur eine Antwort: Furcht ist die unmittelbare Erfahrung von der Nähe des Todes, während Scham eine Erfahrung ist, die uns an die Geburt erinnert. Wir alle schämen uns, geboren zu sein. Wir schämen uns, in die Welt gekommen zu sein; daher versuchen wir uns in Scham zu verstecken, in den Boden zu versinken; und wir erröten, weil wir plötzlich an die Sünde erinnert werden, in die wir hineingeboren werden, wenn wir auf die Erde kommen.

In den ersten Jahren der Kindheit hat das höhere parasympathische Nervensystem eine Beziehung zum Geist durch das Vorstellungsleben und das niedrige parasympathische Nervensystem zu dem Bereich der Fortpflanzung und dem Lebenssinn. Diese Polarität ist ein Bild davon, was uns allen geschehen ist: Wir aßen vom Baum der Erkenntnis und gewannen dadurch Einsicht in das Gute und Böse. Aber in dem Augenblick, als Adam und Eva den Baum der Erkenntnis in Besitz nahmen, wurde ihnen der Baum des Lebens verwehrt. Unser Baum des Lebens wurde uns genommen. Der Lebenssinn ist der Vorhang, der die Lebenskräfte in uns verbirgt. Dadurch, dass der Baum des Lebens unseren Erkenntniskräften entzogen, das heißt verborgen wurde, sind wir dem autonomen Nervensystem im parasympathischen Anteil verfallen, wenngleich uns die Aufgabe geblieben ist, im Laufe des Lebens Licht zu bringen in das Verhältnis von sympathischem und parasympathischem Nervensystem zueinander, um im Lebenssinn die Harmonie von oberem und unterem autonomem Nervensystem zu erleben als *einen* Leib.[17] In unserer Zeit, wo wir so viel Aufruhr erleben, wo so vieles, das natürlich war, nun bewusst in unsere Existenz aufgenommen werden muss, ist die Mehrzahl der Krankheiten, so glaube ich, verursacht durch eine Disharmonie innerhalb dies autonomen Nervensystems.

Wir müssen uns darüber klar werden, dass es keine gültige Trennung zwischen der Geisteswissenschaft und der gewöhnlichen Wissenschaft gibt. Sie müssen sich vereinigen. Und wenn wir nicht mutig genug sind, den Lebenssinn den Baum des Lebens zu nennen, der dem Menschen entzogen worden ist, und Furcht und Scham als die Folge davon zu sehen, dass wir einseitig vom Baum der Erkenntnis gegessen haben, dann sind wir unfähig, die umfassenden Ergebnisse der modernen Wissenschaft mit den geistigen Einsichten zu verbinden, die Rudolf Steiner uns vermittelt hat. Jeder Ausschnitt aus dem Kreis der zwölf Sinne hat seine Bedeutung; für den Tastsinn ist es die Erinnerung an das Tor des Paradieses, durch das wir in das Erdenleben eintreten mussten. Noch immer erfahren wir dieses Tor, durch das wir das Gebiet des Geistigen verlassen mussten, durch die Wahrnehmungen des Tastsinnes, durch den uns die Empfindung des Gottgefühls in der irdischen Welt zugänglich geblieben ist.

Der Bewegungssinn und der Gleichgewichtssinn

28. Juli 1960

In der Erörterung des Tastsinns und des Lebenssinns haben wir ein tieferes Verständnis dieser Sinne erlangt. Es ist uns deutlich geworden, dass wir in ihnen Erinnerungen oder Überreste haben von dem, was einst der Baum des Lebens war, der uns nun verborgen ist, und vom Baum der Erkenntnis, der in uns offenbar ist. Sie erscheinen in uns als die Möglichkeit der Erkenntnis und als Fortpflanzungsfähigkeit. Wir haben durch diese beiden Sinne auch ein gewisses Verständnis der drei großen Emotionen gewonnen, die in jeder menschlichen Seele leben: Angst, Scham und Furcht. Angst ist nichts anderes als die andere Seite des Tastsinns; Furcht und Scham sind die beiden Seiten des Lebenssinns. Wenn wir uns den Sinn der Scham verdeutlichen, wird uns bewusst, dass wir durch den Sündenfall gegangen sind wie Adam und Eva.

Natürlich gibt es beträchtliche Unterschiede zwischen dem Bewegungssinn, dem Lebenssinn und dem Tastsinn. Wir können den Tastsinn als etwas Statisches beschreiben: Er gibt uns die Empfindung unseres physischen, mineralischen Körpers. Durch den Tastsinn nehmen wir die Form und Festigkeit unseres physischen Körpers wahr.

Durch unseren Lebenssinn erfahren wir all unsere Stoffwechselprozesse, all die Kräfte, die unseren Leib aufbauen und gestalten. Dies alles spüren wir als eine Art Wohlbefinden, solange es uns gut geht. Der Lebenssinn ist für uns ein glücklicher Sinn, er gibt uns eine Erfahrung des Glücks. Wenn wir den Vorhang heben und dahinter schauen, gewahren wir den Baum des Lebens. Wir fühlen uns wohl, wir genießen unsere Existenz. Der Lebenssinn ist ein dynamischer Sinn; er durchdringt uns mit dem Gefühl des Wohlbefindens.

Mit dem Bewegungssinn betreten wir ein ganz neues Gebiet. Wir erfahren nicht nur unsere statische, mineralische Existenz und unsere lebendigen Qualitäten, sondern wir erfahren, dass wir unseren Körper bewegen können: Wir können sitzen, laufen oder springen, wir können den Raum durchqueren, wir können unsere Bewegungen kontrollieren. Stellen wir uns eine wachsende Pflanze vor oder eines der niederen Tiere, die unbeweglich sind, und vergleichen wir sie mit einem Tier, das sich befreien und sich bewegen kann – wie in ihm der Bewegungssinn aufwacht! Es ist mehr als nur physische Existenz, mehr als nur das Leben; denn wenn sich der Bewegungssinn entfaltet, entsteht die erste Erfahrung einer astralischen, seelischen Existenz, und dies bedeutet eine Art Evolutionsschritt. Auch angesichts des Bewegungssinns stellen sich wieder drei Fragen: Was erfahren wir durch ihn? Was ist das Sinnesorgan, und wo finden wir es? Und was ist die Bedeutung des Bewegungssinns für unsere Existenz? Die Erfahrung des Bewegungssinns ist nicht leicht zu begreifen, auch wenn sich jeder ihrer bewusst ist. Wir müssen hier zwei Phänomene deutlich unterscheiden: sich zu bewegen und die Bewegung wahrzunehmen. Denn dies sind zwei ganz verschiedene Dinge. Wenn wir gehen oder unseren Arm heben, wissen wir, dass wir es tun, weil wir diese Bewegungsgestalten im Raum wahrnehmen können. Ähnlich ist es, wenn wir durstig sind und einen Schluck Wasser trinken; wir spüren, dass wir trinken und wissen, was wir getan haben. Wenn wir dies jedoch sorgfältig beobachten, wird uns deutlich, dass wir uns weniger bewusst sind über das, was wir gerade tun, als über das, was wir getan haben. Wenn wir einmal gelernt haben, eine Bewegung auszuführen, tun wir dies mehr oder weniger automatisch. Tatsächlich sind wir uns der Bewegungen, die in den Tiefen unseres Leibes stattfinden, nicht bewusst. Wir bewegen uns sozusagen in den Tiefen des Schlafes, in den unsere leibliche Organisation gesunken ist. All unsere Beweglichkeit wird uns jedoch fortwährend durch den Bewegungssinn als Empfindung bewusst.

Wie kommt uns der Unterschied zwischen einem gestreckten oder einem gebeugten Finger zu Bewusstsein oder zwischen einem gestreckten oder einem gebeugten Arm? Wenn ein Bewusstsein der *Form* kontinuierlich gegenwärtig wäre, wäre ein Bewusstsein der Veränderungen dieser Form niemals möglich. Auf dem dunklen Hintergrund der menschlichen Leibesform werden uns die verschiedenen Veränderungen der Bewegungsgestalt bewusst. Diese Empfindungen werden jedoch nicht durch das Nervensystem wahrgenommen. Sie sind nicht etwas Physisch-Leibliches, sondern etwas Empfindungshaftes. Wenn mir zum Beispiel der rechte Arm abgenommen würde, würde ich das Bewusstsein dieses Armes nicht verlieren; ich würde Schmerzen haben und immer noch Empfindungen in der amputierten Gliedmaße, wie es in Tausenden von Fällen beschrieben worden ist.[18] Die Form unseres Körpers, der Tastsinn und der Lebenssinn bleiben immer gegenwärtig als der schon erwähnte Hintergrund. Der Bewegungssinn selbst nimmt die Melodie der Bewegungsgestalten auf dem Hintergrund der ganzen Leibesform wahr. Wo immer Bewegung ist und gleichzeitig der Bewegungssinn tätig wird, gelten die Gesetze von Klang und Musik. Wenn wir in der Lage wären, den Bewegungssinn von seinen körperlichen Fesseln zu befreien, würde er sich erheben und wie ein schöner Vogel fortfliegen. Der Bewegungssinn ist wie ein Vogel, der an den Rahmen unseres Körpers gekettet ist. Wenn wir ein Konzert hören und in den Klängen des Orchesters die Melodien der Violine oder des Klaviers unterscheiden können, dann ist das so ähnlich, wie wenn wir den Schleier lüften könnten, der unseren Bewegungssinn verhüllt. Wenn wir den Bewegungssinn befreien könnten, wäre er ein Vogel, eine Melodie, ein Sinn für Musik, der sich in den Himmel erheben würde. So wird uns deutlich, warum Rudolf Steiner sagt, dass uns der Bewegungssinn ein Gefühl der Freiheit gibt, das wir haben, weil wir eine menschliche Seele haben.[19] Es ist die Erfahrung unserer eigenen freien Seele.

Das Organ des Bewegungssinns ist das sogenannte motorische Nervensystem des Rückenmarks und des zentralen Nervensystems. Zwanzig Nervenpaare gehen vom Rückenmark aus und vermitteln die Bewegungsempfindung. Sie bilden ein großes Musikinstrument – wie eine Leier – und die Bewegungen spielen ihre Melodien, ihre Harmonien und ihren Rhythmus. Der Bewegungssinn gibt uns ein schwaches Gewahrsein dieser kontinuierlichen musikalischen Erfahrung. Wenn sich taube Menschen, die eine grosse Sensitivität haben, mit dem Rücken zum Orchester setzen, können sie genau sagen, was das Orchester spielt; nicht weil sie es hören, sondern weil sie es spüren in der gleichen Weise, wie wir unsere Bewegungsgestalten durch den Bewegungssinn spüren.

Mit unserem Bewegungssinn und unseren Bewegungen sind wir gleichsam auf einer Bühne. Wir bewegen uns, wir rezitieren, wir zeigen durch unsere Gesten, was wir empfinden. Alle Gesten sind eine Form der Sprache – eine Sprache aus Bewegungen statt aus Worten. Der Bewegungssinn ist ein Instrument für den Schauspieler. Wir begegnen der menschlichen Seele; der Bewegungssinn ahmt alles nach, was in der Seele lebt. Der höchste Ausdruck der Bewegung im Menschen ist das Singen – reine Töne oder Melodien –, und im Singen erhebt sich der Mensch über sich selbst. Das Lied ist das Kind des Bewegungssinns.

Der Gleichgewichtssinn liegt in einem völlig anderen Bereich. Der Tastsinn verbindet uns mit der mineralischen Welt, der Bewegungssinn mit der astralischen, der Seelenwelt. Sobald wir das Gebiet des Gleichgewichtssinns betreten, verbinden wir uns mit etwas ganz und gar Menschlichem. Wir sehen vor uns den Menschen auf der Erde, aufrecht stehend, seine Fußsohlen berühren den Boden, sein Kopf ist nach oben getragen. Dieses Bild drückt den Gleichgewichtssinn aus.

Es ist wichtig, zwei Dinge zu unterscheiden, die im Gleichgewichtssinn vereinigt sind. Kein Tier hat Gleichgewicht. Die meisten Tiere haben Balance – sie können die Stellung ihres Körpers im dreidimensionalen Raum gelassen halten –, aber nur der Mensch hat die Aufrechte, die durch den Gleichgewichtssinn erreicht wird.[20] Als Rudolf Steiner über den Gleichgewichtssinn sprach, beschrieb er die Erfahrung, die dieser vermittelt, als eine Erfahrung der inneren Ruhe.[21] Wenn wir uns von einem Ort zum anderen bewegen, lassen wir den, der in unserem Körper lebt, nicht zurück. Auch wenn wir fliegen könnten, würden wir derselbe bleiben, und wir werden es auch morgen sein. So sind wir unabhängig von der Zeit, und diese Unabhängigkeit unseres

Gleichgewichtssinns von dem Körper strahlt herauf in unsere Seele. Wir fühlen uns als Geist.[22] Der Gleichgewichtssinn gibt uns nicht nur die Möglichkeit zur aufrechten Haltung, sondern er befähigt uns auch, unser Gleichgewicht zu halten, wenn wir stolpern. Auch wenn der Raum um uns beginnen würde, sich zu drehen, könnten wir diese innere Ruhe, diese innere Beständigkeit bewahren. Wenn ich zum Beispiel nach diesem Vortrag den Saal verlasse und nach Hause gehe, nehme ich mich in meiner Körperlichkeit mit. Erst wenn wir dies nicht für selbstverständlich nehmen, sondern wirklich verstehen, dass wir unseren Körper durch die Tür tragen, ihn mit uns über die Erde tragen und dabei doch immer derselbe bleiben, erst dann erlangen wir eine erste leise Ahnung von dem Gleichgewichtssinn. Es ist wirklich eine erschütternde Erfahrung für einen Arzt, einen Patienten zu haben, dessen Gleichgewicht gestört ist; denn die größte Gefahr bei solch einem Menschen ist, dass er Selbstmord begeht. Unser Gleichgewicht zu verlieren, ist eine der zermürbendsten Erfahrungen, die wir machen können. Wir machen eine der schrecklichsten Prüfungen der Seele durch, wenn wir plötzlich gezwungen werden, uns in Übereinstimmung mit der Bewegung der Erde oder der Sonne bewegen zu müssen, wenn die kosmischen Kräfte unsere körperliche Existenz durchdringen und uns zu einem Teil des Kosmos werden lassen, ohne dass wir die Kraft haben, unsere innere Aufrechte zu wahren und unberührt zu bleiben von all dem, was um uns vor sich geht.

Welche Erfahrung vermittelt uns der Gleichgewichtssinn? Solange wir aufrecht sind, wird er uns kaum bewusst; wir erleben nur eine durchdringende Sicherheit, dass wir ein Geist sind, frei von Raum und Zeit. Tastsinn, Lebenssinn und Bewegungssinn sind in das Unbewusste eingetaucht, aber die spirituelle Gewissheit, dass wir derselbe Mensch sind, ganz gleich, wo wir uns befinden, dieser innere Frieden ist uns gegenwärtig durch den Gleichgewichtssinn.[23] Das Organ zu entdecken, das uns die Fähigkeit zur Aufrechte gibt, erfordert viel Wissen, das ich nur andeuten kann. Alle niederen Tiere haben ein einzelnes Organ, die Statozyste, die ihnen die Fähigkeit gibt, ihre Balance zu bewahren. Es ist ein kleines Organ, rund wie die Erde und der Kosmos, und mit einer wässrigen, durchsichtigen Flüssigkeit gefüllt. Ein Teil des Bläschens ist etwas dunkel, und darin finden sich äußerst feine Härchen und zwischen ihnen sehr kleine Kristalle von unterschiedlicher Größe und Substanz. Ein ganzer Kosmos ist so in einem Organ bewahrt: der Himmel, die Erde und, zwischen ihnen, winzig kleine Kristalle, die Planeten. Alle niederen Tiere haben diese Statozyste und einen Kopf, der nicht klar vom Rumpf gesondert ist. Sobald sich der Körper bewegt, bewegen sich auch die Statozysten und die Kristalle darin, sodass sich die Statozyste verhält wie ein Kopf. – Die Wirbeltiere hingegen haben keine Statozyste, weil der Kopf selbst die Funktion eines Gleichgewichtsorgans übernimmt. Der Kopf hat harte Knochen, in denen sich hinter dem Ohr ein neues Organ entwickelt, ungefähr in der Form einer in die Länge gestreckten Statozyste. Es hat drei hohle Röhrchen, die eine zirkulierende Flüssigkeit enthalten, und diese drei Kanäle liegen jeweils in einem Winkel von 90 Grad zueinander. So liegt das Gleichgewichtsorgan des Menschen und das aller höheren Tiere auf jeder Seite des Kopfes auf drei verschiedenen Ebenen, in den drei Raumesrichtungen.[24]

Wir verdanken unserem Gleichgewichtsorgan ungeheuer viel, auch wenn wir uns dessen kaum bewusst sind. Die drei halbkreisförmigen Kanäle machen es uns möglich, die Stellung unseres Kopfes im Verhältnis zum Körper wahrzunehmen, zu dem ganzen Muskelsystem und all unseren Bewegungen wie Gehen, Bücken und so weiter. Ihre Aktivität erstreckt sich bis in die chemischen Prozesse unseres Körpers: Sie intensivieren den Muskeltonus und wirken sich auf die Blutgerinnung aus. Wenn wir uns vergegenwärtigen, dass die Bewegungen unserer Augen eng mit der Zirkulation der Flüssigkeit in diesem erstaunlichen Organ verbunden sind, verstehen wir, wie der Gleichgewichtssinn uns nicht nur die Wahrnehmung der Aufrechte vermittelt, sondern auch die Substanzen und die organischen Funktionen unseres Körpers durchdringt. Wir wissen jedoch über die genaue Arbeitsweise dieses Organs fast nichts. Viele Wissenschaftler halten den Gleichgewichtssinn für eine unbewusste Funktion – etwa wie die Verdauung – und weniger für eine Sinnesaktivität. Aber es ist ein Sinn, denn er zeigt sich als solcher, wenn wir ausrutschen oder uns schnell umdrehen: Der Raum um uns beginnt sich zu drehen, und uns wird schwindelig. Die manische Depression hängt zusammen mit einer Störung des Gleichgewichtssinns. Die Betroffenen leben einerseits in tiefer Depression und Melancholie und sind andererseits übererregbar und manisch. Im Zustand der Manie fühlen sie sich voller Kraft und können alles tun, ohne auf irgendjemanden oder irgendetwas um sich herum Rücksicht zu nehmen. Sie steigen seelisch so hoch, dass die Welt von ihrer Existenz herabfällt, und werden dann wieder in die Tiefen der Melancholie geworfen.

Wir denken, dass wir den Gleichgewichtssinn theoretisch verstehen, aber wenn wir ihn näher studieren, entdecken wir, dass es drei verschiedene Arten von Nerven gibt, die zu den drei verschiedenen Teilen des Gleichgewichtsorgans führen. Ein Typ dieser Nerven hat 7 Fasern, der zweite 12 und der dritte hat 28 Fasern.[25] Sie repräsentieren den Kosmos, der die Organisation aufbaut:

7	Erde
12	Sonne
28	Mond

Dies legt nahe, dass die drei Arten der sensorischen Nerven den dreidimensionalen Raum repräsentieren und uns die Möglichkeit geben, uns von der Bewegung der Erde, der Sonne und des Mondes zu befreien. Sie geben uns die Möglichkeit, aufrecht zu sein, und dies wiederum ist die Grundlage dafür, dass allmählich Frieden in uns werden kann. Wir befreien uns von dem Einfluss der Natur, ihrer Kräfte und allem, was uns sonst eins machen würde mit der Welt. Es ist unsere Aufgabe, uns darüber zu erheben. In seinem ersten Lebensjahr erlangt das Kind den Gleichgewichtssinn. Es bildet ihn in der aufrechten Haltung aus und hat dadurch die Möglichkeit, zu denken und in eine menschliche Haltung hineinzuwachsen. Diese urmenschlichen Fähigkeiten verdanken wir dem Gleichgewichtssinn.

Der Geruchssinn und der Geschmackssinn

30. Juli 1960

In den vorangegangenen beiden Vorträgen über die unteren Sinne haben wir versucht, sowohl die Funktion dieser Sinne zu beschreiben als auch zu bestimmten Bildern zu kommen. Wir können nun anfänglich die Bedeutung dieser unteren Sinne und ihren Beitrag zu unserem Leben und unserer Existenz verstehen. Nun müssen wir ein ganz neues Feld betreten: den Bereich der vier höheren Sinne des Geruchs, des Geschmacks, des Sehens und der Wärme.

In dem Einführungsvortrag stellte ich dar; dass wir durch die unteren Sinne nichts als Empfindungen erhalten. Aber sobald wir die Sphäre der höheren Sinne erreichen, entdecken wir sofort, dass es sich hier nicht länger um bloße Empfindungen handelt. Was wir nun erhalten, was uns nun gegeben wird, sind Wahrnehmungen dessen, was um uns ist, Erfahrungen der Umwelt. Die Gegenstände enthüllen ihre Natur und ihr Wesen durch den Geruch, durch den Geschmack, durch das Sehen und durch die Wärme. Daher müssen wir diese beiden Schichten von Wahrnehmungsbereichen unterscheiden. Die vier unteren Sinne beziehen sich nur auf die Erfahrung unseres eigenen Leibes, aber dadurch gewinnen wir nicht viel, denn unser Leib ist nur ein Rahmen, mit dem wir verbunden sind. Mit den höheren Sinnen kommt ein anderer «Leib» zu uns – der Leib der uns umgebenden Welt. Es ist von einiger Bedeutung, sich zu vergegenwärtigen, dass unser eigener Leib in einem größeren, weiteren und viel schöneren Leib lebt, der ihn umgibt. Platon sagte, der Mensch lebe auf dem Boden eines großen Ozeans, nur dass der Ozean sozusagen nicht aus Wasser besteht, sondern aus Luft. Die ganze Atmosphäre, welche die Welt umgibt, ist dieser immense Ozean, und wir gehen auf seinem Boden. Wenn wir diesen Ozean den Leib der Welt nennen, dann enthüllen uns die höheren Sinne diesen Leib. Sie geben uns nicht nur Bewusstsein, sondern ermöglichen uns eine Wahrnehmung dessen, was um uns ist. So wie der Empfindungsleib der Träger der unteren Sinne ist, so trägt die Empfindungsseele die höheren Sinne in sich. Die höheren Sinne leben, ruhen und arbeiten innerhalb dieser Empfindungsseele. Wenn wir die Wärme oder die Kälte der Welt empfinden, dann handelt es sich um ganz persönliche, individuelle Erfahrungen. Wir teilen diese Empfindungen mit keinem anderen Menschen, wir haben sie ganz für uns – auch wenn wir die Wahrnehmungen, die ein jeder macht, miteinander vergleichen, sie benennen und uns über sie austauschen können. Der Regenbogen etwa ist ein Bild, ein Beispiel dafür, was für die Wahrnehmungen im Bereich der höheren Sinne gilt.

Moderne Physiologen irren sich, wenn sie annehmen, es handele sich bei den Erfahrungen des Geruchs, des Geschmacks, der Farbe und der Wärme um Urteile. Ein Geruch oder ein Geschmack hat mehr Realität als die chemische Formel, die in Bezug auf diesen Geruch oder Geschmack ausgearbeitet werden kann. Geschmack, Geruch, Gesehenes und Wärme sind Wirklichkeiten des Weltleibes, in den wir eingebettet sind. Weil das für alle Menschen so ist, können wir uns auf sie beziehen und über sie sprechen, auch wenn es sich um individuelle Erfahrungen handelt.

Wir können nur das riechen, was uns durch das Element der Luft entgegengetragen wird. Aber was ist Geruch? Was erfahren wir, wenn wir irgendetwas riechen? Wenn wir schmecken, ist es nicht das Element der Luft, das uns den Geschmack bringt, sondern das Element des Wassers, die Flüssigkeit. Damit wir eine Substanz schmecken können, muss sie von unserem Speichel aufgelöst werden, erst dann ist die Zunge in der Lage, sie zu schmecken. Was durch die Elemente des Lichtes und der Farbe enthüllt wird, ist immer eine – meist feste – Oberfläche, die uns die Reflexionen des wahren Lichtes in Form der Farben und der

Schatten des Grau gibt. Durch den Wärmesinn erfahren wir das Wärmeelement. Aber was tragen diese Elemente der Luft, des Wassers, des Festen und der Wärme in sich? Wärme trägt Wärme. Das Feste trägt das Licht. Wasser trägt den Klangäther, und die Luft trägt den Lebensäther. Das ist die doppelte Vierheit der Erfahrungen, die uns durch die höheren Sinne vermittelt werden:[26]

Geruch	Luft	Lebensäther
Geschmack	Wasser	Klangäther
Sehen	Erde	Lichtäther
Wärmesinn	Wärme	Wärmeäther

In der herkömmlichen Physiologie nennt man den Geschmackssinn und den Geruchssinn die chemischen Sinne, weil sie uns etwas von der chemischen Natur der Substanzen offenbaren. Wenn wir einen Physiologen fragen würden, was denn der Unterschied zwischen dem Geruchssinn und dem Geschmackssinn sei, so würde er vielleicht mit den Achseln zucken und antworten, dass da kein großer Unterschied sei. Und in der Tat: wir können Gerüche schmecken und Schmeckendes riechen, beide Sinne greifen ineinander; sie geben uns einen gewissen Umfang an Wissen darüber, ob etwas in unserer Nähe hilfreich oder schädlich für uns sein könnte. Die Organe des Geschmackssinns und des Geruchssinns liegen im mittleren Teil des menschlichen Gesichts. Das muss eine Bedeutung haben. Warum liegt das Organ des Geruchssinns im oberen Teil unserer Nase? Warum ist die Zunge das Organ des Geschmackssinns? Warum liegen gerade Nase und Mund in der Mitte unseres Gesichts? Wenn wir dies bis in die embryonale Entwicklung zurückverfolgen, dann entdecken wir, dass diese Organe sich von zwei Seiten her entwickeln und dann zusammenwachsen. Bei Menschen mit einer Lippen-Kiefer-Gaumenspalte können wir leicht sehen, dass sich diese Verbindung nicht in der richtigen Weise gebildet hat. Wir erkennen immer mehr, dass der Geruchssinn und der Geschmackssinn in Bezug auf die Wahrnehmungen, die sie uns vermitteln, nicht immer leicht voneinander zu trennen sind. Sie arbeiten zusammen und enthüllen uns die Natur der Substanz so, als ob sie von zwei Seiten her arbeiten würden: Von der Luft her und vom Wasser her versuchen sie unserer Seele das Wesen der uns umgebenden physischen Substanzen zu vermitteln. Hier werden die beiden Seiten aller organischen Existenz, das Männliche und das Weibliche, offenbar. In Nase und Mund ist diese Zweiheit schon gegenwärtig, und beide müssen zusammenarbeiten, um uns die Substanz, die Natur des Leibes der Welt um uns zu offenbaren. Wir weinen mit den Augen und der Nase, und wir lachen mit dem Mund und den Ohren. Wenn wir lesen, was Rudolf Steiner über die Natur des Lachens und Weinens sagt,[27] kommen wir dahin, anzuerkennen, welche ungeheure Bedeutung hinter so einfachen und gewohnten Aktivitäten der menschlichen Seele liegt. Geruch und Tränen, Geschmack und ein gutes Lachen sind miteinander verbunden.

Was riechen wir? Und wie riechen wir? Wir riechen mehrere tausend verschiedene Gerüche; es gibt kein Spektrum der Geruchswahrnehmung. Wir können nur sagen, wonach etwas riecht, denn Gerüche sind individuell, und es gibt so viele Gerüche, wie es Worte gibt, sie zu benennen und zu beschreiben.

Jeder Geruch hat seine Quelle, deren individuelles Leben sich im Riechen offenbart. Ein Geruch entsteht, sobald eine Substanz zu verfallen, zu verdampfen, sich aufzulösen beginnt; dann fängt sie an zu riechen, und ihre innere Natur offenbart sich unserem Geruchssinn. Nichts ist so empfindlich wie der menschliche Geruchssinn; durch nichts kann eine Substanz besser getestet werden, er arbeitet besser als jede Mikroanalyse. Selbst ein Zehnbillionstel eines Milligramms kann aufgespürt werden.

Wenn wir riechen, spüren wir die innerste Natur dessen, was die Substanzen der Welt um uns herum aufbauen – dasjenige, was Rudolf Steiner den Lebensäther nennt. Es ist sozusagen das Bild des Ich-Wesens der Substanz, das wir riechen, und daher ist das Organ des Geruchs genau hinter dem geheimnisvollen Punkt eingefügt, wo unser Ich sein Zentrum hat, hinter dem Punkt, wo Nase und Stirn zusammentreffen.

Wir sind unfähig, Gerüche zu erinnern – niemand von uns kann das –, während andererseits eine bestimmte Geruchswahrnehmung eine Welle von Erinnerungen aufsteigen lassen kann. Der Geruch etwa einer bestimmten Blume kann uns mit Erinnerungen an unsere Kindheit überfluten. Wir sind außerstande, einen Geruch zu erinnern, aber wir erkennen ihn sofort, sobald wir ihn erneut riechen. Das Organ des Geruchssinns besteht aus Nervenendungen in der Nasenwurzel; die Fasern dieser Nerven reichen durch das Siebbein bis in unser Gehirn. Was wir denken, das riecht ein Tier.[28] Tiere sind unfähig zu denken, aber sie können riechen und sich dadurch mehr und mehr der vielen einzelnen Substanzen ihrer Umgebung bewusst werden. Man stelle sich einen Hund vor, der umherläuft, andere Hunde erlebt, sein Futter und die Umgebung. Der Geruchssinn vermittelt ihm die Unterscheidung all dieser Dinge. Bei sogenannten primitiven Völkern finden wir ein Wahrnehmungsvermögen, das viel umfassender und feiner ist als unseres; die Menschen haben ein scharfes Bewusstsein all der Tiere, Pflanzen und Elementarwesen in ihrer Umgebung. Das Wort riechen hat eine doppelte Bedeutung – und dies zu Recht –, denn die Weisheit der Sprache ist allumfassend. Berührung verwandelt sich in Geruch.

Willensaktivität von außen und Willensaktivität von innen begegnen sich, Wille begegnet Willen, mein Wille gewahrt den Willen eines Dinges außer mir: Ich rieche etwas, und ich gebe selbst einen Geruch ab. Rudolf Steiner führt aus, dass es Menschen gibt, die imstande sind, sich so vollständig der innersten Aktivität des Geruchssinns zu überlassen, dass sie ein mystisches Einssein mit Gott erfahren.[29] Dies bedeutet, dass ein Gefühl des Einsseins zwischen meinem eigenen Ich und dem Ich des anderen Wesens entsteht. Wir werden eins mit der Welt, vereinigt mit Gott. Wenn wir wirklich einen Sinn in seiner ganzen Bedeutung und in seiner ganzen Fülle erkennen lernen, kommen wir zu bedeutenden Einsichten.

Der Geschmackssinn unterscheidet sich sehr vom Geruchssinn, und er ist ungeheuer komplex. Bei einem gesunden Baby sind die

Geschmackswahrnehmungen viel intensiver und substanzieller als bei Erwachsenen. Ein Baby mit seinem Fläschchen saugt die Milch mit seinem Mund, seinen Fingern und Zehen, es genießt diese Erfahrung mit seinem ganzen Leib. Mit der Zeit – nach und nach, wenn wir älter werden – schmecken wir weniger und weniger, und manche Menschen vergessen überhaupt zu schmecken, weil sie ihr Essen so schnell hinunterschlucken. Vor einigen Jahren wurde empfohlen, dass wir dreißigmal kauen sollen, bevor wir den Bissen hinunterschlucken. Versuchen Sie einmal, auf diese Weise den frischen Geschmack eines guten Salats oder einer Birne zu erspüren – und Sie werden sich auf diese Weise ätherische Kräfte erschließen, die Sie sonst nicht wahrnehmen. Wir sind alle bis zu einem gewissen Grad hellsichtig, wenn wir bewusst schmecken oder riechen, weil sich uns dadurch die Erde enthüllt; denn es ist der Äther, der bitter, salzig, süß oder sauer ist. Mit diesen Geschmacksrichtungen erleben wir schon einen wesentlichen Unterschied zwischen Geruch und Geschmack: Gerüche sind so zahlreich wie die Sterne am Himmel oder wie die Worte einer Sprache, während wir beim Geschmackssinn eine begrenzte Skala haben ähnlich dem Farbspektrum: von Blau über Grün, Gelb und Orange zu Rot und Purpur. Wir müssen nur lernen, wie wir die verschiedenen Geschmacksrichtungen zu ordnen haben – von süß zu sauer, von bitter zu salzig –, dann entdecken wir auf einmal, dass es wie bei einer wachsenden Pflanze ist, mit salzigen und bitteren Wurzeln, sauren Blättern und der süßen Blume und Frucht als Kulmination. Das ist die lebendige Skala des Geschmacks.

Einer der vielen Vorträge, die Rudolf Steiner den Arbeitern gehalten hat, die das erste Goetheanum gebaut haben, war ganz dem Geruchssinn gewidmet.[30] Darin sagt er, dass die ganze Erde von Billionen von Nasen bedeckt ist, denn jede Pflanze ist im Grunde nichts als eine Nase. Was ist damit gemeint? Eine Kastanie strömt den Duft der Venus aus und enthält die Kräfte der Venus, während das Veilchen aus dem Duft des Merkur gebaut ist.[31] Ein Planet oder zwei oder drei Planeten senden ihre Ätherkräfte herunter, und eine oder mehrere Pflanzen werden mit diesen Düften durchdrungen. Die Pflanze ist durch einen Geruch gebildet, aber jede Pflanze hat vier Organe – Wurzeln, Blätter, Blumen und Früchte –, welche das salzige, bittere, saure oder süße Aroma dieses Organs offenbaren. Wir riechen die innere Natur der Substanz, und wir schmecken die Aktivität der Substanz, die Wachstumskraft, die Bildekräfte in jeder Substanz. Der Geruch entwickelt sich aus dem Tasten und der Geschmack aus dem Bereich des Lebendigen. Im Riechen begegnen sich Wille und Wille, im Schmecken dagegen Gefühl und Gefühl. Unsere Zunge ist das Organ des Geschmackssinns. Sie ist ein Muskel, der aus dem unteren Teil unseres Kopfes hervortritt, aber zum Verdauungskanal gehört, zum Darm, aus dem er sich entwickelt. Viele Tiere haben eine größere Nase und Zunge als der Mensch, bei manchen sind beide enorm groß. Es gab eine Zeit, in der die Zunge ein Organ der Gier war und dazu diente, zu nehmen und zu halten, zu kauen, zu schlucken und zu verdauen. Aber diese Gier musste nach und nach überwunden werden. Anstelle des intensiven Willens, der sich in der Gier ausdrückt, entwickelte sich die subtilere Erfahrung des Geschmacks, des Gefühls.

Durch das Riechen sind wir weit tiefer in die uns umgebende Welt eingefügt, weil innere Willensaktivität sich mit äußerer Aktivität begegnet. Im Schmecken ist es so, als gehe der Wille einen Schritt zurück. Wir haben Vorlieben und Abneigungen; wir sprechen von «bitteren Gefühlen», einer «süßen Person» oder einer «sauren Reaktion», und dies ganz zu Recht. Denn hier handelt es sich nicht nur um eine sprachliche Nuance, sondern um die Wahrnehmung einer seelischen Wirklichkeit. Je ausgeprägter unsere Vorlieben und Abneigungen im Schmecken sind, umso ausgeprägter sind unsere Liebe und unser Hass. Wir lernen dies immer wieder durch unseren Geschmackssinn. Immer wieder müssen wir unsere Gier überwinden, um eine andere Substanz oder einen anderen Menschen zu «schmecken». Wenn dies hier ein Vortrag über Anthropologie wäre, könnte ich ihn ganz dem Phänomen des Küssens widmen, denn Küssen ist nichts anderes als eine der

Metamorphosen und Konsequenzen, die sich aus dem Geschmackssinn ergeben.

Ein kleines Baby schmeckt mit seinem ganzen Körper, und manchmal können auch wir mit unserem Körper schmecken, denn all unsere Organe sind mit den Elementen des Schmeckens erfüllt: Unsere Galle ist bitter, unser Blut ist süß, unser Urin ist sauer.[32]

Unsere Organe und Flüssigkeiten haben ein Aroma, aber wir schmecken es nicht mehr, außer wenn wir krank werden. Wir können das Saure, das Bittere unseres Magens schmecken, wenn er nicht richtig arbeitet. Unser ganzer Körper ist mit Geschmack gefüllt, aber unsere Kopforganisation ist die Organisation des Geruchs. Nun können wir auch verstehen, warum sich die Nase abwärts vom Kopf bildet und Zunge und Mund aufwärts vom Körper. Im Riechen und Schmecken begegnen sich der Leib und der Kopf, vereinen sich und offenbaren uns den Leib der Welt um uns. Dies sind ganz andere Erfahrungen als jene, die uns die unteren Sinne vermitteln. Wir können sagen, dass wir in unserer höheren Entwicklung von der Imagination durch die Inspiration zur Intuition kommen, und wir können diesen Weg bewusst gehen.[33] Wenn wir riechen, sind wir auf einer niedrigen Stufe der Intuition, der mystischen Einheit mit Gott, die von manchen Menschen ausgebildet werden kann. Wenn wir schmecken, sind wir auf einer niedrigen Stufe der Inspiration, und die Bildekräfte der Substanzen der Welt enthüllen sich uns in der Form des Geschmacks. Soweit können wir gehen mit der Hilfe des Geschmackssinns.

Der Sehsinn und das menschliche Auge

1. August 1960

Wir haben die vier unteren Sinne und zwei der höheren Sinne besprochen: den Geruchssinn und den Geschmackssinn. Nun wenden wir uns einem Sinn zu, auf den wir uns einen ganzen Vortrag lang konzentrieren werden, denn hier betreten wir das Gebiet der Sinnesphysiologie auf der Höhe ihres Dilemmas. Beim Sehsinn erscheinen die Fragen der Sinnesphysiologie in ihrem reinsten Licht und in ihren schwierigsten Problemen.

Es ist überraschend zu erkennen, dass die moderne Sinnesphysiologie nicht die leiseste Idee davon hat, wie der Akt des Sehens verläuft, oder davon, welche Rolle das Auge spielt in Bezug auf die Wahrnehmung von Farbe, Licht und Form. Wir sind abhängig von unseren Augen für unser Verstehen, für unsere eigene Existenz, so wie wir die Luft zum Atmen brauchen. Wir knüpfen unsere Beziehungen zur Welt durch die Art und Weise, wie wir sie sehen. Wir können das Auge von allen Seiten betrachten, und doch haben wir nicht die blasseste Ahnung über seine Funktionsweise. Wenn wir nicht einige Hinweise von Rudolf Steiner über die mögliche Funktion des Auges hätten, so stünden wir vor einem der größten Rätsel. Wir werden uns dieser Frage von verschiedenen Seiten nähern müssen, aber bitte erwarten Sie nicht von mir die Antwort darauf, *wie* wir sehen; ich werde nur einige Probleme beleuchten können. Zunächst werde ich das Auge sinnesphysiologisch betrachten, so wie es die moderne Wissenschaft tut. Dann werden wir den einen oder anderen Weg entdecken, um herauszufinden, wie wir sehen.

Von einem gewissen Gesichtspunkt aus ist der Tastsinn mit dem Sehsinn verbunden. Stellen Sie sich die dunkle, innere Oberfläche unseres Körpers vor: Sie ist nichts als eine dunkle Wand, die uns das Fundament der Form, den Rahmen unseres Leibes gibt. Stellen Sie dem das Auge gegenüber, wie es sich öffnet, sodass die ganze Welt um uns herum in vollem Licht und voller Farbe erscheint. Wir können sofort die enorme Spannung zwischen dem Tastsinn und dem Sehsinn erleben. Es ist wie auf einer magischen Bühne: Die Augen öffnen sich, und alle anderen Sinne verschwinden, so wie am Morgen die Sterne verschwinden, wenn die Sonne aufgeht. Einer der Hinweise, den Rudolf Steiner zum Sehsinn gab, besagt, dass der Mensch nicht geschaffen wurde, um in die Welt hinauszuschauen, sondern dass er mit dem Sehsinn die Möglichkeit erhalten sollte, sich selbst zu empfinden.[34] Wir hätten die inneren Teile unseres Auges erleben sollen, aber es kam anders. Es wurden uns stattdessen *die Augen geöffnet*, und durch das Öffnen der Augen erschien uns die Welt in all ihrer Herrlichkeit.

Die gegenwärtige Wissenschaft nimmt an, dass ein Bild der äußeren Welt umgekehrt auf den Hintergrund des Auges, die Netzhaut, projiziert wird, von wo es irgendwie durch den optischen Nerv in den hinteren Teil unseres Gehirns transportiert wird, wo es wieder herumgedreht wird, sodass wir es richtig «sehen» können. Diese Vorstellung ist, meiner Meinung nach, lächerlich. Manche Wissenschaftler lehnen diese Erklärung auch ab, wissen jedoch auch nicht besser, wie wir sehen. Alle wissenschaftliche Forschung beruht auf dem Sehen, und doch wissen wir nicht, wie es funktioniert. Von einem gewissen Gesichtspunkt aus ist das Auge ein optisches Instrument, eine Art Fotoapparat, der sehr ungenau ist. Doch wenn unsere Augen gesund sind, beklagt sich niemand über dieses Instrument, weil wir tatsächlich mit seiner Hilfe sehr gut sehen können. Wenn das Auge nicht ein Kind der Sonne wäre, wie könnte es das Licht wahrnehmen?[35] Goethe nahm an, dass das Auge durch das Sonnenlicht geschaffen wurde und auf diese Weise zu dem Organ wurde, mit dem wir das Licht der Welt erblicken können.

Das Auge ist ein Organ, das in sich vollständig differenziert ausgebildet ist. Alle anderen Sinne haben Organe, die ziemlich unauffällig sind, aber im Auge finden wir eine hochkomplexe Organisation, die so lokalisiert ist, als sollte sie vom übrigen Organismus geradezu isoliert werden. Die Augenhöhlen, in denen der Augapfel liegt, sind den Knochen unseres Schädels – an jeder Seite unseres Gesichts – eingeformt. Das Auge selbst ist rund, obwohl im Querschnitt vorne eine kleine Erhebung zu sehen ist, die durchsichtige Hornhaut. Dahinter sehen wir die Pupille, die dunkel oder schwarz erscheint, und um sie herum die farbige Iris. Die innere Oberfläche des Auges ist von der Netzhaut, der Retina, überzogen. Die Retina stellt mit den Sehnerven zusammen ein einheitliches Organ dar, sodass sie in Wirklichkeit ein Teil des Gehirns ist. Den Augenbecher füllt eine glasige, transparente Substanz, der Glaskörper. Die äußere Schicht des Auges, die Lederhaut (Sclera) und die Hornhaut, ist wie eine knöcherne Struktur, wie eine feste Kruste, welche die Vorderseite des Auges bildet. Die zweite Schicht wird von der sogenannten Choreoidea gebildet, einer lebendigen Struktur, in der das Blut zirkuliert. Die dritte Schicht, die Retina, ist äußerst kompliziert gebaut. Sie ist ein Organ, das mehr oder weniger in der Lage ist, mit dem Licht zu spielen, welches durch die Linse in den dunklen Raum des Augapfels projiziert wird. Die Linse wird durch eine Anzahl von Muskeln bewegt und verändert ihre Form entsprechend dem, was wir fokussieren.

Das ist die grundlegende Anatomie des Auges. Aber wie hat sie sich entwickelt? Ohne die Entwicklung des Auges in der Embryonalzeit zu kennen, werden wir seine Struktur nicht verstehen.

Das Auge ist ein Teil des Gehirns. Während der 5., 6. und 7. Woche der Embryonalentwicklung bildet sich an jeder Seite des Vorderhirns eine Verdickung, die sich zu einer Art Becher formt, die noch unentwickelte Retina. Sie wächst beinahe bis zu der äußeren Haut des Embryos. Gleichzeitig beginnt sich die Haut zu entwickeln: Sie wölbt sich und bildet ein Bläschen – die Linse, die also ein Teil der Haut war. Später schließt sich das Auge des Embryos wieder, und von der Haut aus wachsen all die anderen Teile nach innen, während das Auge – wie eine Auster die Perle – die Linse nach innen aufnimmt. Es ist, als ob das kristalline Juwel, das von Luzifers Krone herabfiel, sich in das Auge hineinlegte und es dadurch öffnete, sodass, statt dass wir nach innen schauen, uns die Augen geöffnet werden und wir die Welt erblicken. Dieser Bildevorgang wird noch deutlicher, wenn wir zwei Sinnesorgane miteinander vergleichen, das Auge und das Ohr. Das Organ des Gleichgewichts wurde nach und nach in die Knochen des Hauptes eingefügt, als eine Art Rückzug in den ruhigsten Teil des Schädels, in das Innere des Knochens, wo keine Erschütterung es erreichen kann.

Das Auge macht die entgegengesetzte Geste: Es wächst nach außen zur Haut hin, von der aus sich Teile der komplizierten Struktur des Auges entwickeln. Das Auge ist in ständiger Bewegung; selbst wenn wir schlafen, ruht es nicht. Und während wir träumen, bewegt sich der Augapfel, und die Pupillen ändern ihre Größe. Wenn wir wach sind und die Welt beobachten, muss sich das Auge ständig bewegen und fokussieren. Das Auge ist das mobilste und sensitivste Organ; es ist wie ein Jäger, der Ausschau nach seiner Beute hält, wie ein Soldat, der ein Gewehr hält. Wir haben uns so an das Sehen gewöhnt, dass uns die Bewegungen unserer Augen nicht mehr bewusstwerden. Beide Augen arbeiten zusammen im Einklang, auch wenn das rechte Auge gewöhnlich dominant ist und das linke sich dessen Bewegung anpasst.

Das Auge gehört zur Welt der Gliederfüßler. Das Insektenauge unterscheidet sich von dem aller anderen Tiere dadurch, dass es sich in seiner Entwicklung dem Licht entgegenschiebt; es tritt aus dem Kopf hervor und legt so Zeugnis ab für den Drang der Insekten zum Licht. Die Eier und Larven liegen in der Dunkelheit, aber wo immer sie gelegt werden, entfalten sie sich und wachsen dem Licht entgegen. In diesem Herausgehen und Streben zum Licht der Umwelt begegnen wir einer der fundamentalsten Fragen der Sinnesphysiologie. Wir sind nicht nur im Ungewissen darüber, wie wir sehen; wir wissen auch nicht, wie unsere Augen einem sich bewegenden Objekt zu folgen vermögen, zum Beispiel einem hellen Meteor am dunklen Himmel. Wie können wir einem sich bewegenden Objekt folgen, dessen Bild sich von uns entfernt, und zwar mit der richtigen Geschwindigkeit und Bewegung? Warum erscheinen Gegenstände, die weiter entfernt sind, kleiner? Wenn wir einen Menschen in weiter Entfernung sehen, müssen wir nicht erst überlegen, ob es ein Kind ist oder ein Erwachsener. Jeder nimmt sofort wahr, ob eine Gestalt in der Nähe oder Ferne ein Kind oder ein Erwachsener ist. Es gibt sieben Muskeln, die das Auge bewegen, so wie es auch für unsere Gliedmaßen jeweils sieben Muskeln in unseren Gelenken gibt. Der Augapfel ist ein ideales Gelenk, wodurch sich die Muskeln in jede Richtung bewegen können. Wir können daher sagen, dass das Auge wie eine Gliedmaße ist, eine gleichsam verkümmerte Gliedmaße, die es uns in ihrer Beweglichkeit aber erlaubt, uns im physischen Raum «umherzubewegen». Es macht keinen wesentlichen Unterschied, ob wir etwas in die Hand nehmen, ob wir auf dem Boden gehen oder ob wir uns mit unseren Augen über den Boden oder die Wand entlang bewegen, um etwas zu entdecken.

Die Retina an der inneren Oberfläche des Auges ist eine Schicht, die keine Blutgefäße enthält, sondern das purpurfarbene Sehpigment. Wenn Licht in das Auge fällt, zieht sich der Sehpurpur gleichsam zurück, er wird verwandelt. Wenn sich das Licht zurückzieht, wird der Sehpurpur wieder in der Retina gebildet. Das Auge ist hier nicht einer Gliedmaße ähnlich, sondern dem mittleren System unseres Körpers: So wie sich das Blut mit dem Rhythmus des Herzschlags bewegt, so strömt das Licht ein und aus; so wie wir die Luft ein- und ausatmen, so spielen Licht und Farbe auf dem Hintergrund des Augapfels und bewegen den Sehpurpur, sodass wir Farben sehen.

Schließlich müssen wir die Linse berücksichtigen, welche durch ihre Struktur in der Lage ist, fortwährend das Gesehene in ein Gleichgewicht zu bringen. Der ganze umgebende Raum, all die räumlichen Verhältnisse und Proportionen werden durch das Auge eingefangen. Nun bekommen wir eine Ahnung davon, was die wirkliche Bedeutung des Auges ist. Tatsächlich ist das Auge ein Sammler. Es ist ein sammelndes Organ für die vier unteren Sinne, für den Tastsinn, den Lebenssinn, den Bewegungssinn, den Gleichgewichtssinn, und für das, was diese unteren Sinne erfahren und uns als Empfindungen aus dem Leib zuführen. So hat der Bewegungssinn seine Funktion im Augapfel. Wenn das innere Auge das Licht reflektiert und die Form aller Dinge ergreift, wirkt darin der Tastsinn. Wenn uns die Linse durch Kontraktion und Ausweitung die räumlichen Beziehungen und Proportionen vermittelt, ist der Gleichgewichtssinn tätig. Die vier unteren Sinne werden so im Auge zusammengefasst; und das, was sonst die Erfahrung einer inneren, leiblichen Empfindung wäre, wird in die Umwelt projiziert, wobei sich aus Empfindungen Wahrnehmungen bilden; auf einmal erscheint das Sehen als ein integrierender Sinn, der uns die Umwelt offenbart.

Das Auge zeigt sich als ein physisches Organ. Das Auge selbst sieht nicht – *ich* bin es, der sieht. Nicht das Auge erblickt alles, *ich* bin es, der alles erblickt. In dem Vortrag am 13. Februar 1920 beschreibt Rudolf Steiner das Auge und seine Funktion.[36] Er sagt dort, dass das, was im Auge während des Sehaktes geschieht, es uns möglich macht, mit unserem Bewusstsein, mit unserem *Ich* anwesend zu sein, während wir sehen. Wenn jemand seine Augen verliert, verliert er nicht den Sehakt, sondern er verliert die Wahrnehmung des Sehaktes, weil sein Ich vom Sehakt ausgeschlossen ist. Das Auge ist ein Wahrnehmungsorgan des Ich in seiner Tätigkeit und hat in Wirklichkeit nichts mit dem Akt des Sehens zu tun. Es gibt aber durch seine Struktur dem Ich die Möglichkeit, sich seiner im Sehen zu bedienen. Im Umgang mit blinden Kindern können wir bemerken, dass diese Kinder die Welt um sich herum erblicken können, aber sie erblicken sie auf eine ganz chaotische Weise. Diese chaotische Wirkung hat zur Folge, dass sich das Kind von der äußeren Welt zurückzieht, damit es nicht fortwährend verletzt wird. Wenn wir mit Hilfe einer Licht- und Farbentherapie beginnen, die Augen dieser Kinder anzuregen, aktive Organe zu werden, wecken wir das Organ nach und nach für den Akt des Sehens auf. Was die Kinder mit ihrer Seele und ihrem Ich tun, wird allmählich den Akt des Sehens mit sich bringen, das heißt, der Akt des Sehens verbindet sich allmählich wieder mit dem Augenorgan. Wir können dann beobachten, dass das Kind einer sich bewegenden Farbe auf einer weißen Leinwand folgt und die Oberfläche der

Farbe sieht, wo immer sie erscheint, weil das Auge als ein Organ – obwohl blind – erwacht ist und daher vom Ich ergriffen werden kann. So wie wir bewusst unser Denken ergreifen, wenn wir uns konzentrieren, so ergreift das Auge unser Ich durch die unteren Sinne und stößt das Ich in den Raum hinein. Wenn wir durch ein Fernglas oder ein Teleskop schauen, halten wir einfach ein «Auge» vor unser eigenes Ich. Unser Ich, als «niederes» Ich, ist so wirklich wie unser Auge als Organ. Das Ich ist der Leib innerhalb des Leibes, und das Auge schaut durch das Teleskop wie unser «Ich bin» durch das bewegliche, sich bewegende und sich anpassende Auge schaut. Das «Ich bin» und das Auge als Organ sind eng miteinander verwoben. Mein Ich, wie ich es erlebe im wachen Zustand, ist in die Welt eingefügt durch mein Auge, und in der Mitte dieses Auges ist der Kristall, der von Luzifers Krone kam und in den Becher des sich entwickelnden Auges gelegt wurde. Dies sind einige Hinweise, die heute möglich sind, um den Akt des Sehens und die Funktion des Sehsinns verstehen zu helfen. Vielleicht können wir begreifen, dass in der Feier der Heiligen Messe ein Becher genommen wird, in den der Priester ein Stück Brot bricht, als ein heiliges Sakrament, um zu sühnen, was wir getan haben. Durch das Auge ist uns die Freude des Sehens gegeben, doch es ist der Sündenfall, der es hervorgebracht hat. Dennoch ist es das Licht, das uns die Welt öffnet. Wir sehen nicht das Licht, wir erblicken die Reflexionen des Lichtes, und wir sehen Farben als Interaktionen von Licht und Finsternis. Das Auge ist das Ergebnis des Sündenfalls, und es ist das Organ, durch das wir die Schönheit und Herrlichkeit der Welt um uns erblicken können.

Der Wärmesinn

3. August 1960

Auch wenn wir über einige Erfahrungen mit dem Wärmesinn verfügen, erweist sich dieser Sinn für uns als sehr geheimnisvoll. Zu Beginn würde ich gerne seine Stellung im Kreis der zwölf Sinne untersuchen, denn Rudolf Steiner schreibt der Wahrnehmung der Wärme eine ganz andere Stellung zu, als es die gewöhnliche Wissenschaft tut, die den Wärmesinn zu den unteren Sinnen zählt, zu den Erfahrungen von Berührung, Schmerz, Vibration, das heißt zu all denjenigen Sinnen, mit denen wir unseren eigenen Leib erleben.

Rudolf Steiner dagegen gibt dem Wärmesinn einen sehr ‹hohen› Platz in der Skala der Sinne. Wir sollten jedoch dies nicht einfach hinnehmen, sondern uns wirklich mit Staunen und Ehrfurcht fragen, warum der Wärmesinn zwischen dem Sehsinn und dem Hörsinn steht, höher als der Sehsinn, aber etwas unterhalb des Hörsinns:

_ Hören

_ Wärme

Sehen

In der Tat ist der Wärmesinn das Tor von den hohen zu den höchsten Sinnen. Aber warum? Nur indem wir Schritt für Schritt vorgehen, werden wir diesen wichtigen Sinn verstehen und begreifen, was Rudolf Steiner bewog, ihm diese Stellung im Kreis der zwölf Sinne zu geben. Wir wollen mit einigen grundlegenden Beobachtungen beginnen, die wir alle machen können. Stellen Sie sich drei Becken vor, eines gefüllt mit heißem Wasser, eines mit kaltem und zwischen beiden eines mit lauwarmem Wasser. Wenn wir unsere rechte Hand in das heiße Wasser legen und unserer linke Hand in das kalte und sie beide dort eine

Weile belassen, bis die rechte Hand heiß wird und die linke Hand kalt, und anschließend beide Hände in das lauwarme Wasser legen – was erfahren wir dann? Die linke Hand hat eine Empfindung von Wärme, und die rechte von Kälte. Obwohl wir wissen, dass die Temperatur des lauwarmen Wassers dieselbe bleibt, fühlt sie sich für beide Hände nicht gleich an. Wären wir Wissenschaftler, so ließe uns dieses Phänomen an der Zuverlässigkeit unseres Wärmesinns zweifeln. Wenn wir dieselbe Außentemperatur wegen der Verfassung unserer Hände völlig verschieden wahrnehmen, müssen wir annehmen, dass wir uns nicht auf die Informationen verlassen können, die uns unser Wärmesinn gibt.

Daher betrachten wir den Wärmesinn mit einem gewissen Maß an Unbehagen, wenngleich wir in anderen Sinneserfahrungen die gleichen Phänomene finden. Nehmen Sie zum Beispiel anstelle von drei Becken drei Räume, einen dunklen, einen hell erleuchteten und einen dritten, der schwach beleuchtet ist. Wenn ein Mensch in dem hell erleuchteten Raum steht und ein anderer in dem dunklen und nach einer Weile beide in den schwach erleuchteten Raum gehen, wird der, der aus dem hell erleuchteten Raum kommt, den schwach beleuchteten als ziemlich dunkel empfinden, während der andere erstaunt sein wird, wie hell der schwach beleuchtete Raum erscheint. Wenn beide eine Weile in dem schwach beleuchteten Raum bleiben, werden sie ihn als trüb erleben. Etwas Ähnliches geschieht mit unserem räumlichen Bewusstsein, das ebenfalls mit unserem Sehen verbunden ist, wie die folgende Geschichte illustriert. Nach einem großen Autorennen fuhr der Gewinner über die Rennbahn mit einer Geschwindigkeit von 30 Stundenkilometer, um den Applaus der Zuschauer entgegenzunehmen. Sein Beifahrer dachte, der Wagen würde anhalten – denn verglichen mit der Renngeschwindigkeit erschienen ihm 30 Stundenkilometer so, als würde der Wagen stehen –, stieg aus und wurde auf der Stelle getötet. Dies sind Phänomene, die alle höheren Sinne gemeinsam haben. Wenn wir durch Selbstbeobachtung zu verstehen suchen, was dem zugrunde liegt, werden wir bald entdecken, dass diese Erfahrungen eine Wirkung des Gleichgewichtssinns sind. Es ist der Gleichgewichtssinn, der uns die oben beschriebene, differenzierte Wärmeerfahrung gibt; und was wir empfinden, ist das *Fließen* zwischen unserer eigenen Wärme oder Kälte und der Wärme oder Kälte des uns umgebenden Mediums. Denn der Gleichgewichtssinn arbeitet kontinuierlich daran, eine Balance zwischen der Wärme außerhalb und innerhalb des Leibes zu schaffen. Der Wärmesinn ist mehr oder weniger vom Gleichgewichtssinn durchdrungen, und es ist äußerst schwer, beide auseinanderzuhalten.

Wie kommt es zu einer so engen Verbindung oder Einheit zwischen diesen Sinnen? Warum sind Gleichgewicht und Wärme so eng miteinander verbunden?

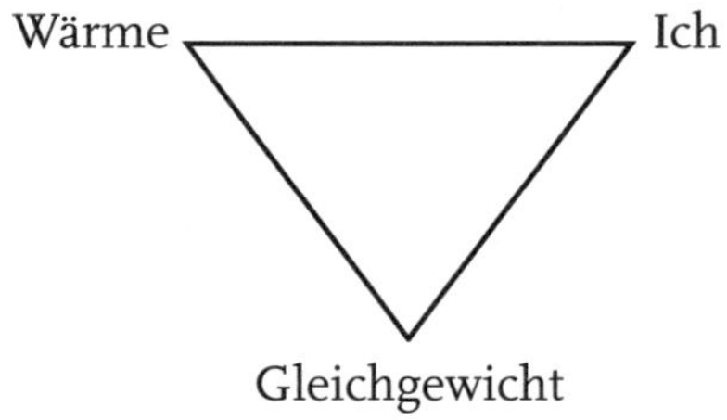

Der Wärmesinn und der Gleichgewichtssinn arbeiten in unserer Organisation viel tiefer zusammen, als gewöhnlich anerkannt wird. Als ich über den Gleichgewichtssinn sprach, habe ich dieses Thema nur berührt; ich erwähnte nur im Vorübergehen, dass die halbkreisförmigen Kanäle bis in die chemischen Prozesse unseres Blutes hineinarbeiten. Der Gleichgewichtssinn arbeitet so tief in unserem physischen Organismus, dass er die innere Umgebung unseres Leibes aufrechterhält. Er reguliert das Verhältnis kleinster Substanzmengen im Blut zueinander, sodass zum Beispiel die Menge der verschiedenen mineralischen Substanzen im Blut konstant bleibt.[37] Dadurch wird das menschliche Bewusstsein, die persönliche Identität aufrechterhalten.

Wie arbeitet der Gleichgewichtssinn, um dies zu erreichen? In der gewöhnlichen Wissenschaft nimmt man an, dass bestimmte Substanzen mit anderen Substanzen reagieren und diese Verbindungen dann wieder mit anderen und so weiter, ad infinitum. Eine ähnliche Vorstellung besagt, dass Menschen von anderen Menschen geführt werden und diese wieder von anderen. Eine solche Denkweise hat kein Ende, und sie beruht auf einer völligen Täuschung. Was steht wirklich hinter dem Gleichgewichtssinn? Der Empfindungsleib ist das Wesensglied in uns, das durch die Aktivität eines Teiles des Astralleibes und eines Teiles des Ätherleibes entsteht, sodass sozusagen eine Heirat stattfindet zwischen Äther und Astralität, die den Empfindungsleib formt.

Hinter dem Gleichgewichtssinn steht dasjenige, was man als die Herrschaft der unabhängigen Person, das ‹Manas› oder Geistselbst bezeichnen kann. Unsere eigene Engel-Natur arbeitet in dem Empfindungsleib und schafft die Balance bis hinein in unseren physischen Körper, in die Flüssigkeiten, in die Blutzirkulation, sodass es zu einem Gleichgewicht zwischen den Substanzen in uns kommt. Das Ergebnis davon ist ein Zweifaches. Zum einen wird durch dieses Gleichgewicht, durch die innere Umgebung des Gleichgewichtssinns, die konstante Körpertemperatur von ca. 37° C aufrechterhalten, und zum anderen kann das niedere Ich – als die Natur unseres niederen Selbst – auf der Erde leben. Von da ausgehend können wir uns fragen, welche Substanz das bewirkt. Darauf gibt es nur eine Antwort: die Substanz der Wärme. Wärme ist eine Substanz, die für die physikalisches Wissenschaft nicht existiert, die aber Rudolf Steiner beschrieben hat als die urzeitliche Grundlage aller Schöpfung. Im Ursprung allen Seins gab es nur Wärme, und aus ihr entstand die erste Verkörperung unserer Erde als alter Saturn.[38] Überall war Wärme, und es ist dieselbe Wärme, die nun in uns die Beständigkeit unseres inneren Milieus aufrechterhält, um unserem Ich die Möglichkeit zu geben, in unserem physischen Leib zu leben. So können wir sagen, dass der Gleichgewichtssinn die Substanz der Wärme braucht, um in die Substanzen unseres Körpers hineinzuarbeiten. Die Statozysten, jene kleinen runden Organe mit sehr feinen Haaren, welche das Gleichgewicht aller niederen Tiere regulieren, sind Organe der

Wärme. Der Äther schafft immer sphärische Formen, denn diese sind ein Abbild des Saturn, und in den drei halbkreisförmigen Kanälen im inneren Ohr fließt die Flüssigkeit der Endolymphe, weil die Wärme fließt. Wärme ist der Ursprung der Bewegung in der Flüssigkeit.

Rudolf Steiner stellte dar, dass – im Gegensatz zu der Auffassung der modernen Wissenschaft – nicht das Herz das Blut in unserer vaskulären Zirkulation bewegt.[39] In Wirklichkeit ist es das Blut, welches das Herz bewegt, und dies kann man durch Beobachtung zeigen. In der Embryonalentwicklung der Tiere und des Menschen fließt das Blut lange, bevor das Herz mit den Blutgefäßen verbunden ist. Es gibt daher nur eine Antwort auf die Frage, was das Blut fließen lässt: Das Gleichgewicht zwischen Wärme und Kälte innerhalb und außerhalb des Körpers veranlasst die Bewegung des Blutes. Sobald wir die Verbindung zwischen Wärme, Gleichgewicht und dem Fließen des Blutes sehen, beginnen wir den Wärmesinn zu verstehen. Der Wärmesinn ist die Empfindung, die wir erleben im Gleichgewicht zwischen der Wärme und Kälte innerhalb und außerhalb unseres Körpers. In dem gesamten Gebiet der Sinnesphysiologie erweist sich die Geschichte der Erforschung des Wärmesinns als bedauerlich unzureichend. Die erste Idee der Wissenschaftler war, dass der Wärmesinn in der Haut lokalisiert sein müsse. Man begann die Oberfläche der Haut zu untersuchen und fand Punkte, wo die Empfindung der Wärme besonders hervortrat, und kleinere und zahlreichere Punkte, die empfindlich für Kälte waren. Zum Glück für die Forschung entwickelte einer dieser Wissenschaftler eine Hautkrankheit; nachdem sie geheilt war und er von Neuem untersuchte, fanden sich wider alle Erwartung die Wärme- und Kältepunkte an anderen Stellen, als sie vorher gewesen waren. Ein anderer Wissenschaftler wählte ein bestimmtes Gebiet seiner Haut aus, zeichnete sorgfältig die Wärme- und Kältepunkte auf, schnitt dieses Stück Haut heraus und untersuchte es unter einem Mikroskop, ohne etwas finden zu können: Es gab keinen Unterschied zwischen den für Wärme und Kälte sensitiven Punkten und der übrigen Haut.[40] In den zwanziger Jahren dieses Jahrhunderts bewiesen einige Physiologen, dass der Wärmesinn und der Kältesinn keine festen Organe haben, und kamen zu dem Schluss, dass die sehr feinen Blutgefäße, die Kapillaren, von denen es Millionen gibt, mit dem Wärmesinn in der Weise verbunden zu sein scheinen, dass die Kapillaren sich weiten, wenn sie uns ein Erlebnis von Wärme geben, und sich zusammenziehen, wenn wir ein Erlebnis von Kälte haben. So hat der Wärmesinn kein eigenes Sinnesorgan, er bleibt fließend, nichts ist fixiert, hart oder sklerotisch. Der Wärmesinn hat keine Form, weil er nicht die Welt um uns widerspiegelt. Die Wärmeempfindung entsteht nicht durch ein physisches Organ, sondern durch die Blutzirkulation, welche durch Wärme angetrieben und kontinuierlich im Gleichgewicht gehalten wird als eine Wirkung des Gleichgewichtssinns. In Wirklichkeit ist es also nicht nur das Netz der Kapillaren in unserer Haut, sondern die Gesamtheit der Zirkulation, welche das Organ des Wärmesinns ist, und das Zentrum dieser Zirkulation ist das Herz.[41] Innerhalb des zirkulierenden Blutes lebt der Wärmesinn, und innerhalb des Wärmesinns lebt das Ich des Menschen, welches Gleichgewicht und Wärme durchdringt. Wir können dies analysieren, aber nicht voneinander trennen. Das Zusammenspiel von Wärme und Gleichgewicht gibt uns die Beständigkeit unserer Körpertemperatur, die es unserem Ich ermöglicht, sich in die irdischen Lebensverhältnisse einzugliedern. Alle unsere Sinneswahrnehmungen sind eng mit Gefühlen verbunden. Es wäre für uns nicht möglich, unsere Vorlieben und Abneigungen von unseren Sinneswahrnehmungen zu trennen. Sobald wir schmecken oder riechen, erleben wir Gefallen oder Missfallen. Wir werden zu manchen Sinneserfahrungen hingezogen, während wir andere zu meiden versuchen. Aber kein anderer Sinn ist so mit Gefühlen und Emotionen erfüllt wie der Wärmesinn.

Der Wärmesinn steht im Zeichen des Wassermanns, also dem Lebenssinn (Löwe) gegenüber, bei dem wir Scham und Furcht als Merkmal gefunden haben. Mit dem Wärmesinn wird uns bewusst, ob wir uns zu warm oder zu kalt fühlen. Menschen können zu Tode erfrieren. Aber die wenigen, die vor dem Erfrieren gerettet worden sind, berichten, dass sie von einem bestimmten Punkt an ein hohes Maß an Freude empfanden, ähnlich dem, was wir an einem schönen warmen Tag erleben. Dies ist ähnlich der Erfahrung der Märtyrer auf dem Scheiterhaufen, die Gott zu Ehren zu singen begannen, als sie die Hitze der Flammen fühlten.[42] Die Tugend des Mutes ist eng mit dem Wärmesinn verbunden. Das Herz ist nicht nur ein Wahrnehmungsorgan für den Wärmesinn, sondern auch für den Mut – oder auch die Feigheit. Eine der wichtigsten menschlichen Emotionen, der Zorn, lebt im Wärmesinn. Rudolf Steiner hielt einen wunderbaren Vortrag über den Zorn, den jeder studieren sollte.[43] Er sagt darin, dass der Zorn der Erzieher des Ich ist und dass, solange wir unvollständig entwickelt sind, es seine Aufgabe ist, aus dem Unbewussten aufzusteigen, um zu formen und zu korrigieren. Auf diese Weise antworten wir auf Ungerechtigkeiten mit Zorn und mit dem Willen, das Unrecht, das begangen wurde, wiedergutzumachen. Wenn das Ich weiterentwickelt ist, sind wir in der Lage, einen bewussten Versuch zu machen, die Ungerechtigkeiten zu korrigieren, aber wenn wir dies nicht vernünftig tun können, hilft uns der Zorn. Der Zorn kann nur wirken, weil der Wärmesinn sein Milieu ist, und so können wir verstehen, warum wir uns erhitzen, wenn wir zornig werden – oder kalt werden, wenn wir einen Wutanfall bekommen. Zorn ist immer mit Wärme, Wut mit Kälte verbunden. Das Ich entwickelt sich im Verlauf der menschlichen Evolution und wächst in der Kraft seiner Liebe. Für einen Menschen, der nie zornig war, wird es äußerst schwer werden, wirkliche Liebe zu entwickeln. Dies ist eng verbunden mit dem Wärmesinn und auch dem Gleichgewichtssinn. Unsere Geist-Seele, Manas, geht nicht durch das Tor des Erdenlebens, sondern sie arbeitet in unserem Empfindungsleib. Dieser bringt den Gleichgewichtssinn hervor durch den Wärmesinn. Der Wärmesinn schafft ein Gleichgewicht zwischen unserer inneren Natur und der uns umgebenden Welt. Eingefügt in die strömende Wärme, welche die Zirkulation unseres Blutes bildet, kann unser Erden-Ich bestehen bleiben und arbeiten, und auf diese Weise entwickeln wir die

Qualitäten der Seele in Bezug auf die Welt um uns. Das ist die Bedeutung des Wärmesinns. Mut und Feigheit sind ein Teil von ihm, und innerhalb der Gleichgewichtsverhältnisse unserer Wärme entsteht allmählich der Zorn, verwandelt sich in die Kraft der Liebe und gibt unserem Ich die Möglichkeit, sich mit dem Geist-Wesen zu verbinden, das durch den Wärmesinn diese höchste Verbindung vorbereitet. Mit diesem Bild des Wärmesinns können wir das Tor zu den vier höchsten Sinnen öffnen, denn dieses Bild entfaltet bestimmte Qualitäten innerhalb des niederen Ich des Menschen und hilft diesem Ich, durch die Liebe, zu seinem eigenen höheren Wesen aufzuschauen. Von diesem aus strömen Hörsinn, Wortsinn, Gedankensinn und Ichsinn in uns. Aber dass dies so sein kann, verdanken wir ganz dem Wärmesinn. Der Wärmesinn gibt uns nicht nur die Empfindung der äußeren Wärme oder Kälte, er schafft nicht nur das Gleichgewicht zwischen innen und außen, sondern er gibt uns die Möglichkeit, ein höheres Wesen zu werden – das ist der gewaltige Unterschied zwischen dem Sehsinn und dem Wärmesinn. Der Sehsinn ist voller Herrlichkeit. Er eröffnet uns die Welt des Lichtes, durch die wir uns auf der Erde sicher fühlen. Wir kennen das Auge und die Erfahrung, die uns das Auge vermittelt. Der Wärmesinn dagegen ist wie ein Bettler, verglichen mit dem Reichtum des Sehsinns. Der Wärmesinn ist ein Opfer, und in diesem Opfer kann das ‹Ich bin› des Menschen, das durch den Sündenfall gegangen ist, sich wieder erheben, um zu dem Tor des Paradieses zurückzukehren. Das Tor des Paradieses ist die Schwelle, die in den Bereich der höchsten Sinne führt.

Der Hörsinn und das menschliche Ohr

5. August 1960

Wir haben nur wenig Zeit, um über das Hören und das menschliche Ohr zu sprechen, ein Thema, das eigentlich viele Stunden der Beschreibung und der Besinnung brauchen würde, sodass einige Dinge, die ich sagen werde, nicht ausführlich erklärt werden können. Als wir über den Wärmesinn sprachen, haben wir nach und nach erkannt, wie der Wärmesinn das Tor öffnet von den höheren zu den höchsten Sinnen. Wenn wir also über das Hören und das Ohr sprechen, so betreten wir das neue Gebiet der vier höchsten Sinne. Da ich dies mit Ihnen schon besprochen habe, werde ich nur noch darauf hinweisen, dass wir, indem wir diese Sphäre betreten, von dem Gebiet der Wahrnehmungen in das der Vorstellungen kommen.

Die vier höheren Sinne des Geruchs, des Geschmacks, des Sehens und der Wärme gaben uns die Möglichkeit, Wahrnehmungen zu haben. Mit den vier höchsten Sinnen schließt sich uns die ganze äußere Welt auf. Wir bewegen uns wahrnehmend in die Welt der Bildekräfte und Ideen hinein, die hinter dem Vorhang der uns umgebenden Welt wirken und schaffen. Es ist jetzt nicht mehr der Leib der uns umgebenden Welt, den wir wahrnehmen, sondern ihre Seele und ihr Geist. Das Ohr führt uns von der Wahrnehmung zur Vorstellung. Wie das geschieht, werde ich hoffentlich im Laufe dieses Abends erklären können. Was bedeutet es, von der Wahrnehmung zur Vorstellung zu kommen? Es geschieht etwas von größter Bedeutung, wenn wir uns von der Wahrnehmung zur Vorstellung bewegen; denn wir treten in die Welt der Seele und des Geistes ein. Während dieser Vorträge habe ich gezeigt, wie die unteren Sinne uns ganz subjektive Empfindungen von der Natur unseres eigenen Leibes vermitteln. Jeder von uns erlebt diese für sich, weil sie aus seinem eigenen Leib stammen. In Bezug auf die höheren Sinne versuchte ich deutlich zu machen, dass auch sie uns subjektive Erfahrungen der Umwelt vermitteln. Jeder Mensch sieht seine eigene Welt des Lichtes und der Farben, seinen eigenen Raum, aber der Raum offenbart uns die Dinge und Wesen, die jeder von uns sieht. Wir haben ein unterschiedliches Bild von einem Baum oder von diesem Raum hier oder von diesen Fenstern, aber wir können uns darüber einigen, was wir sehen, auch wenn wir es in verschiedener Weise sehen. Wir können ein Ding beschreiben und darüber sprechen, weil es sich um dasselbe handelt. Dennoch gehen wir mit unserer eigenen Wahrnehmung des Raumes so um, als würde jeder von uns sein eigenes Haus mit sich tragen, so wie eine Schnecke ihr eigenes Haus auf dem Rücken trägt. Wir können uns einigen, weil wir dasselbe ähnlich sehen.

Mit dem Hören ist es anders. Wenn Sie mich sprechen hören, haben sie nicht Ihr eigenes ‹Haus› des Hörens, weil wir alle gemeinsam hören. Wenn wir einem Lied, einer Stimme oder einem Ton zuhören, hören wir genau dasselbe; nur eine Stimme wird von vielen verschiedenen Ohren gehört. Dies ist ein fundamentaler Unterschied, weil nur in den höchsten Sinnen alle Menschen gleich sind; nur in den höchsten Sinnen können wir Brüder sein. Es ist von größter Bedeutung, dass jeder in der Welt der Empfindung und in der Welt der Wahrnehmung für sich allein ist, dass wir aber in der Welt der Vorstellungen, die mit dem Hören beginnt, sozusagen alle im selben Boot sind. Das verdanken wir dem Hörsinn, einem Sinn, den es nach Rudolf Steiner schon gab, noch ehe die Menschheit geschaffen wurde. Noch bevor irgendetwas in der Welt existierte, gab es das Hören, das Hören der Welt.[44] In einer Beschreibung, die Rudolf Steiner vom Anfang der Schöpfung gibt, charakterisiert er den Wärmezustand des alten Saturn und zeigt, wie innerhalb dieser sich allmählich differenzierenden Wärme das erste Bild der menschlichen Gestalt aufgebaut wurde, und zwar in Form eines Eis, des archetypischen Bildes des Ohrs.[45] Das Ohr ist unsere Mutter; wir kommen aus dem Ohr, und das Ohr, das wir jetzt haben, ist geschrumpft und klein geworden. Dennoch war das Ohr vom Anfang der Welt an mit uns und ist es noch – und es offenbart, was wir in unserem innersten Wesen erreichen werden: das Reich der höchsten Sinne, der Sinne für das Wort, den Gedanken und das Ich, die uns unsere Geistigkeit offenbaren. Das Ohr ist das Tor zu den höchsten Sinnen.

Beginnend mit der praktischen Physiologie des Hörens und der eher theoretischen Psychologie des Hörens werden wir die Wirklichkeit des Hörens zu entdecken versuchen. Wie ist es möglich, dass so viele verschiedene Geräusche, Klänge, Stimmen gleichzeitig gehört werden können mit einem Organ, wie es das Ohr ist? Wenn wir auf einer Cocktail-Party sind, hören wir Geplapper, individuelle Gespräche, Geräusche, eine singende Stimme, Klänge aus einem Radio und den vorüberziehenden Verkehr, also Geräusche aus allen Richtungen und zu gleicher Zeit. Wir sind vielleicht sogar in der Lage, drei oder vier verschiedene Dinge zu unterscheiden – und all dies mit einem winzig kleinen Organ. Wenn wir in einem Konzert sind und etwa einen Chor hören, der von einem ganzen Orchester begleitet wird, können wir den verschiedenen Stimmen und Instrumenten gleichzeitig folgen, und wir hören parallel verlaufende Melodien und Harmonien, sich bildend und miteinander verwebend. Die heutige wissenschaftliche Physiologie räumt ein, dass es möglich ist, diese verschiedenen Klänge zur gleichen Zeit zu hören, und dass wir sie unterscheiden können, aber sie steht der Frage ratlos gegenüber, wie das möglich ist. Die zweite Frage ist eine theoretische. Man nimmt gewöhnlich an, dass alle Geräusche, Töne, Stimmen, Klänge nicht wirklich existieren, dass es keinen Ton, kein Geräusch, keine Musik gibt, sondern nur Vibrationen der Luft von unterschiedlicher Amplitude und Frequenz. Diese Vibrationen erreichen angeblich unser Ohr und reisen dann in mysteriöser Weise zum Innenohr und von dort den akustischen Nerv entlang in das Gehirn. Dann werden diese Vibrationen in ebenso mysteriöser Weise innerhalb des Gehirns in einen Klang verwandelt. Dies ist jedoch nur dann ein Problem, wenn wir der Annahme Glauben schenken, dass Klänge in Wirklichkeit gar nicht existieren. Es gibt keinen Grund anzunehmen, dass eine Luftvibration mehr Realität hätte als ein Geräusch oder ein Ton, und solange wir uns weigern zu akzeptieren, dass ein Klang genauso wirklich ist wie jede messbare Vibration in der Luft, werden wir nicht in der Lage sein, die Arbeitsweise des Ohrs zu verstehen.

Wir müssen versuchen, all die verschiedenen Formen von Klängen und Geräuschen ganz und gar zu verstehen, und auch zur Kenntnis nehmen, wie das menschliche Ohr gebaut ist, im Hinblick auf die Frage, ob seine Gestalt uns etwas über seine Funktion erkennen lassen kann. Als einen ersten Schritt wollen wir die verschiedenen Formen von Geräuschen aufzählen, die wir auf einer Cocktail-Party hören können. Zuerst nehmen wir die verschiedensten Geräusche wahr, die sich von Klängen dadurch unterscheiden, dass Letztere organisiert sind. Geräusche haben keine organisierte Struktur. Wenn wir uns darauf besinnen, wird uns deutlich, dass wir im Laufe eines Tages von morgens bis abends von Geräuschen umgeben sind. Sie sind notwendig, weil sie uns die Gewissheit geben, hier auf der Erde zu leben.

Vor einigen Jahren wurde ein Experiment durchgeführt, bei dem Menschen sich in einem schalldichten Raum aufhielten. Sie konnten nichts hören, nicht einmal ihre eigenen Stimmen. Sie konnten nichts von außen hören und auch nicht das Geräusch, das die Finger machen, wenn man sie aneinander reibt. Es war eine Welt der äußersten Stille. Als sie nach einigen Stunden wieder herauskamen, hatten sie beinahe den Verstand verloren. Wir können verstehen, warum das so war, wenn wir uns der Tatsache bewusst werden, dass wir fortwährend von Geräuschen umgeben sind. Ich meine nicht Lärm, ich meine das Geräusch des Windes, das Geräusch von Schritten, die Stimmen unserer Mitgeschöpfe. Was immer um uns ist, die Geräusche erinnern uns stets an das «Ich bin hier». Wenn wir taube Kinder abends ins Bett bringen, brauchen sie etwas Licht, weil ihnen das Licht die Gewissheit gibt, dass sie da sind und dass sie nicht allein sind. Geräusche sind nicht lästig, sie geben uns die Sicherheit unserer Existenz auf der Erde. Wenn Geräusche rhythmisch werden, so wie das Geräusch der Wellen, die gegen den Strand krachen, oder das Geräusch des Hammers auf dem Amboss, werden sie zu geordneten Geräuschen, fast zu einer Art Klang. Aber Klang ist mehr als rhythmisches Geräusch, er ist auch eine organische Kraft, kosmische Kraft, die in allem Lebendigen tätig ist. Die Gestalten des Klangs, seine Gesetze, formen die Blumen und Blätter, die Knochen und die Organe des Körpers. Es sind Klangformen, die nicht hörbar sind. Ein wirklicher Klang kann gehört werden, so wie eine klingende Glocke, eine Cymbel und was auch immer, und er kann auch wahrgenommen werden als eine Form in der Welt des Lebendigen. Aber der Klang erscheint nicht nur in der äußeren Form, er kann ebenso Gestalten ‹von innen› ausdrücken. So kommen wir in ein anderes Gebiet, wenn wir uns vom Geräusch zum Klang bewegen. Ein weiterer Schritt nach innen führt uns zu der Äußerung eines Tieres, zur Freude des Vogelgesangs aus voller Kehle, zur menschlichen Stimme im Sprechen und Singen; denn dies ist das Gebiet der Stimme, die Eurythmie der Sprache, die Eurythmie der Stimme. Wenn die Stimme zu höchstem Ausdruck erhoben wird und der gesungene Ton entsteht, wenn der Mensch ein Musikinstrument baut, um seine innersten Gefühle und Sehnsüchte, seine intimsten Gedanken und Ideale auszudrücken, dann, im Spiel der Flöte, der Violine oder der Leier erreicht er die höchste Sphäre des Klanges, die des Tones. Musik ist nicht mechanisch, sie ist der unterste Teil der Schöpfung. Sie ist ein Teil dessen, was Gott einst geschaffen hat. Zusammenfassend können wir sagen, dass Geräusch etwas rein Mechanisches ist. Wenn zwei Messingteile aneinander geklopft werden, entsteht ein Geräusch. Wenn dieses Geräusch rhythmisch wird, wenn in das Geräusch ein harmonisches Element eintritt, wird es zu Klang, der ätherischer Natur ist. Wenn der Klang zur Stimme erhoben wird, wird er durchseelt, und wenn er sich zum Ton steigert, wird er Geist.[46]

Ton	–	Geist
Stimme	–	Seele
Klang	–	ätherisch
Geräusch	–	physisch

Dadurch können wir sehen, wie allumfassend, majestätisch alles ist, was mit Klang und Hören verbunden ist und was uns das Ohr vermittelt.

Nachdem wir diese Einsicht gewonnen haben, müssen wir nun die objektive Frage behandeln, wie sich die Verwandlung von Vibrationen in Klang und Ton vollzieht. Das Ohr besteht anatomisch aus drei Teilen: dem äußeren Ohr, dem Mittelohr und dem Innenohr. Ich wünschte, wir hätten weitaus mehr Zeit, um das Wunder des Aufbaus des Ohres zu beschreiben, aber leider ist die Zeit begrenzt. Das Trommelfell trennt das äußere vom inneren Ohr. Um weiter zu sehen, müssten wir uns so klein machen, dass wir durch ein Nadelöhr kämen, und dann würden wir etwas sehr Interessantes entdecken: drei winzig kleine Knochen, die mit der inneren Oberfläche des Trommelfells verbunden sind, die sogenannten Hammer, Amboss und Steigbügel. Der Steigbügel lehnt an einem kleinen Fenster im knöchernen Schädel, das in das innere Ohr führt. Das innere Ohr, das sogenannte Labyrinth, ist wie eine winzig kleine Schnecke, und in ihr sind 24.000 winzige Nervenfasern, eine Art Klavier in jedem unserer Ohren. Während wir das große äußere Ohr leicht sehen können, ist das mittlere Ohr sehr klein, aber das Labyrinth des Innenohrs ist winzig. Es hat sich völlig zurückgezogen und ist verschwunden in den Knochen des Schädels – im Gegensatz zum Auge, das im Sehen nach außen in die Welt greift und in seiner Entwicklung nach außen wächst. Das Ohr ist außen groß, es wird kleiner und kleiner, je mehr es sich nach innen zurückzieht, und doch hat es die schönste Struktur, die man sich vorstellen kann. Der Hörsinn ist eng mit der Gattung der Weichtiere verbunden, von denen die meisten eine Muschel haben, außer dem Tintenfisch und der Krake. Alle diese Tiere ‹ziehen sich zurück›. Der Krebs schwimmt rückwärts, die Schnecke zieht sich in ihr Haus zurück, die Auster schließt ihre Muschel – und so macht es auch das Ohr: Das Trommelfell verschließt vollständig den Eingang zum Mittelohr. Das Trommelfell besteht aus einer harten Membran, die weit stärker ist als jede uns bekannte Seide. Seine Spannung ist so groß, dass es das Abfeuern einer Kanone bräuchte, um es ins Schwingen zu bringen, und doch lässt es jede Art von Schwingung in der Luft vibrieren. Wenn wir hier sehr leise sind und ich mache ein kleines Geräusch, dann vibrieren alle unsere Trommelfelle. Aber das Mittelohr lässt die vibrierende Luft nicht eintreten; es hält sie fern – es will nicht, dass Luft eintritt. Wir müssen uns vorstellen, dass die Töne und Klänge auf der Luft reiten, wie ein Reiter auf seinem Pferd reitet. Das Pferd, die Luft, muss anhalten, und der Reiter, der Ton, muss an dem Trommelfell absteigen. Der Ton ist ätherischer Natur, und es ist der Ton, der Klang, die Stimme, die nun, ohne die Luft, in das Innere der menschlichen Existenz eintreten. Hier haben wir ein erstes mögliches Bild, wie das Hören entsteht. Aber der Vorgang ist noch weit komplizierter. Wenn wir das Ohr betrachten, sehen wir nicht nur eine äußerst komplizierte anatomische Struktur, sondern auch etwas weitaus Fundamentaleres, denn es gibt nicht ein einziges Organ oder einen Teil des Körpers, der nicht mit dem Ohr verbunden wäre. Das äußere Ohr ist nichts als Haut, so wie auch der Gehörgang. Das Trommelfell ist Bindegewebe, und dahinter öffnet sich das Mittelohr in die Eustachische Tube hinein, die mit der Kehle und dem ganzen rhythmischen System verbunden ist. Das Innenohr enthält rhythmisch sich bewegende Lymphe, die direkt mit dem Gehirnliquor verbunden ist, der cerebrospinalen Flüssigkeit. Diese fließt auf und ab und «badet» Gehirn und Rückenmark, die ihrerseits verbunden sind mit den Knochen und Knorpeln. Sogar das Ernährungssystem ist durch die Eustachische Tube und die Kehle mit diesem besonderen Organ verbunden. Rudolf Steiner führt aus, dass das Ohr als Organ nicht verstanden werden kann, ohne dass man seine Verbindungen mit den anderen Organen berücksichtigt.[47] Wir müssen das Ohr in Verbindung mit dem Kehlkopf sehen, weil nur das Zusammenwirken dieser beiden Organe uns die Möglichkeit gibt, sowohl zu hören als auch zu verstehen, was gehört wird. Wenn wir als Hintergrund nehmen, was gerade über Geräusch, Klang, Stimme und Ton gesagt worden ist, und bedenken, was durch die Physiologie bekannt ist über den Hörsinn, dann wird deutlich, dass wir für jede dieser Sphären der Hörwahrnehmung ein unterschiedliches Organ haben und dass jedes dieser Organe mit einem anderen Teil des Ohres verbunden ist. Das Ohr ist ein Sammler, und weil wir vier verschiedene Organe haben, können wir auf einer Cocktail-Party Geräusche und Stimmen, Klänge und Töne gleichzeitig hören.

Das äußere Ohr, zusammen mit unserer gesamten Haut – der Gehörgang und das Trommelfell bilden das Organ für die Wahrnehmung von *Geräuschen*. Es ist bekannt, dass viele Vibrationen und Geräusche nicht mit dem Ohr gehört werden, sondern durch die Haut wahrgenommen werden. Den immer tiefer werdenden Klang eines Kontrabasses spüren wir schließlich als Vibrationen in den unteren Bereichen unseres Körpers; oder wenn wir eine Grille oder irgendein anderes Insekt in unsere Hand nehmen und es zu entkommen versucht, fühlen wir das Geräusch an der Innenseite unserer Hände, weil die ganze Haut ein Rezeptor für Geräusche ist. Das ist noch eine Wahrnehmung, es ist noch keine Vorstellung.

Wenn wir zum Klang übergehen, gelangen wir hinter das Trommelfell und in die rhythmischen Bewegungen von Steigbügel, Hammer und Amboss, den drei Gehörknöchelchen, und von da betreten wir die rhythmisch sich bewegende Lymphe im Innenohr, die sich mit dem Rhythmus unseres Atems bewegt, mit dem ganzen rhythmischen System unserer Organisation. Diese Bewegung der Lymphe im Innenohr ist das Mittel, durch das wir Harmonien und Disharmonien unterscheiden und all die Erscheinungsformen von rhythmischen Geräuschen, die den Klang bilden.

Die menschliche Stimme braucht ein ganz anderes Organ, das Organ, welches das Innenohr mit dem Kehlkopf verbindet; denn es ist nicht nur Luft, die Klang und Ton leiten kann, jede Substanz kann dies, aber einer der besten Klangleiter ist der Knochen. Wenn wir zum Beispiel unsere Ohren völlig verschließen und eine klingende Glocke auf unseren Kopf halten, wird der Knochen den Klang leiten, und wir können ihn hören. Wir hören unsere eigene Stimme durch die Knochenleitung. Wir hören ebenso jede andere menschliche und tierische Stimme durch die Leitung der Knochen unseres ganzen Skeletts, in welches das Ohr hineingelegt und mit unserem Kehlkopf verbunden ist. Das ist das dritte Organ des Hörens. Der höchste Ausdruck von allem, der Ton einer singenden Stimme und die Töne aller Musikinstrumente, wird mit den sogenannten motorischen Nerven gehört, die unseren gesamten Körper durchziehen.[48] Diese Nerven, von unseren Fußsohlen durch unsere Beine, von unseren Fingern zu unseren Schultern, von unserem Unterleib zu unserer Brust – all diese Nerven sind über das Gehirn mit dem akustischen Nerv des Innenohrs verbunden.[49] Dieses ist Empfangsorgan für den Ton, aber der Ton wird nun zur Vorstellung. Alles Melodische ist begleitet von Harmonie und Rhythmus. Aus dem Geräusch gewinnen wir eine Wahrnehmung, auch aus dem Klang, aber durch die Stimme wie auch durch den Ton erhebt sich die Idee, die Vorstellung. Das ist die Skala des Hörens. Es ist das Hören, das dem menschlichen Geist die Welt des Geistes eröffnet. Es ist nicht nur das Ohr, das hört; der ganze menschliche Körper ist ein Ohr. Muskeln, Knochen, Knorpel, Bindegewebe und Organe, all dies macht aus dem Menschen ein Ohr, denn vor langer Zeit waren wir nichts als ein Ohr. Ein großer Okkultist sagte einmal, dass der Mensch das Ohr, die Leier Gottes ist. Der Heilige Basil drückte es so aus: Unser Körper ist ein Saiteninstrument, wie ein Psalter dazu geschaffen, Gott, unserem Herrn, Hymnen zu singen. Die Aktivitäten unseres Körpers können zu Psalmen werden, wenn sie auf harmonische Weise gespielt werden; sogar unsere Bewegungen können sich in Klang verwandeln. Wovon der Heilige Basil spricht, dies ist vollendet in der Eurythmie; Klang, Stimme und Ton werden nicht nur gehört, sondern auch sichtbar gemacht als Bewegung, weil der ganze Körper des Menschen ein Psalter Gottes und des Universums werden kann.

Die drei höchsten Sinne

7. August 1960

Wir sind nun ein gutes Stück durch den Kreis der zwölf Sinne gewandert, und ich glaube, dass es eine besondere Erfahrung bedeutet, die Sinne in der Art und Weise zu betrachten, wie Rudolf Steiner sie beschrieben hat. Wir können verschiedene Sinnessphären unterscheiden, und es ist wichtig, sich der verschiedenen Ebenen bewusst zu sein, wenn wir von Sinn zu Sinn gehen. Wir können nun auf neun der zwölf Sinne zurückschauen, vom Tastsinn über die unteren Sinne zu dem Geruchssinn. Wir standen beinahe vor dem brennenden Dornbusch des Wärmesinns und erfuhren, wie unser eigenes Manas, unser Geistselbst hinter diesem Sinn liegt. Nach dem Wärmesinn kamen wir an das Tor zu den vier höchsten Sinnen und lernten, wie der Hörsinn ein völlig neues Gebiet eröffnet – vielleicht nicht ein spirituelles, aber sicherlich ein übersinnliches Gebiet –, an dem jedes menschliche Wesen Anteil hat. Die Trennung, die Individualisierung, die in jedem der anderen Sinne, auch im Sehsinn, gegenwärtig ist, besteht nicht mehr im Hörsinn, weil wir alle dasselbe hören; es ist uns allen gemeinsam. Mit dem Hörsinn gelangen wir in die Welt der Vorstellungen. Durch die vier höchsten Sinne haben wir weder bloß Wahrnehmungen noch einfach Empfindungen, die in unserem eigenen Körper aufsteigen. In dieser neuen Sphäre, der Sphäre des Hörens, öffnet sich etwas, dessen wir uns bewusst werden müssen. Die Menschheit ist sich noch nicht darüber im Klaren, dass uns der Hörsinn ein völlig neues Gebiet eröffnet, in dem das Hören von Worten, Klängen und der Stimme eine uns allen gemeinsame, übersinnliche Erfahrung darstellt. Aber es ist nicht genug, eine übersinnliche Erfahrung zu haben; es ist nötig, sich ihrer bewusst zu werden. Es war Rudolf Steiner, der als Erster in der Geschichte der Menschheit die drei höchsten Sinne beschrieben hat. Obwohl einige moderne deutsche Philosophen zu der Tatsache aufgewacht sind, dass da mehr als Hören sein muss, wenn wir das gesprochene Wort verstehen sollen, dass da mehr als nur Verstehen sein muss, wenn wir das, was wir in einem Buch lesen, wirklich begreifen sollen, dauerte es bis zum Jahre 1909, dass Rudolf Steiner erstmals den Wortsinn und den Gedankensinn beschrieb.[50] Er beschrieb, dass das Verstehen eines Wortes nicht allein durch das Hören und das Ohr geschieht. Etwas anderes muss hinzutreten, damit wir das Wort über das Hören hinaus auch verstehen. Es ist mein Eindruck, dass dies einen neuen und ganz fundamentalen Fortschritt im Verstehen des Denkaktes bedeutet. Kaum ein Psychologe oder Philosoph ist sich der Tatsache bewusst, dass, wenn jemand spricht, wir nicht nur den Klang hören durch unseren Hörsinn, sondern dass innerhalb des Klangs etwas geschieht, das überhaupt nichts mit unserem Denken zu tun hat, etwas, das nicht zu irgendeiner Art von gedanklicher Schlussfolgerung gehört, sondern das es uns ermöglicht, einen Klang von einer Stimme, eine Melodie von einem gesprochenen Wort, ein Geräusch von einer sprachlichen Äußerung zu unterscheiden. Dies verdanken wir einer spezifischen Sinneswahrnehmung, einem Akt des Wahrnehmens und nicht des Denkens. Es ist ein völlig neuer Gedanke, dass wir ein gesprochenes Wort nicht aufgrund eines Erkenntnisvorgangs verstehen, sondern dass wir es in derselben Weise erfassen, wie wir eine Wand sehen, einen Baum oder einen Vogel; in genau der gleichen Weise, wie wir etwas riechen oder schmecken. Wir müssen uns darüber klar werden, dass mit dem Verstehen von Worten, mit dem Erfassen der Bedeutung dieser Worte Sinneswahrnehmungen verbunden sind. Auf diese Weise beschrieb Rudolf Steinen zuerst den Wortsinn und den Gedankensinn. 1909 hatte er noch nicht den Ichsinn erkannt, aber er versuchte deutlich zu machen, dass der Wortsinn und der Gedankensinn voneinander getrennte Sinne sind und dass sie vom gewöhnlichen Hören unterschieden werden müssen.[51]

Was nehmen wir durch den Wortsinn wahr? Wir nehmen nicht die Bedeutung des Wortes wahr, wir nehmen wahr, dass das Wort nicht nur ein Klang ist, sondern dass es ein Wort ist. Dass die menschliche Sprache kein Geplätscher, sondern Sprache ist, ist eine notwendige Unterscheidung. Auch wenn wir einen Menschen, der chinesisch spricht, nicht verstehen, erkennen wir doch unmittelbar, dass es sich um Sprache handelt. Wenn uns jemand in einer fremden Sprache anspricht, die wir nicht verstehen, wird er versuchen, uns im Verstehen zu helfen, indem er lauter spricht, vielleicht langsamer, und indem er Gesten macht. Durch die Gesten unterstreicht er seine Worte, er betont sie, weil er fühlt, dass der Wortsinn in dem anderen Menschen nicht richtig reagiert und daher den Gedankensinn nicht führen kann, der zum Verstehen dessen, was er zu übermitteln versucht, nötig ist. Durch Gesten versucht er, dem anderen Menschen zu helfen, den Gedankensinn aufzuwecken. Durch den Wortsinn wissen wir nicht nur, dass ein Wort ein Wort ist, sondern auch, dass eine Geste nicht eine gewöhnliche Bewegung ist; sie deutet auf etwas hin, das verstanden werden kann. Dies ist möglich durch die Aktivität des Wortsinns in unserem Sehfeld. Zu entdecken, dass Worte und Gesten eine Bedeutung haben, beruht weder auf einer Schlussfolgerung noch auf einer Gedankentätigkeit, sondern auf Wahrnehmung. Der Wortsinn ist ein Sinn genauso wie der Sehsinn, der Geruchssinn oder der Geschmackssinn. Wenn wir eine Blume anschauen, eine Gestalt oder ein geometrisches Symbol an einem Gebäude, so sind dies Gesten einer lebendigen, gewachsenen Form oder Gesten der Architektur. In jeder dieser Gesten und Formen können wir Bedeutung wahrnehmen, einfach weil unser Wortsinn sich in fortwährender Entwicklung befindet und sich ständig weiter entfaltet.

Ein Kind hat innerhalb der ersten Wochen seines Lebens die Grundlage für die vier unteren Sinne ausgebildet und für die vier höheren Sinne wie auch für den Hörsinn in den ersten Monaten seiner Entwicklung, sodass ein Kind ungefähr im 3. oder 4. Monat hören und sehen, schmecken und riechen kann, sein Gleichgewicht und den Bewegungssinn entwickelt und – natürlich – den Tastsinn und den Lebenssinn entfaltet hat. Der Wortsinn, der Gedankensinn und der Ichsinn jedoch können sich erst entfalten, wenn bestimmte andere Schritte gemacht worden sind. Die drei großen Gaben oder Segnungen für jedes menschliche Wesen sind das Gehen, Sprechen und Denken, wie es Rudolf Steiner 1911 beschrieben hat.[52] Sie sind die wesentlichen Grundlagen für die Entwicklung des Wortsinns, des Gedankensinns und des Ichsinns. Aufrechter Gang, Sprechen und Denken sind drei Errungenschaften, die wir nicht nur unserer eigenen Bemühung alleine verdanken, denn sie zu erlangen ist außerhalb unserer eigenen Reichweite. Wir lernen als aufrechte, menschliche Wesen zu gehen, das Wort zu gebrauchen in Form von Stimme und Sprache und schließlich zu denken mit Hilfe der Kräfte des Logos. Die wissenschaftlichen Fakten, die über die Entwicklung der ersten drei Jahre des Kindes bekannt sind, veranschaulichen im Detail, was Rudolf Steiner nur andeuten konnte. Es ist ganz offensichtlich, dass der Mensch mit einem gewissen Maß an natürlichen Fähigkeiten geboren wird. Sechs oder sieben Tage nach der Geburt kann das Baby einen Fuß vor den anderen setzen, wenn es in der richtigen Position gehalten wird, aber dies hat nichts mit dem Gehen des aufrechten Menschen zu tun. Während des ersten Jahres umhüllt etwas Neues das Kind wie ein Mantel von oben nach unten und bringt die aufrechte Haltung hervor. Zuerst lernt das Baby, seinen Kopf gegen die Schwere zu heben, umherzuschauen, dann seine Hände zu gebrauchen und schließlich seinen Fuß auf die Erde zu setzen. Plötzlich steht es mit einer Freude, der man den spirituellen Charakter ansieht, auf, gegen die Kräfte der Schwerkraft, und geht über die Erde in einer Art und Weise, wie es kein Erwachsener tun könnte, weil es ist, als ob lediglich ein Haar den kleinen Körper von oben halten würde und ihm das Gehen ermöglichte. Wenn wir diese Kräfte bedenken, wissen wir, dass dies der erste Schritt zur Menschlichkeit ist, den jeder von uns macht. Dahinter stehen die Kräfte des Christus. In den ersten zwölf Monaten des Kindes, während der Entwicklung jener Willkürbewegungen, die uns die aufrechte Haltung ermöglichen, entfaltet sich der Teil der Nervenorganisation, den man das pyramidale Nervensystem nennt, das verbunden ist mit bestimmten Teilen des Gehirns und das in das Rückenmark eingebettet ist. Sherrington, der große Neurologe, sagte zu einem seiner Schüler, der die Natur des pyramidalen Nervensystems untersuchen wollte: «Tun Sie dies, denn es ist die menschlichste Struktur unseres Nervensystems.» Tatsächlich könnten wir uns ohne das pyramidale Nervensystem bewegen, aber nur mit seiner Hilfe können wir aufrecht stehen und gehen. In gewissem Sinn ist das pyramidale Nervensystem nichts als die Asche, die von dem Feuer abfällt, welches das ganze erste Jahr brennt, wenn das Kind sich aufzurichten und zu gehen lernt. Wenn das Kind gehen lernt, erwirbt es sich nicht nur die aufrechte Haltung, sondern im selben Moment – ich würde sagen, in derselben Stunde – erwacht plötzlich in ihm ein Verständnis für die ersten Worte, die zu ihm gesprochen werden.

Wenn wir die Entwicklung der Sprache durch das erste Lebensjahr nachzeichnen, können wir sehen, wie schon nach wenigen Wochen das Kind so weit entwickelt ist, dass es auf das gesprochene Wort antworten und selbst einige wenige Vokale und Konsonanten produzieren kann. Nach den ersten vier oder fünf Monaten beginnt es, sein sprechendes Gegenüber anzuschauen; im achten oder neunten Monat fängt es an nachzuahmen, was ihm gesagt wird, indem es die Lippen, die Zunge und die Zähne gebraucht, und plötzlich, wirklich ganz spontan, ungefähr am Ende des ersten Jahres, versteht das Kind acht, zehn oder zwölf Worte, und dann beginnt es zu sprechen. Bevor das kleine Kind zwei oder drei Worte sagen und eine Bedeutung mit ihnen verbinden kann, versteht es wenigstens einige Worte und Sätze, weil der Wortsinn sich entfaltet, sobald das Kind die aufrechte Haltung erworben hat. Das ist wichtig, weil das kleine Kind mit zwölf oder vierzehn Monaten nicht in der Lage ist zu denken, trotz seiner Unfähigkeit zu denken, irgendeinen Gedanken zu fassen, jedoch versteht. Es versteht das gesprochene Wort, weil es seinen Wortsinn entwickelt hat. Einen Begriff zu bilden jedoch ist viel schwieriger für ein Kind. Ein kleines Kind kann zwar «Vogel» sagen, aber es wird das Wort auf alles anwenden, was fliegt. Ähnlich ist es mit dem Wort «Milch», wenn es das aussprechen kann. Milch ist eine weiße Flüssigkeit, und so ist alles, was weiß, warm und angenehm ist, «Milch», und dieses Wort kann bedeuten: «Ich will Milch», oder «Nimm die Milch weg». Das Kind kann seiner Mutter noch nicht deutlich machen, was es will.

Der Gedankensinn gibt uns nicht die Möglichkeit zu denken. Er vermittelt uns das Verständnis, die Bedeutung eines Begriffs, etwa die des Spatens. Um ein anderes Beispiel zu geben: Vielleicht haben wir einen bestimmten Menschen zwanzig Jahre lang nicht gesehen; wir starren ihn an und können ihn nicht einordnen, bis er nach einer Weile seinen Namen sagt und wir uns plötzlich an ihn erinnern können. Der Name ist die Offenbarung der innersten Existenz eines Menschen, einer Sache oder eines Wesens. Das kleine Kind bemerkt, dass seine Mama geht, sein Papa geht, dass Marie geht und «Ich» geht. Dies dauert ungefähr bis ins dritte Jahr.

Heutzutage entdecken manche Kinder ihr eigenes Ich schon mit zwei Jahren, und statt sich zuerst mit ihrem eigenen Namen zu bezeichnen, beginnen sie gleich, «ich» zu sich zu sagen. Dies weist hin auf den Beginn der Entwicklung des Ichsinns.[53] Der Ichsinn entwickelt sich mehr oder weniger von selbst bis ans Ende des Lebens – wenn der Mensch bereit ist, ein Kind zu bleiben. Die drei höchsten Sinne – Wortsinn, Gedankensinn und Ichsinn – bleiben in ständiger Entwicklung. Rudolf Steiner spricht von den Lotusblumen in der Herzgegend, im Bereich des Kehlkopfes und an der Stirn.[54] Dies sind die Organe, die hinter der Entwicklung des Wortsinns stehen, der in unserem Herzen verwurzelt ist, dem Gedankensinn, der in unserem Kehlkopf lokalisiert ist, und dem Ichsinn, der seinen Ort in der Region unserer Stirn hat.[55]

Ich spreche hier über diese drei höchsten Sinne mit so viel Betonung, weil der amerikanische Volksgeist in Helen Keller eines der größten Zeugnisse ihrer Wirklichkeit hervorgebracht hat. Wie anders hätte diese große Individualität, trotz des Verlustes ihres Hör- und Sehvermögens, lernen können, sich auszudrücken, die Welt kennenzulernen und mit anderen Menschen zu kommunizieren, wenn sie nicht in der Lage gewesen wäre, die geistige Wirklichkeit dieser drei höchsten Sinne zu entwickeln? Man sollte immer wieder den Bericht lesen, den Helen Keller über den Moment ihres Lebens verfasst hat, als ihre erste Lehrerin, Miss Sullivan, ihre Hand unter fließendes Wasser hielt und begann, das Wort «Wasser» auf ihre Handfläche zu schreiben – da plötzlich, zum ersten Mal in ihrem Leben, erfasste sie die Idee, dass der Name und das Ding, das er bezeichnet, dasselbe sind. In dem Brief, den Miss Sullivan am selben Abend schrieb, erzählte sie, wie innerhalb einiger weniger Stunden Helen schon dreißig und mehr Worte gelernt hatte. Am Abend umarmte Miss Sullivan Helen und küsste sie, ein Kind, das bis dahin völlig abgelehnt worden war, und sie erkannte die geistige Freude der im Gedankensinn erwachenden Persönlichkeit.

Soweit ich sehen kann, ist dies ein archetypisches Bild dafür, was hier in diesem großen Kontinent nötig ist, nämlich, dass der individuelle Mensch beginnen sollte, sich selbst, seine eigene Spiritualität insofern zu verstehen, dass er nicht nur mit einem Hörsinn ausgestattet ist, sondern auch mit dem Wortsinn, dem Gedankensinn und dem Ichsinn. Wenn hier in Amerika Menschen es unternehmen würden, diese drei höchsten Sinne zu studieren und zu erkennen, dann würde das Erwachen zu ihrer Wirklichkeit wie ein mächtiger, rauschender Wind durch diesen Kontinent wehen. Dann würden mehr und mehr Menschen fähig werden, das geistige Bild des Menschen in jedem menschlichen Wesen, in jedem heranwachsenden Kind zu sehen. Das ist es, was so dringend nötig ist in der ganzen Welt, diese drei höchsten Sinne nicht nur zu denken, sondern zu sehen. In Bezug auf die zwölf Sinne stehen wir nun wirklich auf dem Gipfel und können umherschauen und uns erfahren, umgeben von dem Raum, den uns der Hörsinn eröffnet hat. Gestern Abend bekam ich ein kleines Buch über die Geschichte der Anthroposophischen Gesellschaft in diesem Land. Ich war fasziniert, es zu lesen und die Bilder der ersten Mitglieder der Gesellschaft in Amerika zu sehen; und ich war tief bewegt, als ich entdeckte, dass jedes dieser ersten Mitglieder ein Sänger war. Sie öffneten die übersinnliche Sphäre des Hörens, und dahinein strömte der Geist der Anthroposophia. Aber jenseits davon ist der Geist der drei höchsten Sinne, der Geist des mächtigen, rauschenden Windes, der an dem ersten Pfingstsonntag wehte. Das ist für mich eine Art Bild, das zu Ihnen gehört, die Sie auf diesem großen Kontinent von Amerika leben.

Die zwölf Sinne des Menschen

5 Vorträge in Wien, 1963

1. Vortrag

14. Oktober 1963

Mit dem heutigen Abend beginnen wir eine Art Seminar über die zwölf Sinne des Menschen. Und da es sich nur um fünf Abende handelt, habe ich mir folgende Einteilung des gesamten Stoffes gedacht. Heute Abend will ich mehr über die Gesamtheit der Sinneslehre Rudolf Steiners sprechen. Morgen werde ich über die sogenannten vier unteren Sinne reden. Am Mittwoch über die weiteren vier Sinne: die Seelen- oder Umweltsinne. Am Donnerstag wird eine Betrachtung über das Ohr und das Hören eingefügt und am Freitag werde ich die letzten vier Sinne, die höheren Sinne besprechen. Was uns Rudolf Steiner geschenkt hat, bedeutet ja etwas völlig Neues innerhalb der Sinneslehre, und das sollen wir uns in diesen Tagen zum Bewusstsein bringen.

In der heutigen Wissenschaft ist es so, dass die Sinneslehre vorzüglich an zwei Orten behandelt wird. Das eine ist die Gesamtheit der

Physiologie, das andere ist das Gebiet der Psychologie. In der Physiologie wird auf der Grundlage der Anatomie, der Histologie und der Embryologie das einzelne Sinnesorgan und seine Funktionen untersucht. Man bemüht sich darum, zu verstehen, wie es überhaupt möglich ist, dass innerhalb des Leibes solche Funktionen auftreten, wie jene der Sinnesorgane (das Auge sieht, das Ohr hört usw.)

Keiner von uns weiß, wie das wirklich ist, wie wir zum Beispiel wirklich sehen! Wir kennen viele Einzelheiten bei allen Sinnesorganen, aber ihr Wirken ist uns unbekannt. Ich sage das nicht kritisch, sondern nur, um zu zeigen, wie unendlich kompliziert dieses Gebiet der Sinnesorgane ist.

Was von der Psychologie behandelt wird, das sind die Sinnesempfindungen. Die Frage ist: Entstehen sie innerhalb des Sinnesorgans oder im Gehirn? Das ist noch ein großes Rätsel. Und erst die ersten Angaben Rudolf Steiners über die Sinneslehre können uns auf den Weg führen, der zur Lösung hinfindet.

Wenn wir ein Sinnesorgan untersuchen (Auge, Ohr, usw.), so kommen wir wieder nur auf subjektive Sinnesempfindungen. Können wir dadurch zu objektiven Erkenntnissen gelangen? Das ist ein großes Problem, auf das ich hier nicht weiter eingehen will, denn lösen lässt es sich nur, wenn eine vollständige Sinneslehre Schritt für Schritt erarbeitet wird. Rudolf Steiner hat im Jahre 1909 die erste Konzeption seiner Sinneslehre dargelegt[1] und hat sie das Grundkapitel der Anthroposophie genannt, ohne das es unmöglich wäre, eine anthroposophische Geisteswissenschaft zu entwickeln.

Als ich noch in Wien studierte, hat damals ein Fachgelehrter ein großes Buch über die «Allgemeine Sinneslehre» geschrieben; ebenso hat das Adolf Stöhr[2] von der philosophischen Seite her versucht. Beide Versuche sind mit einer gewissen Berechtigung vergessen, denn eine «Allgemeine Sinneslehre» kann es nicht geben, weil ja die Sinne untereinander so verschieden sind. Und was sich Gemeinsames für die Sinne herausfinden lässt, das hat auch Geltung für die übrigen Organe.

Die Frage ist: Was ist ein Sinnesorgan? Das ist gar nicht so leicht zu beantworten, denn auch die Leber, Niere oder Herz können als solches angesehen werden. Und empfinden wir denn nicht alle Organe so? Wissen wir denn nicht, wenn wir aufmerksam sind, was im Augenblick im rechten Ellenbogengelenk vorgeht? Und so können wir mit einer gewissen Berechtigung sagen: Der gesamte Körper ist eigentlich ein Sinnesorgan.

Von der anderen Seite ist aber auch ein Sinnesorgan durchaus ein Lebensorgan. Durch eingehende Untersuchungen nach den beiden Weltkriegen [in Amerika] hat man gefunden, dass die Physiologie blinder bzw. tauber Menschen anders ist als die vom gesunden Menschen. Sie haben einen anderen Stoffwechsel, verdauen anders, bilden verschiedene Stoffe, die der normale Mensch in anderen Qualitäten und Quantitäten erzeugt. Das zeigt sich auch im Blutkreislauf, in der Bewegung, das verhält sich bei jedem Menschen ganz anderes. Und die große Frage ist nun: Was ist ein Sinnesorgan, was ein Lebensorgan? Wenn ich von Empfindungen spreche, meine ich die allgemeine, unendlich variable, in allen möglichen Schattierungen und Seelenfarben erscheinende Empfindung von Schmerz, Weinen, weiterhin von Druck, Zug, vom Schmecken, Riechen, Kälte und Wärmeempfindungen! Das gehört alles zu den unmittelbar empfundenen Empfindungen. Und dieses Erlebte kommt durch einen großen Empfinder in uns zum Erlebnis, und das ist der Nerv! Da meine ich nicht nur die Gehirn- und Rückenmarksnerven, sondern die Gesamtheit der Nervensysteme, denn alles, was Nerv ist, vermittelt Empfindungen. Und da stoßen wir auf ein Grundthema von Rudolf Steiners physiologischen Überlegungen, wo er darauf hinweist, dass der Nerv immer ein Empfinder ist; mit anderen Worten: dass es motorische Nerven gar nicht gibt! Denn niemals ist ein Nerv etwas Aktives und er ist gerade dadurch ein Nerv, dass er passiv ist, hingegeben ist, also nicht funktionierend ist. Beginnt der Nerv funktionell zu werden, ist er schon krank.

Weil der Nerv der große Empfinder ist, darum sind auch in allen Organen und Geweben Nerven, mit Ausnahme der mütterlichen Plazenta und deshalb ist auch der gesamte Organismus ein Sinnesorgan. Und von da aus kann man fragen: wodurch unterscheiden sich die eigentlichen Sinnesorgane, zum Beispiel bei Gleichgewicht, Gehör, Sehen von den üblichen Sinnesorganen?

Da gibt es in der heutigen Physiologie eine noch regierende Theorie, die ebenso Falsches enthält wie jene von den motorischen Nerven. Es ist die Idee der spezifischen Sinnes-Energie, wonach das Auge überhaupt nur sehen, das Ohr nur hören kann, die Zunge nur schmecken kann. Das stimmt wohl äußerlich. Nun sagen unsere heutigen Physiologen noch immer: Farben, die gibt es nicht, Töne, Gerüche gibt es nicht. Um uns herum ist nur ein Feld elektrisch-magnetischer oder mechanischer Kräfte und Wellen. Wenn diese auftreffen auf ein spezifisches Organ der Sinne, dann werden sie den spezifischen Organen entsprechend in subjektive Sinnesempfindungen verwandelt; aber wie, das weiß man nicht. Und diese beschämenden Dinge stehen heute noch in den Lehrbüchern, und das müssen die Studenten noch immer lernen. Die Theorie des Sehens möchte ich Ihnen, ohne zu karikieren, doch vorführen: Lichtquellen verschiedenster Frequenz treffen das Auge und gehen ins Gehirn auf verschiedenen Bahnen, treffen dort auf das sensorische Zentrum auf und werden dort empfunden, laufen zurück und wir projizieren dasjenige, was sich abbildet, dort hinaus, drehen das Ganze um und dadurch sehen wir. Das glauben Menschen! Sie glauben, dass es wahr ist, was sie durch das Gehirn, durch das Auge sehen, trotzdem das, was sie wirklich sehen, nach ihrer Auffassung überhaupt nicht existiert!

Aber man kann sich diese Dinge schon ein bisschen klarer und deutlicher machen, wenn man sich vorstellt, dass ein Sinnesorgan wie das Auge nicht spezifisch ist, sondern spezialisiert ist, aus der unendlichen Vielfalt von Tönen, Farben Schmecken, Riechen, Tasten und so weiter etwas herauszulösen und es dadurch zum Bewusstsein zu bringen.

Wir sehen am Tage die Sterne nicht, weil sie das Sonnenlicht zudeckt. Aber am Grunde eines tiefen Schachtes, der uns einengt, sehen wir die Sterne am Tage! Und das ist im Grunde, meiner Meinung nach, die Art, wie die Sinnesorgane in uns funktionieren. Am Gleichgewichtsorgan können wir das am besten studieren, jenes Organ, das die drei halbkreisförmigen Kanäle im inneren Ohr hat, die aufeinander senkrecht stehen. Die Aufgabe dieses Organs ist es, die kosmischen Bewegungen (Erdumdrehung, Drehung der Erde um die Sonne und die Sonnenbahn) aus unserem Bewusstsein auszuschließen. Wir steigen sozusagen in den Schacht unseres Leibes hinein und entgehen dadurch dem dauernden Schwindelig-Werden durch diese kosmischen Bewegungen.

Und so gräbt jedes Sinnesorgan seinen eigenen Brunnenschacht in unseren Leib hinein, indem die spezifischen Kräfte und die formenden Kräfte, die Bildekräfte, die in der Welt wirken, in ihm sich eröffnen und spiegeln. Stellen Sie sich einmal vor, wir müssten die Geschwindigkeiten der Erde und Sonne miterleben! Wir glauben doch, wir stehen fest auf dieser Erde! Und so ist das Schmecken, Riechen, Sehen nicht etwas, das hier irgendwo entsteht, denn die Welt ist voller Gerüche, erfüllt von Druck und Zug, von Wärme- und Kälteempfindungen und so weiter. Daraus ist die Welt gebildet und geformt, aus Geruch und Geschmack gebaut, aus Licht gestaltet. Und der Architekt formt so im äußeren Raum, wie in uns durch Druck- und Zugempfindungen geformt wird. Und diese architektonischen Kräfte in uns, das sind die Gleichgewichtskräfte. Wenn man einmal anfängt, solch ein Weltbild nach dieser Weise zu schaffen, dann wird man die ins Lächerliche gehenden Überlegungen der heutigen Psychologie über die Sinneswelt gar nicht mehr zu machen brauchen. Aber die richtigen Voraussetzungen sind so unmittelbar einsichtig, dass die Neunmalklugen sagen müssen, das gibt es nicht, denn wenn es so einfach ist, kann es nicht wahr sein!

Wir sind in einer außerordentlich intensiven Weise mit unseren Leibesvorgängen am Tage beschäftigt, nur merken wir unaufmerksamen Beobachter es nicht. Wir sind nicht von unserer Leiblichkeit verlassen, denn wir merken, wie wir sitzen oder stehen oder gehen. Die heutige Neurologie weiß davon, welch Umfassendes die Vorstellung jedes Einzelnen von seinem Leibe ist. Sie ist nichts anderes als die Fülle der Sinnesempfindungen des eigenen Körpers. Dann ist um uns herum die Welt, aber wir haben keine Farbempfindungen, keine Tonempfindungen von unserem Leibe. Nur in einer Sphäre haben unser Leib und die Welt die gleichen Empfindungen: in der Wärme und der Kälte. Doch sind diese Wärme- und Kälteempfindungen für uns sehr subjektiv. Wir spüren das sofort, wenn wir von der Kälte in temperierte Räume gehen beziehungsweise aus einem temperierten in einen warmen Raum. Daher können wir uns auf dieses Wärmeempfinden niemals verlassen, obwohl Wärme und Kälte drinnen und draußen das Gleiche ist.

Rudolf Steiner hat 1909 die erste Konzeption seiner Sinneslehre gegeben und hat damals nur von zehn Sinnen gesprochen. Den Tastsinn und den Ichsinn hat er aus bestimmten Gründen noch nicht dazugezählt. Erst 1916 sprach er von Tastsinn und Ichsinn, also von zwölf Sinnen.[3] Nur dann, wenn man sich mit der Geschichte der Sinneslehre beschäftigt, kann man erahnen, was Rudolf Steiner durch seine Sinneslehre der Menschheit gegeben hat; denn da beginnt ein Ganzes zu werden, das bis dahin nur aus Einzelheiten einer unendlichen Vielfalt bestanden hat. Darin haben der Tastsinn und der Ichsinn eine besondere Stellung.

Wir wollen nun beginnen, diese zwölf Sinne vor uns hinzustellen. Da sind einmal die sogenannten vier unteren Sinne, auch Körpersinne genannt, das sind Sinne, die wir in unserem Körper erleben. Die nächsten weiteren vier Sinne erleben wir durch die Umwelt, und zuletzt haben wir die vier höchsten Sinne. Wenn wir diese vier unteren Sinne nun besprechen: Tastsinn, Lebenssinn, Eigenbewegungssinn und Gleichgewichtssinn – das werden wir morgen ausführlich tun –, so kann man doch allgemein schon sagen:

Der *Tastsinn* ist jene Sinnessphäre, die über die ganze Haut verteilt ist und auch überall im Organismus beziehungsweise im Bindegewebe vorhanden ist. Er vermittelt uns die Grenze unserer Leiblichkeit. Sie können so sich auf einen Teil ihrer Leiblichkeit konzentrieren wie Augapfel-Umfang oder Größe des Kopfes. Das vermittelt uns der Tastsinn.

Der *Lebenssinn* ist wieder ganz anders: Er gibt uns die Empfindung eines gewissen Maßes von Wohlbehagen bzw. Missbehagen. Das hat jeder und wir sind sehr diesen Stimmungen hingegeben, besonders hier in Mitteleuropa. Ob wir uns griesgrämig fühlen oder freudig bewegt, das hängt mit dem Lebenssinn zusammen. Und dann vermittelt er uns eines: Das Empfinden des Flüssigkeitsstromes sowohl des Blutes als auch der Lymphe, kurz; aller Gewebeflüssigkeiten unseres Leibes.

Dann kommen wir zum *Eigenbewegungssinn*. Er ist jene Sinnesqualität, die uns anzeigt, wie die einzelnen Teile unseres Organismus zueinanderstehen. Ich muss ja nicht hinschauen, um zu wissen, ob ich eine Faust mache, in welchem Winkel ich die Finger spreize, und so weiter. Wenn man mit motorisch gestörten Kindern arbeitet, merkt man, dass bei ihnen die Vorstellungs-Verhältnisse der Gliedmaßen zueinander gar nicht funktionieren und dadurch, dass sie nicht wissen, wo der Arm ist, weil er durch eine Lähmung eines Gehirnteils aus ihrer Vorstellung herausgefallen ist, können sie ihn nicht heben. Und will ich ihn bewegen, so muss ich ihn so in meine Hände nehmen, wie ich ein Stück Kreide anfasse, denn ich kann ihn ja von innen her nicht mehr bewegen.

Der *Gleichgewichtssinn* vermittelt uns das Empfinden von oben – unten, rechts – links, vorne – hinten und er bringt uns zur Überzeugung; dort, wo mein Kopf ist, ist oben, wo meine Füße sind, ist unten! Wir haben gesehen, dass die ersten drei Sinne: Tastsinn, Lebenssinn und Eigenbewegungssinn sich auf das Räumliche beziehen. Aber der Gleichgewichtssinn geht schon weiter. Denn er vermittelt zwischen uns und der Welt. Das ist ein gewaltiger Schritt – und so kann man den Gleichgewichtssinn als das Tor ansehen –, der aus den Körpersinnen zu den Umweltsinnen hinführt. So eröffnet sich uns dann die Welt; und wir beginnen zu riechen, zu schmecken und zu sehen beziehungsweise Kälte- und Wärmeempfindungen zu haben.

Mit dem *Riechen* ist uns eine neue Welt gegeben, die mit dem eigenen Leibe nichts mehr zu tun hat. Riechen wir eine Blume, eine Frucht, eine Straße, Herbst, Frühling; eine unendliche Fülle von Gerüchen tut sich auf.

Wenn wir *schmecken*, müssen wir Stoffe im aufgelösten, wässrigen Zustand mit dem Speichel unseres Mundes in Berührung bringen und finden – es schmeckt entweder süß, sauer, bitter oder salzig.

Dann bricht mit dem *Auge* die Welt auf und sie erscheint als der Abglanz des Lichtes in den Farben. Es erscheint der Raum selbst und es erscheinen die Formen. Und so ist das Auge das umfassendste Sinnesorgan.

Und durch den *Wärmesinn* strömt die Welt wiederum zusammen mit unserem eigenen Leibe. Da ist überall Sinn dahinter und das führt mein eigenes Erleben mit dem Welterleben wiederum zusammen.

Alle vier Sinnesorgane schaffen um uns herum eine eigene Welt. Aber so wie ich sehe, sieht kein anderer, und nur weil darin vieles Gemeinsames ist, wir es aber nicht gemeinsam sehen, können wir vom ungefähr gleichen Sehen sprechen. Ebenso haben wir alle individuelle Riech- und Geschmacksempfindungen. Das ist uns allein zu eigen. Aber aus diesen Sphären führt uns der Wärmesinn wiederum hinaus in eine Welt, die doch in vielem auch mit uns identisch ist, und wir betreten dann die höchste Sphäre, die der vier höchsten Sinne.

Und diese beginnen mit dem *Hören*. So subjektiv und abgeschlossen die Welt des Sehsinns ist, so einheitlich für uns alle ist die Welt des Hörens. Wir hören alle die gleichen Klänge, wenn wir in einem Konzert sind. Es gibt wohl subjektive Unterschiede, aber das Gehörte ist das Gleiche. Wir haben eine Welt des Hörens, aber Millionen Welten des Sehens. So eröffnet uns der Hörsinn ganz allgemein wieder die Welt. Das Auge eröffnet uns die Welt und verschließt sie uns wieder in

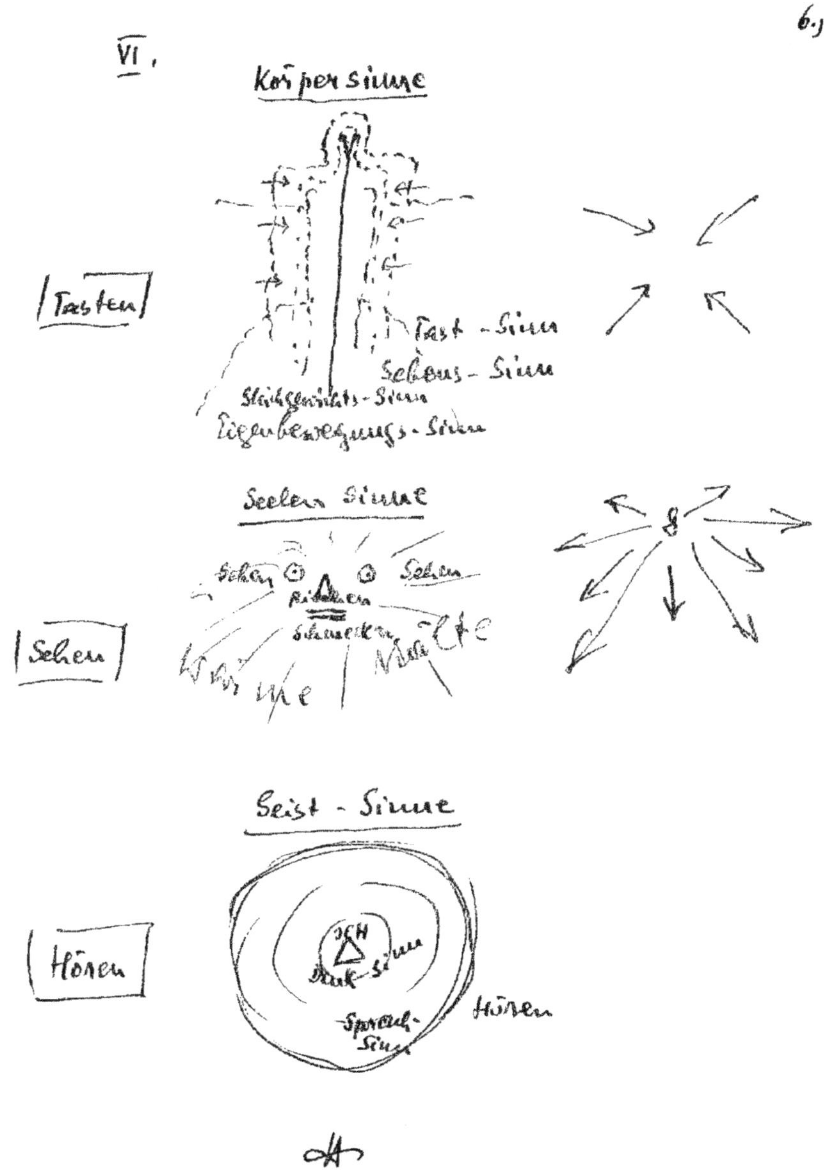

Faksimile 1. Aus Königs Vorbereitungsnotizen

unseren subjektiven Sinnesempfindungen. Das Tier hat wohl auch Geräusche, Klänge, Laute; aber Töne sind nur dem Menschen zugeeignet; er erlebt sie dort, wo er sozusagen in eine höhere Sphäre der Existenz eintritt.

Dann gibt es als nächsten Sinn den *Sprachsinn*, der, so wie uns Rudolf Steiner sagt, uns vermittelt, was der andere spricht; dass einer Worte formt und wir Vokale und Konsonanten hören können, das vermittelt uns der Sprachsinn.

Aber dass wir auch verstehen, was der andere sagt, das vermittelt uns der *Denksinn*. Alle Menschen, die die gleiche Sprache sprechen, wissen unmittelbar, was ich meine. Das macht der Denksinn.

Und endlich hat Rudolf Steiner vom *Ichsinn* als letzten Sinn gesprochen. Er gibt uns die unmittelbare Wahrnehmung davon, dass der andere auch eine solche Individualität ist, wie ich selbst.

Zum Schluss will ich Ihnen noch die vier unteren, die Körpersinne schematisch darstellen. (S. die Zeichnung S. 149) An der Oberfläche der Menschengestalt haben wir den Tastsinn; der Lebenssinn ist schon weiter innen wirksam. Der Eigenbewegungssinn geht sowohl nach innen als nach außen. Und der Gleichgewichtssinn eröffnet uns die Umwelt: oben – unten, links – rechts, vorne – hinten.

2. Vortrag

15. Oktober 1963

Wenn man bedenkt, dass die wissenschaftliche Sinneslehre Anfang dieses Jahrhunderts nur von fünf oder sechs, höchstens sieben Sinnen gesprochen hat, dann kann man die grandiose Konzeption der Sinneslehre Rudolf Steiners erahnen, wenn es auch zunächst die ersten Andeutungen sind. Dass Rudolf Steiners Sinneslehre die richtigen Wege zeigt, das beweist die Tatsache, dass die heutige Sinnesphysiologie von mindestens neun Sinnen spricht.

Nun will ich nochmals die zwölf Sinne in einer gewissen Anordnung aufschreiben (s. Tabelle, Faksimile 2, S. 152) – Zuerst kommen: Tastsinn, Lebenssinn, Bewegungssinn und Gleichgewichtssinn. Darunter schreibe ich die weiteren Sinne: Geruchssinn, Geschmackssinn, Sehsinn und Wärmesinn; die Umweltsinne. Und als letzte Reihe die geistigen Sinne: Hören, Sprachsinn, Denksinn und Ichsinn. Nun schauen Sie sich einmal diese Reihe an. Da stehen untereinander: der Tastsinn, der Riechsinn und der Hörsinn; weiter: der Lebenssinn, der Geschmackssinn und der Sprachsinn, und dann: der Eigenbewegungssinn, der Sehsinn und der Denksinn, und schließlich: der Gleichgewichtssinn, der Wärmesinn und der Ichsinn. Haben Sie ein gewisses Bild einer wahren Menschenkunde erworben, dann merken Sie: Da sind verschiedene Seinsgebiete miteinander verflochten. Sie können solche Beziehungen leicht finden. Ich will Sie nur als Beispiel auf eine solche von Riechen und Hören hinweisen. Obwohl sich das Hören auf einer ganz anderen Stufe befindet, merken Sie doch, dass da ein inniger Zusammenhang mit dem Riechen besteht. Riechen kann man als ein gesteigertes Tasten bezeichnen, das hier in ein Schnüffeln übergeht, und wenn sich dieses Schnüffeln in eine andere höhere Welt hineintastet, so haben Sie das Hören. Und abermals betrachten Sie den Lebenssinn und das Schmecken. Im Schmecken haben wir ja in lebendiger Weise das Salzige, Süße, und so weiter in uns, das aus dem Stofflichen kommt. Und so entquillt als nächste Steigerung die Sprache dem Schmecken in der Art, dass sich der Mund, gegenüber dem Maul des Tieres, verkleinert, die Zähne anders geordnet werden, sodass es zum Sprechen kommen kann. Und beim Sehen handelt es sich gar nicht so sehr um die Farbwahrnehmung, das ist das Allergeringste, sondern darum, dass wir Formen, Bewegungen wahrnehmen, wovon man in der heutigen Physiologie gar keine Ahnung hat, wie das zustande kommt. Da muss zunächst der Bewegungssinn mitwirken und dann wiederum der Denksinn, damit wir verstehen können, um was es sich dabei handelt.

7.)

Zum zweiten Kursvortrag
15. Oktober 1963

I. Gestern wurde ein Überblick über die zwölf Sinne gegeben. Wir wollen uns heute mit den vier Körpersinnen beschäftigen. Bevor wir das aber tun, soll nochmals die Ordnung dieser zwölf Sinne angeschaut u. besprochen werden.

Leib Wollen untere S.	Tast S.	Lebens. S.	Beweg. S.	Gleichg. S.
Seele Fühlen mittlere S.	Riechen	Schmecken	Sehen	Wärme
Geist Denken obere S.	Hören	Sprach S.	Denk S.	Ich-S.
	Physisch	Aether.	Astral	Ich

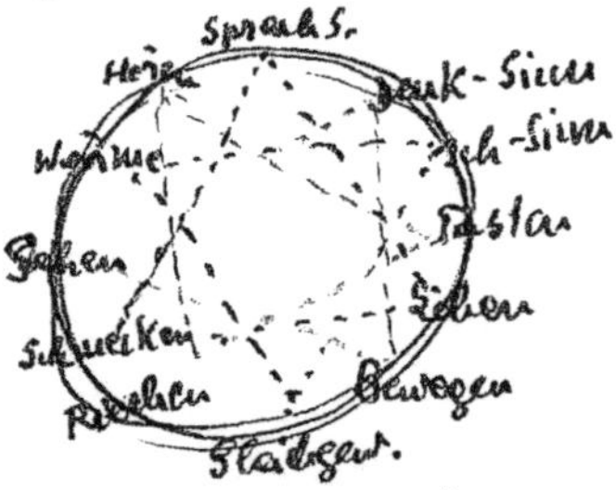

Wir sehen das Ineinander- u. Zusammen-Wirken der zwölf Sinne.

Faksimile 2. Aus Königs Vorbereitungsnotizen

Solche Steigerungen, solche Feinheiten der Erkenntnis im Sinnesgebiet muss man zunächst einmal hinnehmen und muss sich Schritt für Schritt mit dieser Steigerung verbinden. Und jene, die anthroposophische Schriften studiert haben, werden verstehen, dass die physische Seite unserer Existenz mit dem Ätherleib, die seelische Seite mit dem astralischen Leib und unser Geistiges mit dem Ich-Wesen zusammenhängt. In solch vierfacher Weise ist die Menschheit aus- und ineinander geordnet.

Franz Brentano, ein bedeutender Psychologe, der zur Hochschulzeit Rudolf Steiners in Wien gelehrt hat, hat im ersten Band einer vielbändigen Psychologie über die intentionalen Werte der Seele auch geschrieben.[4] Rudolf Steiner griff diese Entdeckung Brentanos auf und wies darauf hin, dass nur dadurch eine neue Sinneslehre zu begreifen sei. Wir können einen gesehenen Gegenstand erst dann seinem Realitätswert nach erkennen, wenn wir ihn etwa erst in die Hände nehmen, betasten und dergleichen. Es müssen sich zwei, drei oder mehr Sinnesgebiete in einem Objekt treffen, wenn eine Überzeugung von seiner Realität zustande kommen soll. Und das nennt er die intentionalen Beziehungen der Sinne untereinander.[5] Danach erkennen wir, dass ein einzelner Sinn als wirkender überhaupt nicht möglich ist und wir müssen uns schließlich sagen: Der ganze Leib des Menschen ist Sinnesorgan.

Wir können das an einem einfachen Beispiel des Schmeckens leicht erkennen, wenn wir die Erlebnisvorgänge bei einem Stück Würfelzucker analysieren. Da haben wir den Tastsinn, Lebenssinn und noch das Riechen. Merken Sie, wie da alle möglichen Sinne ineinanderspielen? Beim Kristallzucker oder Puderzucker ist das schon wieder ganz anders.

Die Lehre von den intentionalen Beziehungen der Sinne wird bei uns in Camphill bei blinden oder tauben Kindern so angewandt, dass wir bei blinden Kindern Licht- und Farbeindrücke auf das ganze Kind und wieder nur konzentriert auf die Augen einwirken lassen, auch unter Benutzung der Komplementärfarben. Dadurch wird zuerst der Bewegungssinn im Auge erweckt und die bis dahin starren Pupillen beginnen sich nach wenigen Tagen zu öffnen und wieder zu schließen. Der Lichtsinn wird anhand der Farben entstehen und mit Hilfe des Lebenssinns und Bewegungssinnes kann es in wenigen Wochen Farben unterscheiden. Nicht, dass es die Farben sieht, aber es empfindet sie, jede mit einem anderen Eindruck. In gleicher Weise verfährt man mit tauben Kindern, wo mit Singen und Sprechen und dem Spiel der Leier ins Ohr hinein der Tastsinn und das Lauschen des Kindes erweckt werden sollen. Aber in der äußeren Sinnesphysiologie ist man noch nicht soweit gekommen, blinde Menschen mit Licht- und Farbeneindrücken zu behandeln. Aber wenn mit der Sinneslehre Rudolf Steines konkret umgegangen wird, sie sozusagen angewandt wird, sind die Erfolge außerordentlich.[6]

Als Rudolf Steiner 1909 seine Sinneslehre bekannt gab, sprach er nur von zehn Sinnen und hatte den Tastsinn und den Ichsinn noch nicht dazugenommen. Und dies hinsichtlich des Tastsinnes mit der Begründung, dass wir nicht nur tasten, wenn wir die Oberfläche eines Gegenstandes berühren, wir tasten auch mit den Augen, mit der Zunge und mit der Nase. Er sagt: «Bis herauf zum Wärmesinn ist das Tasten eine gemeinschaftliche Eigenschaft der Sinne.»[7] Und so vermittelt uns der Tastsinn nicht den drückenden Körper unmittelbar, sondern den Widerstand, den äußeren Druck, die Härte und Weichheit. Dass wir gelernt haben, Wolle und Seide zu unterscheiden, Metall von Stein, und so weiter, das ist Erfahrung, das ich von Kindheit her gelernt habe und nicht ein unmittelbares Erlebnis.

Und so können wir den Tastsinn erleben als die Grenze des eigenen Organismus und dann müssen wir ihn ansehen als die Urmutter unseres existenziellen Erlebens. So gibt uns der Tastsinn eigentlich durch das Tasten der verschiedensten Dinge nicht allein ein Erlebnis der Umwelt, sondern er erweckt im Widerstand die anderen Sinne; und erweckt so auch unser Erinnern und erschließt unser Vorstellen. So gibt uns der Tastsinn die Grundlage unserer Existenz. Rudolf Steiner führt in einem Vortrag aus, dass wir die Oberfläche erleben;

hart, weich, rau, und so weiter, das strahlt in unser Inneres hinein, und das ist nichts anderes als das Durchdrungensein mit dem Gottgefühl.[8] Ohne den Tastsinn würden wir dieses Gefühl nicht haben, das alle Dinge durchdringt, was sie alle hält und trägt. Der Einwand, dass doch heute viele Menschen nicht an Gott glauben, ist nicht ernst zu nehmen, denn alle diese Menschen leben in Gott und ohne dieses Gottesgefühl müssten sie sich umbringen. Aber ein anderes Erlebnis ist heute viel verbreiteter; das der Angst. Sie ist die Kehrseite des uns vom Tastsinn gegebenen Gottesgefühls. Unser Seelenschiff ist verankert durch den Tastsinn im Hafen unserer Leiblichkeit. Im Augenblick, wo dieser Anker gelichtet wird, entsteht die Angst, wenn wir also die Sicherheit unseres Leibes verlieren. Auch wenn wir uns Häuser bauen, alle Architektur einschließlich der Plastik ist eine bewusste Entfaltung unseres Tastsinns.

Gehen wir nun zum *Lebenssinn*. Rudolf Steiner sagt uns: «Der Lebenssinn ist etwas im Menschen, das man gewöhnlich, wenn alles in Ordnung ist, nicht fühlt, nur dann, wenn etwas nicht in Ordnung ist. Dieser Sinn ermöglicht es dem Menschen, sich als Ganzes, ein Inneres, zu fühlen.»[9] So empfinden wir eigentlich durch den Lebenssinn, wie es drinnen in unserem Körper ausschaut (Wohlbehagen, Missbehagen). Wir können nicht mitempfinden, wenn wir verdauen, wie unser Blut sich bewegt, die Lunge atmet. Gott sei Dank, müssen wir sagen, denn sonst könnten wir kaum ein Bewusstsein entfalten. Denn die Organvorgänge sind so gewaltig und überschäumend, dass wir ihnen vollkommen hingegeben wären und sie uns zerreißen würden. Das aber wird niedergehalten, wird uns genommen, weil wir andere Aufgaben zu erfüllen haben. Mythologisch ausgedrückt heißt es: Der Baum des Lebens ist uns entzogen worden, damit der Baum der Erkenntnis in uns erscheinen kann. Und was vom Baum des Lebens übriggeblieben ist, das ist das bisschen Lebenssinn. Die innere Behaglichkeit, die wir beim Erwachen wahrnehmen, erhöht durch seine würzige Mahlzeit, herabgemindert bei Hunger; dieses allgemeine In-sich-Fühlen gibt uns der Lebenssinn. Und die Lebensempfindungen des Wohlseins, Unwohlseins, Hunger, Durst, Sättigung, das kommt uns zum Erleben durch das sogenannte autonome Nervensystem, wie auch der Parasympathikus.

Heute ist es ja modern, krank, ja leidend zu sein und daher vom Arzt mehrmals in der Woche seine Ängste dauernd beruhigt zu bekommen. Und unsere Zeitkultur bringt es mit sich, dass wir entweder Vagotoniker oder Sympatikotoniker werden; da sind Ton und Rhythmus gestört und darum spielt die Seelenorgel nicht mehr harmonisch. Und gestört ist er, weil der Lebenssinn sich im frühesten Säuglingsalter entwickelt und durch falsche und überreichliche Ernährung des Säuglings dies unmöglich gemacht wird. Sie schauen blühend aus, diese Kinder, aber der Lebenssinn weist lauter Löcher auf. Kommen solche Kinder in das Alter von 30 oder 40 Jahren, dann geht das Herz viel zu langsam oder zu schnell und Aufregungen sind an der Tagesordnung, die wieder Durchfall auslösen. Das kommt daher, weil eben das Zusammenspiel zwischen den seelischen Emotionen und den Leibesfunktionen durch jenen Rest des Lebenssinnes gar nicht mehr im Verborgenen gehalten werden kann.

Wenn man tiefer in diese Zusammenhänge hineinblickt, dann weiß man: Es gibt einen Sympathikus und einen Parasympathikus und beide, die autonomen Nerven, wirken zusammen so, dass dasjenige, was der eine tut, dauernd vom anderen im Gleichgewicht gehalten wird. Ein Vagotoniker wird man dadurch, dass der Nervus vagus funktionell zu stark ist, und ein Sympathikotoniker wird man, wenn die Funktionen dieses Nervs zu stark werden. Wenn das Funktionsgebiet des einen Nervs vom anderen nicht mehr zusammengehalten und beruhigt werden kann, dann bricht eben dieser gewaltsam durch. Ist der Nervus vagus zu schwach, der Parasympathikus, kommt es zur Verengung der Pupillen, zum Zurücktreten des Auges und Kleinerwerden desselben. Leichtes Erröten, Wärmeabgabe, warmer, dünnflüssiger Schweiß, langsamere Herzbewegungen und erhöhter Harnfluss sind die weiteren

Anzeichen. Das ist der Zustand, den die Psychologen als Emotion der Scham bezeichnen.

Und ein Zu-stark-Werden des sympathischen Nervs gibt folgende Zustände: Eine erweiterte Pupille, das Auge tritt heraus, Erblassen, kalter klebriger Schweiß, erhöhte Atmung, Harn verhalten, Herztätigkeit beschleunigt. Das ist psychologisch die Furcht. Und zwischen Scham und Furcht steht der Mensch im Lebenssinn darinnen. Angst ist auf den Tastsinn begründet, Scham und Furcht auf den Lebenssinn. Wir sehen das auch im Bilde des Alten Testaments, da kommt die Scham von der Eva her beim Sündenfall und die Furcht von Adam. Und diese Ur-Empfindungen von Angst, Scham und Furcht sind keine beiläufigen seelischen Emotionen, sondern sind Erwerbungen von Urzeiten her. Der Parasympathikus (Nervus vagus), der 10. Gehirnnerv ist ein Doppelwesen: einerseits strömt er als Gehirnnerv von oben nach unten; dann ist er auch innigst mit der Sphäre des Sexuallebens verbunden; und so ist der Mensch zerrissen in das Denken und das Produzieren, das Reproduzieren. So ist der Parasympathikus der verwandelte Lebensbaum und gibt uns als sein letzter Ausläufer die Sinneserkenntnis und die Kraft der Reproduktion; dazwischen lebt der Mensch in Furcht und Gottesgefühl.

Nun kommen wir zum *Bewegungssinn*. Er ermöglicht es, dass der Mensch seine Eigenbewegungen wahrnehmen kann: ob wir ein Bein strecken oder beugen, das vermittelt uns dieser Sinn. Ebenso wie wir die einzelnen Körperteile: Kopf, Rumpf, Gliedmaßen untereinander, miteinander und ineinander in Beziehung bringen. Auch der Bau der Gliedmaßen, zum Beispiel der Handwurzel, von der Einfachheit zur Vielfalt der Finger, das gehört dazu. Und dadurch, dass der Eigenbewegungssinn bis in die Gelenke hineinstrahlt, beginnen wir uns frei zu fühlen. Durch das Hereinstrahlen der Muskelverkürzungen und -verlängerungen in das Seelische, empfinden wir uns als freie Seele und beginnen zu uns selbst zu kommen. So können wir sagen: wir wurzeln im Tastsinn, wir sprossen im Lebenssinn, wir beginnen zu blühen im Eigenbewegungssinn. Und der Letztere bewirkt in uns das Freiheitsgefühl. Und sein allererster Ausdruck beim kleinen Kind ist das Lächeln. Das ist die Urbewegung des Eigenbewegungssinnes. Da eröffnet sich die Freude der Seele, im Leibe sich bewegen zu können. Schauen wir solcher Art die Kinder an: wie sie hüpfen, springen, laufen, klettern; da ist die Freude des Kindes am Leben vorhanden. Und diese Freude strömt auch hinein in Musik und Sprache, ja in jede einzelne Geste. Ist das Kind mit einer Bewegungsstörung geboren, dann stirbt die Freude oder ist gar nicht geboren. Gehen wir noch etwas weiter, dann kommen wir in die große Sprache der Mimik; da erhebt sich das Lächeln in die Sphäre des Schmerzes, der Not, Verzweiflung, Freude, Lust, Begierde. Alles das, was der Schauspieler darstellen kann, darinnen wirkt der Eigenbewegungssinn.

Nun wollen wir noch ein paar Worte über den *Gleichgewichtssinn* sagen. Die heutigen Physiologen fragen oft mit Recht: Gibt es denn überhaupt einen Gleichgewichtssinn? Es ist schwer, eine Stelle im Körper zu finden, wo er erlebt und empfunden werden kann. Aber im Augenblick, in dem wir das innere und äußere Gleichgewicht verlieren, da wird alles aufgeboten, um das Gleichgewicht wiederherzustellen. Aber wir wissen ganz genau, dass beim Kopf oben und bei den Füßen unten ist, und das ändert sich niemals im Leben. Ich hatte in jungen Jahren ein Erlebnis im Flugzeug, das sich in der Luft umdrehte und hatte nicht im Mindesten die Empfindung, zur Erde hin herausfallen zu können. Und dadurch, dass uns dieser Sinn die Orientierung im Raume gibt: oben – unten, rechts – links, vorne – hinten, dadurch wird uns bewusst, dass wir im Raume existieren. Und als Wirkung dieses Gleichgesichtssinnes nach innen, haben wir die Empfindung des Aufrechtseins in der Welt. Und das Lächeln verwandelt sich nun wieder in ein Neues, wenn das Erlebnis des Gleichgewichtssinnes in das Seelische hineinstrahlt: in die innere Ruhe. Und das lässt uns unabhängig erscheinen von Zeit und Raum, denn ich lasse mich heute zurück (beim Einschlafen) und bin morgen doch derselbe. Und diese Unabhängigkeit vom Körperlichen bringt uns auch das Gefühl: das

Sich-als-Geist-Fühlen. Was auch immer geschehen mag, zwischen Abend und Morgen: ich wache auf und bin ein Ich.

3. Vortrag

16. Oktober 1963

Wir haben gestern begonnen, über den vierten Körpersinn, den Gleichgewichtssinn zu sprechen und mussten feststellen, dass wir bei diesem Sinne im Innern nichts erleben können, so wie es bei den Vorhergehenden der Fall war. Wenn das Gleichgewicht gestört ist, (ausrutschen, an Abhängen herunterschauen) werden wir wohl vom Schwindelgefühl befallen; da erst merken wir, dass plötzlich etwas ins Bewusstsein tritt, das sonst völlig unbewusst vorhanden ist. Solch ein Schwindelgefühl kann furchtbar rasant auftreten und die Menschen zur Verzweiflung bringen, denn dadurch verliert der Mensch all seine Haltung, seine Stellung und Sicherheit im Raume; die Grundlage seines Lebens geht ihm verloren.

Der Gleichgewichtssinn ist im Gegensatz zu den früher besprochenen Sinnen nur auf ein einzelnes Organ konzentriert: auf die halbkreisförmigen Kanäle im innersten Ohr. Wenn Sie die Entwicklung dieses Organs verfolgen, kommen Sie darauf, dass es aus zwei Teilen besteht, die mit den Wirbellosen und den Wirbeltieren zusammenhängen. Bei den ersteren finden Sie ein kleines Bläschen, auf dessen Grund eine kristalline Substanz abgelagert ist. Darüber ist eine wässerige Flüssigkeit. Das ist ein sogenannter Statozyst. Er ist gar nichts anderes als ein herausgenommenes Bild der Schwere und der Leichte. Im Augenblick der Bewegung des Tieres bewegt sich dieser Statozyst mit und die innen noch angebrachten Sinneshaare beginnen die verschiedenen Richtungen zu empfinden. Bei den Wirbeltieren finden wir jene halbkreisförmigen drei Knöchelchen, wie sie auch der Mensch besitzt. Diese Knöchelchen stehen rechtwinklig aufeinander, also in den drei Raumesdimensionen und auch in ihnen fließt eine wässrige Flüssigkeit.

Vor fast hundert Jahren haben hier in Wien ein Physiker, Ernst Mach, und ein Internist, Josef Breuer, fast zur gleichen Zeit entdeckt, welche Funktionen diese drei Knöchelchen im innersten Ohr haben.[10] Ob wir den Kopf beugen, strecken oder drehen, das alles wird von diesem Organ empfunden. Nun sind auch bei den Wirbeltieren und beim Menschen an diese Kanäle noch die Statozysten angeschlossen; und zwar gibt uns der Statozyst die Empfindung der Schwere, die drei Kanäle dagegen die Empfindung der Leichte an, des Aufstrebens oder der Aufrechten. Warum die wirbellosen Tiere nur den Statozysten haben, lässt sich dadurch erklären, dass diese in ihrer Gestaltung nichts anderes als ein Kopf sind, gleichgültig, ob es sich um ein Insekt oder einen Wurm handelt. Die wirbellosen Tiere haben niemals ein inneres Skelett, sondern ein Schalenskelett, wie wir es auch am Kopf haben. Und ich bitte, das zu empfinden: der Kopf schwebt! Und durch unser inneres Skelett haben wir erst die Möglichkeit, auf der Erde aufzutreten, das gibt uns die Erdverbundenheit. Und der Statozyst ersetzt bei den wirbellosen Tieren dasjenige, was bei den Wirbeltieren in den Gliedmaßen wirkt. Bei den Wirbeltieren sind die Gliedmaßen noch verbunden mit der Schwere.

Und jetzt fragen Sie sich: Was geht da durch die ganze Evolution hindurch? Schauen Sie den Fisch an, er hat ja gar keinen Kopf, erst beim Frosch beginnt er sich vom Rumpf zu lösen. Der Vogel wiederum fliegt als ganzer Kopf herum und erst beim Säugetier hängt sich der Kopf neu an den Rumpf an. So sehen wir: Die ganze Evolution ist nichts anderes als der Versuch, den Kopf vom Rumpf abzugliedern. Der Kopf ist aber der Herr der Leichte, der Rumpf der Herr der Schwere. Und zwischen Leichte und Schwere vermittelt nun dauernd der Gleichgewichtssinn. Untersuchen Sie diese drei Knöchelchen näher, finden Sie, dass sie kleine Spiegelbilder sind der Richtungen, die das Blut im Kopfe, im Rumpfe und in den Gliedmaßen hat, wie es da strömt.

Und dadurch vermitteln diese drei Kanäle das unbewusste Erleben des Gleichgewichtes im dreigliedrigen Raum.

Der Gleichgewichtssinn ist einer der umfassendsten Sinne. Dass unsere Körpertemperatur dauernd auf 36, 7 Grad erhalten wird, dass im Knochenmark die unendlich große Zahl der Blutkörperchen gebildet werden; alles das ist die Wirkung des Gleichgewichtssinnes; und alles auch das verdanken wir ihm, was die Mitte in uns erhält. Aber auch der Säure-Basengehalt im Blut und in den Flüssigkeiten wird durch ihn auf ein mittleres Maß gehalten. Weiterhin lebt er im Stoffwechsel, im Unten – Oben, Rechts – Links und Vorne – Hinten. Aber wir wissen von alldem nichts, weil wir selber es sind, mein Ich, mein tätig vorhandenes, wirkendes Ich zwischen Oben – Unten, usw. zwischen Fülle und Mangel: das ist der Gleichgewichtssinn. Und den Schwindel müssen wir erkennen als ein Erlebnis des Verlustes der Mitte. Auch das Stolpern, das Fallen, gehört hierher. So empfinden wir auch das Erlebnis des Stürzens nicht nur als einen Schock, sondern auch als eine Erniedrigung des menschlichen Wesens. Wir sind da irgendwie beleidigt, dass so etwas möglich ist: denn wie kann ein Ich fallen? Und es geschieht doch. Wenn Sie das einmal begreifen lernen, dann verstehen Sie auch, warum ich den Gleichgewichtssinn als das Tor in die Umweltsinne genannt habe. Jetzt bin ich nicht mehr im Leibe beschäftigt, denn es beginnt sich das Ich selbst zu tragen und damit wird es aufmerksam auf die Umwelt.

Für die Tiere ist das wohl ähnlich, aber es besteht doch ein großer Unterschied. Und wie Goethe es schon ausgesprochen hat: das Tier wird von seinen Sinnen beherrscht, der Mensch aber soll seine Sinne beherrschen, so erkennen wir darin den gewaltigen Unterschied. Denn das Tier steht zwischen der Sinnesfunktion und der von außen gestellten Forderung. Das hat der Ökologe Lorenz durch zahlreiche Tierversuche bewiesen. Er watschelte vor ausgeschlüpften Enten her und vom Moment an war der ihre Mutter, sie folgten ihm überall hin. Denn der Eindruck, den das Tier empfängt, bewirkt schon die Funktion. Was

Bild oder Wirklichkeit ist, können die Tiere nicht unterscheiden, das wird von ihren Sinnen beherrscht.

Nun kommen wir in ein recht rätselhaftes Gebiet hinein, in das des Antlitzes. Ich möchte Ihnen dazu eine kleine Skizze anfertigen (s. Zeichnung, Faksimile 3), es ist nur mit ein paar Strichen angedeutet, wie da Mund, Ohren, Nase und Augen zueinanderstehen. Ist Ihnen das schon einmal aufgefallen? Wenn ich das aber in seiner Urgestalt darstellen will, sieht es so aus (zeichnet abermals). Was sehen Sie jetzt? Mund und Ohr ruhen in der Mondensichel, Nase und Augen in der Sonnenscheibe. Das ist das Urbild unseres Antlitzes; und mit dem Munde lachen wir und mit den Augen weinen wir: So kommt aus der Sonne der Schmerz und aus dem Mond die Freude und so gibt der Mond uns Geschmack und Gehör und die Sonne Riechen und Sehen, ein Weltenantlitz fasst diese vier Sinne zusammen und vereint sind sie durch den Wärmesinn, der alles durchdringt und umschließt.

Haben Sie sich schon einmal gefragt, was ein *Geruch* ist? Und was glauben Sie, wie viele Gerüche es für den Menschen gibt? Es sind gegen viertausend. Natürlich kann man darüber keine Skala aufstellen, wie etwa bei den Farben und man kann das Geruchserlebnis immer nur in vergleichender Weise aussprechen: es riecht wie eine Rose, ein Veilchen; aber wir können uns eigentlich nicht erinnern, wie etwas riecht. Durch Erinnerungsbilder kann ich mir vorstellen, wie das oder jenes gerochen hat: Vaters Hand, Mutters Schürze, usw. Was riecht denn eigentlich? Das hängt doch nicht allein mit der Luft zusammen. Alles, was an die Grenze des Stofflichen herankommt und da zerfällt, beginnt zu riechen. Auch eine aufgeblühte, duftende Blume ist bereits im Zerfall begriffen. Und nun können wir fragen: Was ist ein Geruch? Im Geruch erleben wir die Intuition von der Entität der Individualität eines Stoffes oder Wesens. Denn im Zerfallen offenbart sich die Eigenheit eines Wesens, wird sie freigesetzt. Gegenüber den Tieren ist der Mensch mit seinem Geruchsorgan dekadent geworden; es ist im Grunde kaum mehr vorhanden, im Vergleich zu den Hunden und den anderen Tieren. Ich will Ihnen die-

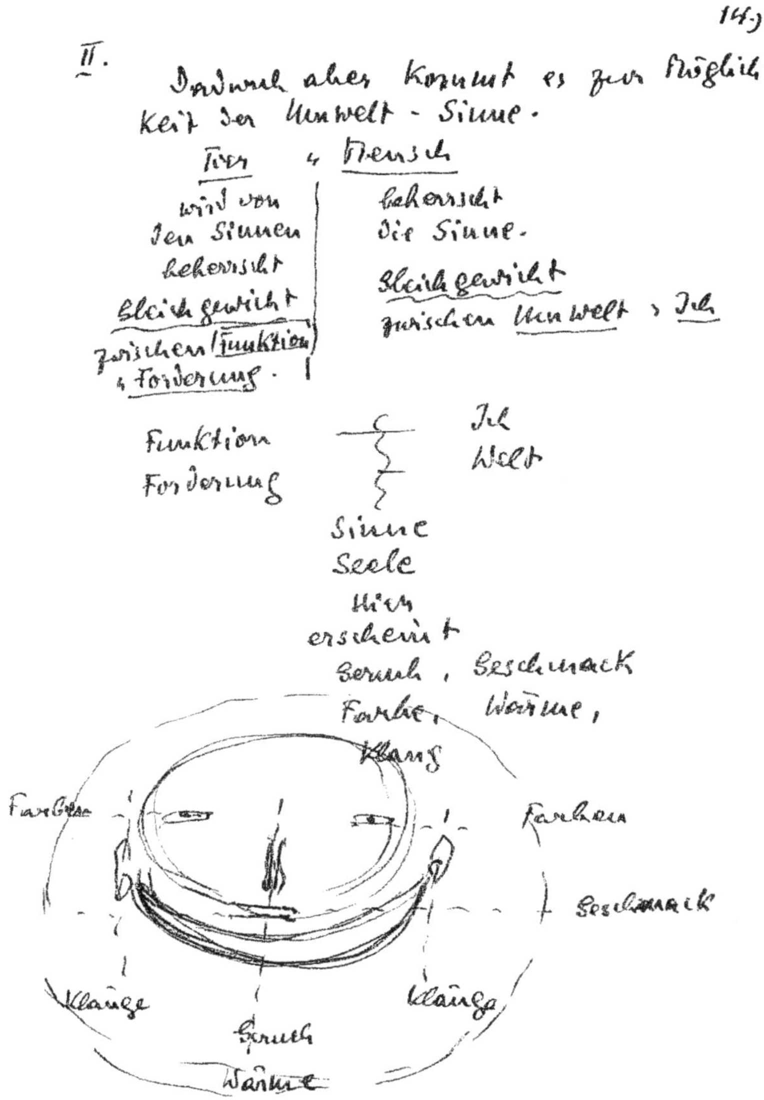
14.)

II. Dadurch aber kommt es zur Möglichkeit der Umwelt-Sinne.

Tier u.	Mensch
wird von den Sinnen beherrscht	beherrscht die Sinne.
Gleichgewicht zwischen (Funktion) u. Forderung.	Gleichgewicht zwischen Umwelt u. Ich

Funktion — Ich
Forderung — Welt

Sinne
Seele
Hirn
erscheint
Geruch, Geschmack
Farbe, Wärme,
Klang

Faksimile 3. Aus Königs Vorbereitungsnotizen

ses Phänomen an einer Zeichnung verdeutlichen (s. Zeichnung, Faksimile 4). Ich zeichne Ihnen einen Tierschädel auf und Sie merken leicht, wie sehr die Nase bzw. Schnauze ausgezogen ist. Beim Menschenkopf, den ich hineinzeichne, sehen Sie, wie gleichsam Mund, Kinn, Nase zurückgestaut worden sind, sodass sich nun oberhalb die mächtige Stirn wölben kann. Was heißt denn das? Rudolf Steiner sagte einmal: aus dem Riechen ist das Denken entstanden! Das können Sie an dieser Zeichnung unmittelbar sehen. Denn der Hund denkt, indem er riecht. Was wir an Ideen und Denken in uns tragen, das haben die Hunde und Katzen als Geruchssinn in sich. Würden wir die Umwelt in gleicher Fülle [des Geruchs] erleben, wir könnten niemals denken. Und wo ist der Sitz unseres Ich? Er liegt über dem Geruchssinn. Die ganze Welt ist voller Gerüche, weil es eine unendlich große Zahl von Individualitäten gibt und jede sich im Geruch offenbart. Macht man das zur Wirklichkeit, dann versteht man auch das Kapitel in der *Geheimwissenschaft* Rudolf Steiners, wo davon gesprochen wird, dass der sterbende Saturn Geruchsempfindungen in die Welt ausgeströmt hat.

Und der *Geschmack?* In der Entwicklung und Evolution der Menschheit und der Erde war es so, dass Atmung und Nahrungsaufnahme eines Tieres nicht voneinander getrennt waren. So ist es ja auch heute noch beim Embryo. Die Nabelschnur des Embryos trägt Atmungs- und Nahrungssubstanz in sich. Und so war es für den Menschen in ältester Zeit im Leibe der Erde das Gleiche. Das trennte sich aber im Laufe der Entwicklung und der Atem ging nach oben, die Ernährung nach unten. Und so ging mit dem Atem das Riechen nach oben und mit der Ernährung das Schmecken nach unten. Das Schmecken hängt mit der Verflüssigung der Stoffe zusammen und die wässerige Substanz muss von der Zunge berührt werden. Kinder und Tiere sind noch ganz dem Schmecken hingegeben. Ein kleines Kind schmeckt ja alles bis in die Leber, Magen, ja bis in die Zehen hinein. Und wie leben die Hunde richtig auf, wenn es ihnen schmeckt. Der ganze Organismus ist erfüllt von den Geschmacksempfindungen. Ist es nicht so, dass in allen unseren

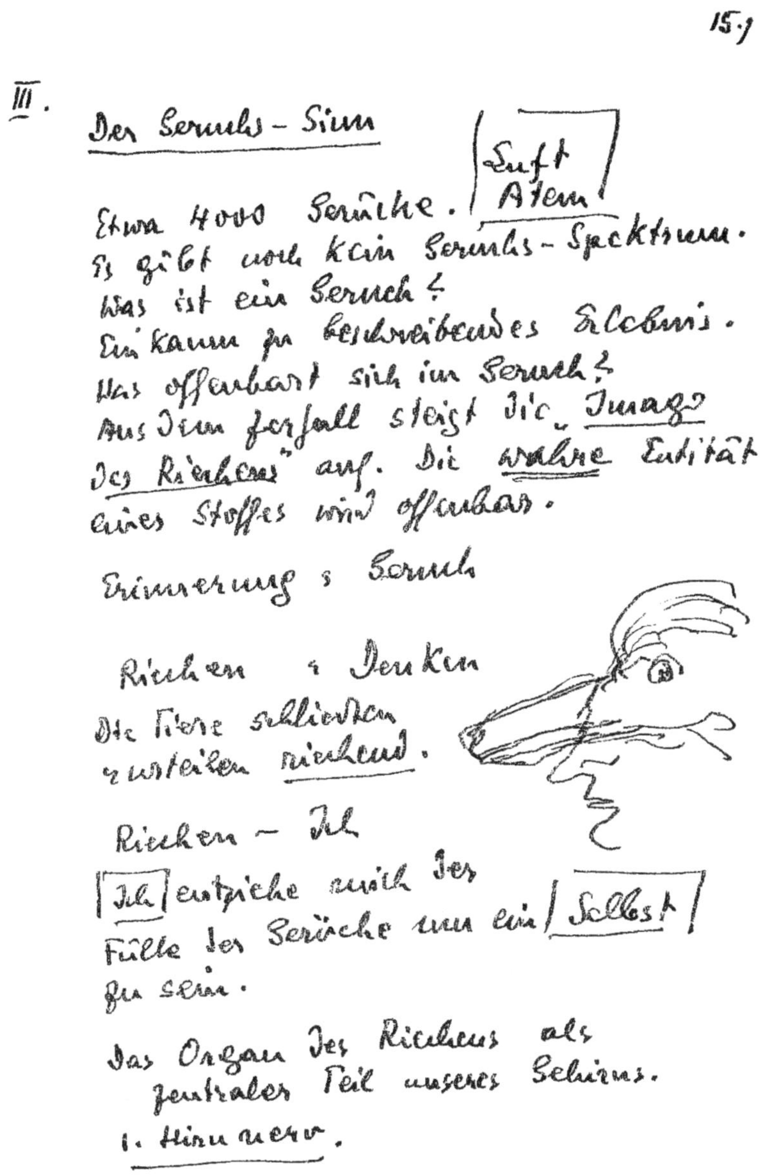

15.)

III.

Der Geruchs-Sinn

Luft
Atem

Etwa 4000 Gerüche.
Es gibt noch kein Geruchs-Spektrum.
Was ist ein Geruch?
Ein kaum zu beschreibendes Erlebnis.
Was offenbart sich im Geruch?
Aus dem Zerfall steigt die „Imago des Riechens" auf. Die wahre Entität eines Stoffes wird offenbar.

Erinnerung + Geruch

Riechen + Denken

Die Tiere schließen u. urteilen riechend.

Riechen – Ich

Ich entziehe mich der Fülle der Gerüche um ein Selbst zu sein.

Das Organ des Riechens als zentraler Teil unseres Gehirns.

1. Hirnnerv.

Faksimile 4. Aus Königs Vorbereitungsnotizen

Substanzen Geschmacksempfindungen hereinkommen? Die Galle ist bitter, das Blut süß, der Harn sauer, die Träne salzig. Der Geschmackssinn ist viel tiefer mit dem Organismus verwurzelt als der Riechsinn, denn die Nahrung muss verdaut, muss überwunden werden. Was wir schmecken, sind Qualitäten, die nicht mehr die Entität der Individualität einer Substanz berühren, da handelt es sich schon um ein Spektrum. Sechs bis sieben solcher Geschmacksempfindungen haben wir, nicht mehr. Das geht aber auch ins Seelische hinein, denn wir sprechen von bitteren Erlebnissen und herben Erfahrungen. Ich zeichne Ihnen da eine Pflanze auf (s. Zeichnung, Faksimile 5). Da haben wir Wurzel (blau), Stängel und Blatt (grün) und oben die Blüte (rot). Was ist das? Da haben wir eine richtige Geschmacksskala vor uns. In der Wurzel finden Sie das Bittere, im Stängel und Blatt das Herbe, im Blütenhaften das Süße. Was wollen Sie mehr? In der Sprache der Alchemie: unten Sal, Mitte Merkur und oben Sulfur. So sehen Sie: Die Dinge haben alle ihren Sinn. Da sind nicht irgendwelche Geschmäcker, an die man sich gewöhnt; da sind Kräfte der Gestaltung, wo Stoffe sich binden (Wurzel) und sich entbinden (Blüte). Aber das ist auch in uns, diese Empfindungen des Wurzelhaften, des Blätterhaften, des Blütenhaften. So tragen wir Himmel und Erde in uns. Ich möchte noch in einer kurzen Skizze die Lage der zwölf Gehirnnerven aufzeichnen [diese Zeichnung findet sich nicht bei den Vorbereitungsnotizen]. Wenn da der Umriss das Gehirn darstellt, so haben wir als ersten Nerv den Riechnerv, dann geht es in der Reihe herum und wir kommen mit dem neunten bis zwölften Nerv zum Geschmack. So haben wir vom Riechen (Nase) bis zum Schmecken (Mund) die gesamte Skala der Sinnenerlebnisse vor uns. Und diese stehen gleichsam auf den zwei Säulen des Geruchs und Geschmacks.

Nun möchte ich noch einige Worte über den *Gesichtssinn* sagen. Das Auge ist für unsere Menschheitsepoche das zentralste Sinnesorgan im Vergleich zu den übrigen. Denn es ist das einzige Organ, mit dem wir einem anderen Menschen begegnen können. Es ist ja eine der übelsten Erscheinungen unserer Zeit, wenn Menschen grundlos schwarze Brillen

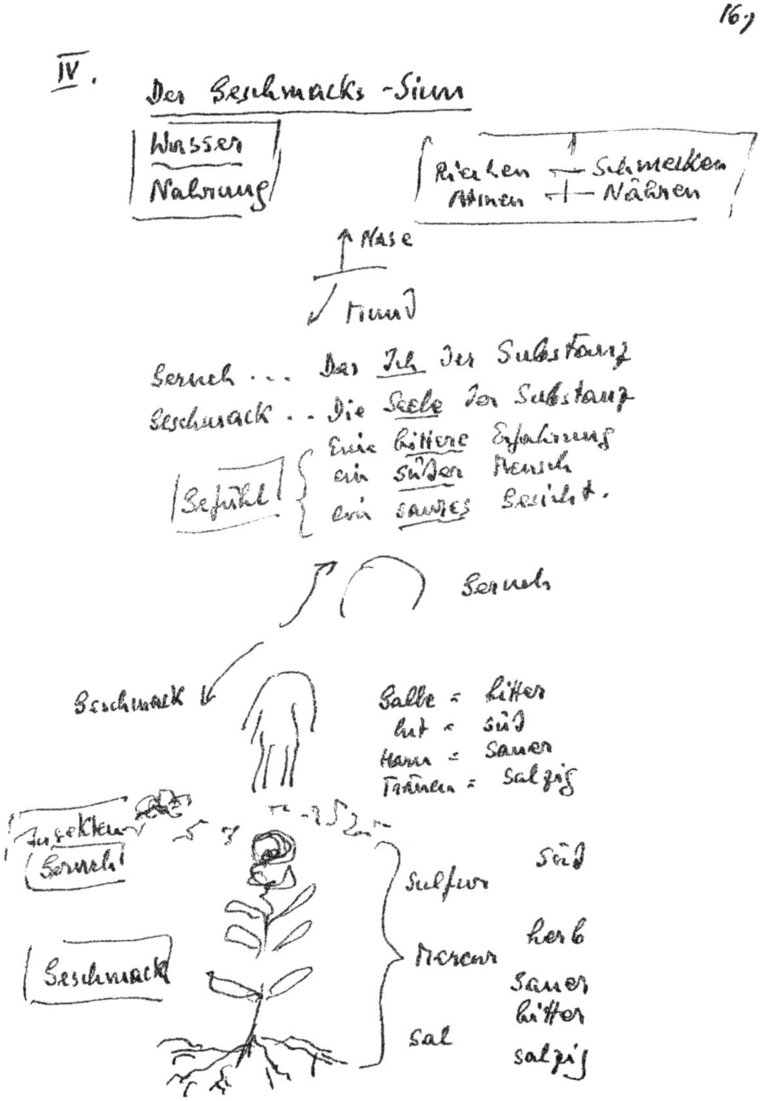

Faksimile 5. Aus Königs Vorbereitungsnotizen

aufsetzen, dass da gleichsam der Vorhang zugemacht wird. Das ist eine Verachtung des anderen! Denn er sieht mein Auge, ich kann aber seines nicht sehen. Man kann sich gegenseitig nicht anhören, so wie es beim Sehen ist und auch nicht im Geschmack bekannt machen. Nur im Auge eröffnet sich die Seele des Menschen. Und seit es in der Bibel hieß: Die Augen wurden ihm aufgetan, seit damals bis in unsere Zeit hinein ist das Auge als Sinnesorgan so mächtig geworden. So wie durch den Sonnenaufgang die Sterne verblassen, so hat die aufgehende Sonne des Auges die übrigen Sinne zum Verblassen gebracht. Und so ist das Auge der Sinn des Tages, wie das Hören der Sinn der Nacht ist. Im Sinneskreis steht der Sehsinn dem Tastsinn gegenüber; was im Tastsinn noch in Dunkel gehüllt ist, so hell ist der Sehsinn im Erleben des Menschen geworden. Wie bildet sich das Auge? Im Gehirn wächst zunächst ein Gehirnteil (Stiel) heraus, bildet sich zu einem Bläschen, wird zu einem Kelch geformt und stößt an die Haut, nimmt ein Stück heraus, bildet es zur Linse um, nimmt diese wiederum herein und verändert diese Haut in solchem Maße, dass sie durchsichtig wird. Man kann diesen ganzen Vorgang in einem Embryo sehr gut verfolgen. Bei der Bildung des Ohres haben wir zunächst auch ein Bläschen in der Haut, aber das wandert statt nach außen, wie beim Auge, nach innen und verkriecht sich dort gleichsam. Das ist der gewaltige Gegensatz zum Sehen. Das Auge ist wie ein Jäger, geht hinaus, um das Wild abzuschießen; das Ohr dagegen ist das Ruhende, Empfangende, das sich Verhüllende und Umschließende. Erst wenn wir die Gesten solcher Organe erleben, können wir ins Innere der Natur dieser Sinne vordringen.

Das Auge ist ein einziges Wunder, in der Art, wie es gestaltet und gebildet ist. Niemals kann, wie Physiologen und Anatomen noch glauben, ein solches Wunderwerk allmählich aus dem Kampf ums Dasein entstehen; denn es trägt ja ein ganzes Weltall in sich. Das Äußere des Auges setzt sich aus vier Häuten zusammen. Zunächst ist es die dicke oder Lederhaut, die vorne in die durchsichtige Hornhaut (Cornea) übergeht. Hinter der Cornea steht die Linse, dazwischen ist noch die

Regenbogenhaut oder Iris, die dann in die Aderhaut übergeht. Schließlich haben wir noch die Netzhaut oder Retina, die mit dem eigentlichen Sehnerv verbunden ist. Davor liegt der Glaskörper, der aus sternenhaften Gebilden von kristalliner Form besteht. Jede Haut ist wieder ein Wunderwerk; so besteht die Retina aus Tausenden von Stäbchen und Zäpfchen, die eigentlich kleine Spiegel darstellen, und das Merkwürdigste ist, dass diese nicht nach vorne, sondern nach hinten schauen. Wenn Sie fragen, wie wir sehen, kann ich nur sagen: auf keinen Fall durch das Auge, sondern nur vermittels des Auges. Rudolf Steiner machte deutlich, dass dies Auge mit dem Sehen nur das eine zu tun habe, dass unsere Aufmerksamkeit durchs Auge zum Gesehenen hin konzentriert wird. Nicht das Auge sieht, sondern vermittels des Auges sehe ich.

So ist das Auge ein Organ, in dem die vier unteren Sinne hinein konzentriert sind. Der Tastsinn ist hineingebaut, dass er durch das Auge hinaustritt und gleichsam die Welt abtastet: ich schaue. Der Lebenssinn wieder erschließt mir die Welt der Farben und der Eigenbewegungssinn die geformten Gegenstände. So betaste ich die Welt durch den Tastsinn, erfahre den Abglanz des Lebens in den Farben durch den Lebenssinn, erschaue die Formen der Dinge durch den Bewegungssinn und schließlich bewirkt der Gleichgesichtssinn durch Zug und Druck meiner Linse die richtige Entfernung der Gegenstände. Das ist eigentlich das, was Sehen heißt. Ich schaue in die Welt, das ist keine Maja, denn das ist mein eigenes Sehen, eigene Farbenempfindungen usw. Indem ich sie in mein Denken hineinführe, hebe ich Sie zu Vorstellungen hinauf, bilde sie um und begreife sie. Das ist das große Wunder des Sehens, dass an diesem allein der Mensch gelernt hat, gegenständlich und real zu denken.

Sehen Sie: im Riechen erfährt der Mensch die Intuition einer Substanz oder eines Wesens. Im Geschmack erfährt der Mensch inspirativ die Hüllen dieser Substanz, und im Sehen lernen wir die weiteren äußeren Hüllen kennen. Und die Wärme, sie offenbart mir die Schale dessen, was die Welt ist. Mit den Körpersinnen erlebe ich meinen Mikrokosmos; die Umweltsinne erschließen mir die Welt des Makrokosmos, sofern er Substanz ist. Und die Substanz ist nach einem alten Spruch der Theosophen: das Ende der Wege Gottes. So erschließt sich mir diese Substanz, ob ich es weiß oder nicht, im Riechen und Schmecken und Sehen. Mit der Wärme aber kommt wieder etwas Neues herauf. Sie ist das Tor, so wie vorher der Gleichgewichtssinn gewesen ist, für die Welt, die hinter allem Geschauten liegt. Und die Wärme eröffnet uns die Brücke in die Welt, aus der wir stammen und als Erdenwesen werden.

4. Vortrag

17. Oktober 1963

Wir haben gestern die vier Umweltsinne durchgenommen und konnten erkennen, wie umfassend diese Sinne eigentlich sind und dass eine Welt von außerordentlicher Größe, Anschaulichkeit und Geheimnissen sich darin offenbart. Und dem Erkennen des Geruchs, des Geschmacks als etwas Inspiratives und des Sehens als etwas Imaginatives haben wir die ersten Schritte für ein tieferes Verständnis getan. Wenn wir wirklich einen Geruch meditieren, dann befinden wir uns schon jenseits einer Sinnesempfindung; und das Gleiche gilt auch für den Geschmack und die Farben, denn wir erfassen da schon jenseitige Kräfte. Und mit dem Riechen kommen wir heran an jene geheimnisvolle Welt, die Rudolf Steiner als die Welt des Lebensäthers bezeichnet hat, die er früher auch mit dem seltsamen Namen eines *Ich-Äthers,* oder sogar auch *Namens-Äthers* bezeichnet hat.[11] Und in den Geschmacksqualitäten offenbart sich der Klang- oder chemische Äther. Im Sehen finden wir wirkend den Lichtäther. Einmal hat Rudolf Steiner die Sinne auch als Golfe bezeichnet. Wir sehen das besonders gut am Auge, wo sich die Schädeldecke zurückzieht, um dem Auge in den beiden Augenhöhlen Platz zu machen und da strömt die Außenwelt hinein. Und da die Bilder, die sich im Auge spiegeln, mit dem Sehen nur indirekt zu tun haben, daher ist die Bezeichnung der Sinne, auch aller anderer, nicht nur das Auge, als Golfe so treffend. Denn wir können ebenso die Nase wie den Mund und das Ohr als solche Golfe ansehen. Und ich selbst als Seele und Geist nehme die Welt vermittels der Golfe meiner Sinnesorgane wahr. Und anschließend an Lebens-, Klang- und Licht-Äther kommen wir schließlich zum Wärme-Äther, den wir noch kurz betrachten wollen. Wenn wir vom Sehen zum Wärmesinn übergehen, müssen wir wieder einen großen Sprung machen, denn jeder Sinn ist in sich etwas Ganzes, etwas Spezielles. Man muss daher auch bei der Betrachtung der Sinne so variabel sein, wie die Welt selbst variabel ist, wenn sie aufbaut und gestaltet.

Wenn Sie einen ehrlichen Physiologen fragen, wo das Organ des *Wärmesinns* ist, dann bleibt ihm der Mund offen. Denn man hat den Glauben daran ganz verloren. Vor 30/40 Jahren glaubte man noch an Kälte- und Wärmepunkte, die man sich auf der Haut verteilt dachte. Aber man hat herausgefunden, dass diese nicht stabil sind, dass sie variieren; einmal da, und dann wieder dort sind. Dann ist der Wärmesinn wohl an der Haut lokalisiert, aber so, dass sich die Kapillaren an manchen Stellen verengen, das gibt Kälte-Empfindungen. Sie sehen, dass der Wärme-Kältesinn gar kein fest strukturiertes Organ hat. Wir haben ja schon in der ersten und zweiten Stunde erkannt, dass wir den Wärmesinn ganz subjektiv empfinden, je nachdem, ob wir aus der Kälte in einen temperierten Raum oder aus einem warmen Raum in einen temperierten treten. Und wir mussten erkennen: der Wärmesinn ist ein Empfinder von der Beziehung zum Wärmefluss zwischen der Außenwelt und unserer im Organismus enthaltenen Wärme. Wir haben ja mit unserer gleichbleibenden Temperatur von 36,5 Grad, außer wenn wir krank sind, einen Ofen in uns, der durch die Welt geht und nicht seine eigene Wärme empfindet, sondern immer die Differenz zwischen der Umwelt-Wärme und der eigenen. Und diese kontinuierlich vorhandene Wärme in uns können wir ansehen als eine Art Plazenta, die in der Wärme der Welt lebt und wirkt; und von ihr geht die Nabelschnur der Atmung in die Welt hinaus und in uns hinein, und so sind eigentlich Wärme und Atmung innigst verbunden.

Dieses Ein- und Ausatmen von Wärme und Luft, das entzündet in uns die Empfindung von Wärme und Kälte; und darin lebt unser Ich. Diese Wärme ist auch seelischer Natur; denn alles, was venöses Blut ist, neigt zur Kälte; was arterielles Blut ist, zur Wärme. Und das bedeutet viel für die Seele, wenn etwas seelisch kühl ist oder wiederum seelisch warm oder feurig wird. Und so finden wir: das Venöse, seelisch gesehen, führt zum Zaudern und zur Feigheit; das Arterielle, seelisch gesehen, zum Mut und Vorwärtsstürmen. Zwischen diesen beiden müssen wir immer leben. Und manche sind noch feiger oder mutiger und das hängt mit der Leibes- und Seelenwärme zusammen. Aber dort, wo Feigheit durch Seelenträgheit bestimmt und Seelenmut im Zufassen zusammenströmt: dort im Herzen, da wird geboren das, was die Menschheit seit alters her begleitet hat in wunderbarer Weise, das ist der Zorn. Da gibt es auch einen roten oder heißen wie auch einen kalten oder weißen Zorn. Und der Zorn begleitet die Menschheit auch jetzt noch immer, leider, aber wir müssen auch sagen: Gott sei Dank! Und zwar dann mit Recht, wenn das Ich zu schwach ist, nach dem Rechten zu sehen und sich Gutes zu erkennen; wenn wir uns dann beginnen zu entflammen darüber, dass einem anderen Menschen Unrecht getan wird, dass man dann zornig wird; aber man darf den Zorn nicht mit Wut verwechseln.

Wenn wir aber einem verkehrswidrig fahrenden Autofahrer ein Schimpfwort an den Kopf werfen, dann hat das nichts mit Zorn, sondern nur mit meiner völligen Undiszipliniertheit der Seele zu tun. Rudolf Steiner hat einmal den Zorn den Erzieher aller auf Erde bestehender Liebe bezeichnet.[12] Fügen Sie das zusammen, was ich gestern über den Gleichgewichtssinn sagen konnte, wie durch ihn die drei Raumesrichtungen in Gleichgewicht fließend erhalten werden, weil wir unser Ich im Gleichgewicht lebend empfinden: dadurch ist dann die Lunge erfüllt von Wärme, die im strömenden, zirkulierenden Blute lebt. Atmend, wärmend, wie durch Plazenta und Nabelschnur mich verbindend mit der äußeren Welt: das ist Wärme.

Nun müssen wir wieder einen großen Schritt machen, wenn wir zum *Hören* kommen und uns wieder völlig verwandeln, ganz neu werden. Dieses Hören kann man vielleicht am ehesten begreifen, wenn man versucht zu verstehen, wie ein tauber oder schwerhöriger Mensch in der Welt steht. Am besten schauen wir auf ein taub geborenes Kind. Wenn da nicht spätestens im 2. oder 3. Lebensjahr mit Sprach- und Hörübungen begonnen wird, wird man später wenig mehr erreichen. Vor 30–40 Jahren hat man noch solche Kinder sich selbst überlassen. Aber durch diese Taubheit bekommt das Kind im Heranwachsen ein ganz bestimmt gerichtetes Seelenleben. Was fehlt einer solchen Seele, die nichts hört? Am besten verstehen und erkennen wir das, wenn man einmal ein Taubstummen-Institut und danach ein Blinden-Institut besucht. Da werden Sie dann den gewaltigen Gegensatz erleben können, den ich Ihnen kurz beschreiben will. In einem Taubstummen-Institut geht es sehr laut zu, da ist das Poltern, das Grobmotorische vorherrschend. Jeder will sich da Platz schaffen für seine eigene Existenz. Im Blinden-Institut geht alles leise vor sich: jeder zieht sich ein wenig vom anderen zurück. Das hängt damit zusammen, dass der Blinde lauscht und der Taube blickt. Aber was heißt das? Dem tauben Menschen ist die Welt des Sehens offen, aber verschlossen das, was durch das Sehende hindurchtönt, was sich aus dem Inneren offenbart. Eine Kuh zum Beispiel, können Sie am Wege sehen, aber wenn Sie ihren Muh-Laut nicht hören können, fehlt Ihnen ein Teil des Kuh-Wesens. Und diese neue Welt des Hörens: ob ein Rad rollt, ein Wind weht, ein Bach rieselt, ein Esel schreit, wenn sie uns verschlossen ist, dann fehlt uns der Hintergrund unserer Existenz. Und so muss ich, durchaus nicht in abwertender Weise, sagen: Ein solch taub geborenes Kind ist ein geborener Materialist, weil er gar nicht anders kann, als nur auf die Oberfläche der Dinge zu achten. Und der Blinde wird wiederum umgekehrt nach innen gedrängt und er lauscht auf die Stimmen und Töne und empfindet so das Wesen der Dinge, während sich ihm das Äußere entzieht.

Es gibt eine Bemerkung Rudolf Steiners, die uns von der Gewalt des Hörens kündet. Er sprach davon, dass noch vor Erschaffung der Welt, das Ohr, geistig gemeint, vorhanden war. Denn wer hätte sonst das Schöpferwort wahrnehmen können? So war die Welt von allem Anfang an Ohr, die Weltenmutter, aus der wir alle stammen und aus der wir alle geworden sind. Und immer mehr und mehr hat sich das verkleinert. Wenn Sie ein äußerliches Ohr anschauen, so ist es doch ein ganz unglaubliches Gebilde. Warum sieht es denn so aus? Mit dieser Form werden wir geboren und müssen sie gleichsam als unsere Petschaft durchs ganze Leben tragen, ohne dass sie sich je ändert. Was ist das eigentlich? Beim genauen Hinsehen erkennen Sie die Form eines Embryos (s. Faksimile 6, S. 176) und der äußere Gehörgang nimmt sich ähnlich aus wie eine zierlich gedrehte Nabelschnur. Wir tragen sozusagen unsere embryonale Gestalt in der Form des äußeren Ohres mit uns herum. Das ist die Petschaft unserer Existenz. – Aber gewisse anatomische Veränderungen im Laufe der Jahrhunderte sind doch beim Ohr zu bemerken. Sie können fast einem Menschen an der Bildung des Ohres ansehen, ob er im 19. oder 20. Jahrhundert geboren ist. Diese Ohrlappen von riesenhaften Ohren stammen von Körpern des 19. Jahrhunderts, die sehen wir heute nicht mehr. Seit 20, 30 Jahren gibt es keine großen Ohrlappen mehr, es ist fast alles angewachsen, weil kein Willenhaftes mehr vorhanden ist. Da ist nicht mehr die Kraft im Embryo enthalten, ein aus dem Ursein herauskommendes Wesen zu sein.

Mit dem Trommelfell, das das äußere Ohr bzw. den Gehörgang abschließt, beginnt das mittlere Ohr. Das ist eine in sich abgeschlossene Höhle, bestehend aus drei kleinen Knöchelchen, den sogenannten: Hammer, Amboss und Steigbügel. Diese drei Gebilde führen indirekt in das innere Ohr hinein. Im inneren Ohr finden Sie ein Schneckengebilde. Könnte man dieses Schneckengebilde durchwandern und zählen, so würde man darin 24.000 kleine Saiten finden, die kleineren unten, die größeren oben. Und jede dieser Saiten hat eine Nervenfaser und über jede dieser Saiten ist eine Art von Doppelbogen oder Säule gebildet. Es ist weder denkbar noch vorstellbar, was sich im Innern des Knochens geformt hat. Ich habe gestern auch davon gesprochen, bei der Entwicklung des Auges, wie sich das Ohr in die Stille zurückzieht, und zwar aus dem einzig triftigen Grund: man kann nur hören in vollkommener Stille, ohne jede Bewegung und Tun. So ist diese Klaviatur von 24.000 Saiten das umfassendste und komplizierte Musikinstrument, das hat sich da hineingezogen in diese Höhle, behütet vor Unruhe durch das mittlere und äußere Ohr. Aber die heutige Ohr-Physiologie krankt noch immer an der idiotischen Vorstellung, dass durch die Schwingungen der Luft, erzeugt von Tönen, Geräuschen, usw. die sich vom äußeren Ohr, Trommelfell, Gehörknöchelchen ins innere Ohr fortsetzen; das Hören zustande kommt. Stellen Sie sich das vor! Dabei ist das Trommelfell so komplex genäht, wie Seide (s. Faksimile 6, S. 176) in den verschiedensten Lagen so gewebt, dass es Hunderte von kreuzförmigen Fäden hat und dahinein sind wieder Hunderte von radialen Fäden versponnen, damit es ja festhält. Und schließlich liegt das Ganze in einem Knochenring, ist da hineingefügt und wird noch gespannt gehalten von den drei Knöchelchen und weiteren Muskelzügen. Das soll durch ein leises Geräusch [klopft auf Pult] sich bewegen können? Das kommt nicht in Frage!

Schauen Sie aber diese drei genauer an, dann finden Sie, dass sie eine deutliche Metamorphose von Hand, Unterarm und Oberarm darstellen. Und nun stellen Sie sich diese drei Knöchelchen in so einer Stellung [macht die Gebärde der Abwehr] an das Trommelfell heran. Das alles dient ja nur dazu, dass ja nichts durch die Luft oder durch Schwingungen da hineinkommen kann. Nun, wie hören wir aber dann? Dies ist nicht so einfach; wenn ich es Ihnen erzähle, reiße ich nur Türen auf, die erst im Laufe von Jahrzehnten und Jahrhunderten durchschritten werden können. Wie wir hören, wissen wir nicht genau, aber wir wissen genau, dass wir nicht hören, wie es die heutige Tonphysiologie noch

22.)

IV. Das Ohr.

Entwickelung des Ohres

Wie hören wir?

Luft – Ton

Das Ohr wehrt ab.

Hören – Bewegen

Licht – Dunkel

Der Ton tritt auf die Schwingungen der Luft

Wie ist es möglich, so viele verschiedene Hör-Eindrücke zur gleichen Zeit zu haben?

Wie ist es überhaupt möglich, eine Melodie, Harmonie zu erfassen?

Zum Raum wird hier die Zeit

Faksimile 6. Aus Königs Vorbereitungsnotizen

glaubt. Nicht in Schwingungen der Longitudinalwellen. Die sollen in uns subjektive Gehörempfindungen auslösen, was aber ein Irrtum ist. Denn nach Ansicht der Gelehrten gibt es ja keine Musik, weil es keine Töne gibt, das ist alles Chimäre! Was aber ist die Wahrheit? Die Töne gehen auf den Wellenbewegungen der Luft, so wie wir auf unserer Erde gehen. Der Ton lebt wohl in den Longitudinalwellen der Luft, aber diese wird ja abgehalten von unserem Ohr, dadurch erhebt sich der Ton und wird wahrgenommen an dieser Klaviatur.

Eine große, noch ungelöste Frage der modernen Tonphysiologie ist jene: Wie ist es möglich, nebeneinander so verschiedene Töne, Laute, Geräusche zu hören? Stellen Sie sich das *Deutsche Requiem* von Brahms vor! Die Fülle des Orchesters, die Stimmen, die Chöre: Alles nehmen Sie zur gleichen Zeit wahr. Nicht einmal diese 24.000 Saiten könnten das fertigbringen. Wie hören Sie? Es ist doch eigentlich so, dass Sie mit dem ganzen Körper hören und das Ohr ist nur ein ganz kleines zentrales Gebilde. Und Sie können es wohl empfinden: Die unteren Töne hören sie mit dem Unterleib, die mittleren Töne in der Brust und die oberen im Kopf. So wird durch das Ohr der ganze Organismus zu einem hörenden Instrument. Wenn es dann im Konzertsaal krächzt und hustet, wenn Stühle knacken, in Partituren geblättert wird, hören Sie das alles. Aber Sie hören unter Umständen auch ein Thema, eine Melodie heraus, können weiteren Gängen von Tönen folgen, hören Fugen kommen und gehen und Themen aufklingen und wieder verklingen ... das ist ja nicht nur so ein einfaches: m-m-m-m-m [summt], sondern es ist ein gewaltiges Tongewoge: dada, dadadi, dadarida. Da haben wir einen Strom von Tönen, Klängen und Lauten. Wie kommt es denn dann plötzlich, dass nicht nur ein Bild gesehen, sondern im Zeitengange ein Ganzes wahrgenommen wird? Was sagt Gurnemanz zu Parzival, als sie zur Gralsburg hinaufschreiten? Mein Sohn, zum Raum wird hier die Zeit! Das ist es. So stehen plötzlich Raum- und Zeitgebilde vor uns, die etwas Neues sind. Das ist der erste Schritt. Wir kommen aber noch weiter, wenn wir nun zu analysieren beginnen das

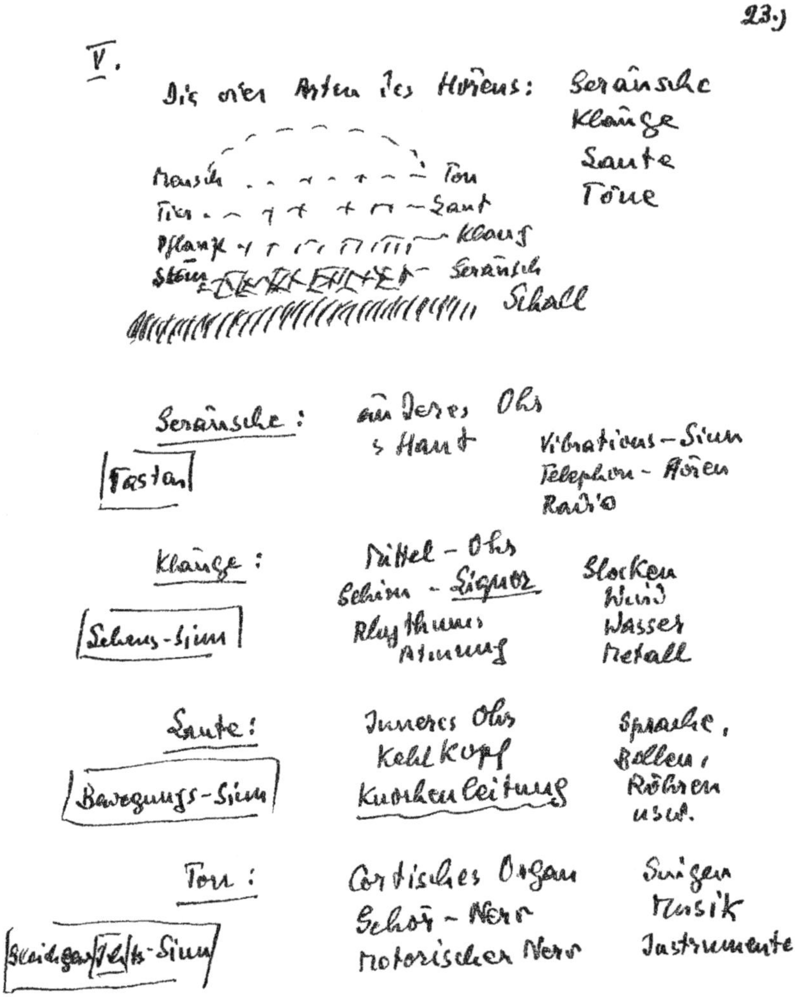
23.)

V.

Die vier Arten des Hörens: Geräusche Klänge Laute Töne

Mensch ... Ton
Tier ... Laut
Pflanze ... Klang
Stein ... Geräusch
Schall

Geräusche: äusseres Ohr
s Haut
Vibrations-Sinn
Telephon-Hören
Radio
Tastsinn

Klänge: Mittel-Ohr
Gehirn-Liquor
Rhythmus
Atmung
Glocken
Wind
Wasser
Metall
Lebens-Sinn

Laute: Inneres Ohr
Kehlkopf
Knochenleitung
Sprache,
Rollen,
Röhren
usw.
Bewegungs-Sinn

Töne: Cortisches Organ
Gehör-Nerv
motorischer Nerv
Singen
Musik
Instrumente
Gleichgewichts-Sinn

Faksimile 7. Aus Königs Vorbereitungsnotizen

ganze Reich der Tonwahrnehmungen. Da finden wir vier verschiedene Gehörwahrnehmungen.

Als unterstes haben wir den *Schall*; als Nächstes kommt das *Geräusch* (s. Zeichnung, Faksimile 7), das aber noch immer etwas Ungeordnetes darstellt. Wenn sich das Geräusch rhythmisch ordnet, kommen wir zum Klang. Wird aber dieser immer mehr innerlich, sodass er das Wesen einer Substanz, eines Dinges offenbaren kann, dann wird er zum *Laut*. Und endlich kommen wir zur höchsten Stufe, zum Ton. Dazu gehören einschließlich aller wirklichen Musikinstrumente auch die von der Syrinx des Vogels und von der Pharynx [Rachenhöhle] des Menschen hervorgebrachte Töne. Für Töne wahrnehmen kommt das Tierreich nicht in Frage, die eignen nur dem Menschen, der allein das cortische Organ vollkommen ausgebildet hat. Das Tier ist nicht taub, aber es kann nur Laute, Klänge und Geräusche wahrnehmen. So kennzeichnet der Ton das Menschliche, der Laut das Tierische, der Klang das Pflanzliche und das Geräusch das Mineralische bzw. den Stein. Und mit vier voneinander verschiedenen Organen hören wir nun diese vier Gehörsabstufungen; wir haben also ein Geräuschorgan, ein Klangorgan, ein Lautorgan und ein Tonorgan. Wir werden das Wirken dieser vier Gehörorgane nur verstehen, wenn wir unsere Vorstellungen über das Ohr dahin erweitern, dass es in seiner Gestalt nur als das Zentrum anzusehen ist, für das, was eigentlich den ganzen Organismus umschließt.

Das äußere Ohr mit dem Gehörgang zusammen und darum die gesamte Haut, das ist das *Geräusch* empfindende Organ. In diesem Sinne spricht man in der heutigen Physiologie, ohne zu wissen warum, vom Tastsinn als einem Vibrationssinn und weist daraufhin, dass taube Menschen mittels dieses Sinnes Musik hören können. Darum halten wir auch die Telefonmuschel ans *äußere* Ohr. Glauben Sie ja nicht, dass wir da mehr hören als nur ein Geräusch, aber weil wir noch höhere Sinne haben, können Sie aus diesem Geräusch Sprache und Worte heraushören. Das ist nichts anderes als Geräusch, sie können es auch Vibrationen nennen.

Dann kommen wir zum *Klang*. Er ist alles, was als Geräusch anfängt, rhythmisch zu werden. Wenn ein Schmied mit seinem Hammer wiederholt auf den Amboss schlägt, wenn ein Klöppel einer Glocke auf den Mantel schlägt, wenn ein Bächlein rieselt: dann wird das alles Klang. Das wird durchs mittlere Ohr wahrgenommen, in der Art, dass dieses Gehörsempfinden durch die Eustachische Röhre weitergeleitet wird in den Rachen, von da über den Kehlkopf bis zur Lunge. Es führt aber auch vom mittleren Ohr eine Verbindung ins innere Ohr hinein, insofern dort die Lymphe ist. Und von dort geht ein kleiner Sack durch die Knochen ins Innere des Schädels und erreicht dort das rhythmisch Strömende des Gehirns und Rückenmarks. Das umspielt dieser Liquor und bewegt sich im gleichen Rhythmus wie der Atem. Geht die Atembewegung nach unten, so haben wir gleichzeitig eine Liquorbewegung nach oben. Das ist der Zusammenhang des mittleren Ohres mit dem strömenden Inhalt des inneren Ohres. So sehen wir: Luft und Wasser im Rhythmus des Atmens im Innern des Menschen zentriert, dort, wo das mittlere Ohr und das innere Ohr sich fügen und entfügen. Das ist der Klang wahrnehmende Organismus in uns.

Nun kommen wir zum dritten Hör-Organismus, zu dem des *Lautes*. Wir wissen ja, wenn eine Kuh muht, der Hund bellt, das Pferd wiehert, so sind das Laute; auch, wenn aus unserem Innern sich etwas seufzend, lächelnd, weinend entbindet. Zum Wahrnehmen ist nicht allein das Ohr da, sondern auch der Kehlkopf und die gesamte Knochenleitung, denn der ganze Schädel liegt ja wie ein gewaltiger Dom überm Ohr und die gesamte Knochenleitung bringt zunächst den Laut an das Ohr heran. Dadurch werden wir aufmerksam auf das, was ein anderer sagt.

Und endlich kommen wir zu den *Tönen*. Das ist so kompliziert, dass ich es kaum wage, es Ihnen vorzutragen. Wir sprachen ja schon von 24.000 Saiten im cortischen Organ, die sich zum 8. Gehirnnerv, aus den einzelnen Nervenendungen heraus zusammenschließen, der sich im Gehirn vor allem mit den heute noch so bezeichneten motorischen Nerven verbindet. Die dann in alle Gliedmaßen hineingehen. Und in hundert Jahren wird es die Welt vielleicht wissen, dass diese sogenannten motorischen Nerven diejenigen sind, die uns die Töne wahrnehmen lassen. Und so ist es verständlich, dass wir Musik nicht nur mit den Ohren hören, sondern uns auch danach bewegen oder tanzen. Das gibt es alles, denn das ist schlafende und wachende Motorik. Man weiß heute in der Physiologie, dass man zu den Gesetzen der Motorik nur durch die Gesetze des Musikalischen kommen kann. Denn jede Bewegung ist im Grunde genommen Musik, ist Sprache oder Gestik. Das ist auch der Grund, warum man überhaupt Eurhythmie machen kann. So haben wir jetzt gesehen, dass beim Wahrnehmen von Geräusch, Klang und Laut sowie beim Ton immer der ganze Mensch beteiligt ist. Sodass der Mensch im Sinne der Alten ein ganz gewaltiges Psalterium ist, gewaltige Instrumente darauf spielen, durch das man sich bewegen und durch das man Töne, Laute, Klänge, usw. hören kann. Und so ist es verständlich, dass eben der Mensch etwas so Gewaltiges wie es eine Sinfonie ist, gleichzeitig hören kann und die Zeit dabei zum Raume machen kann. Das ist die Gewalt des Hörens.

Was sind denn Musikinstrumente eigentlich? Nichts anderes als Metamorphosen von Teilen unserer eigenen Existenz: Schlaginstrumente bringen Klänge hervor, Blasinstrumente Laute und Saiteninstrumente Töne. Geige, Cello und Bass: sie sind nichts anderes als Metamorphosen unseres Nervenpsalteriums, das wir im Gehirn und Rückenmark tragen. Flöte und Oboe: sie sind irgendwo aus der Lunge bzw. aus dem Kehlkopf heraus gestaltet worden.[13] Und so ist der Mensch als Mikrokosmos ein Ausdruck der gewaltigen Schöpferkräfte und daher auch von oben bis unten gleichsam Ohr. Das ist Hören! Da kann man lange mit elektrischen Widerständen Versuche machen und Voltzahlen messen und zählen, das führt doch alles zu nichts und hat mit Musik nichts mehr zu tun.

5. Vortrag

18. Oktober 1963

Nun wollen wir heute noch die letzten drei Sinne besprechen, den Sprachsinn, den Denksinn und den Ichsinn. Das ist ein völlig neues Gebiet, das weder von der Physiologie noch von der Psychologie und der Philosophie erahnbar und erkennbar ist, denn es handelt sich ja auch um etwas Zukunftsweisendes. Allerdings haben sich ja auch einige deutsche Philosophen zu gleicher Zeit, als Dr. Steiner die Sinneslehre konzipierte, Versuche unternommen, wie zum Beispiel Edmund Husserl und Max Scheler, in diese Richtung vorzustoßen. Die Beschäftigung mit diesen drei letzten Sinnen ist deshalb so grundlegend und wichtig, weil es erst durch eine Kenntnis davon möglich ist, die Erziehung und Entwicklung sowohl des normalen wie auch des abnormalen Kindes zu verstehen und in rechter Weise darauf einzuwirken. Ebenso wenig kann ohne Kenntnis dieser drei Sinne von einer wissenschaftlichen Sprachforschung nicht gesprochen werden. Diese Sinne sind bisher nicht anerkannt und gewürdigt worden, weil zunächst für sie keine Organe bekannt sind. Aber Rudolf Steiner wies mehrmals darauf hin, dass diese Organe bekannt sind und auch gefunden werden können. Leider sind auch innerhalb der anthroposophischen Forschung diese Probleme stiefmütterlich behandelt worden; ich selbst verdanke meine Vertiefung in diese drei nur dem Umstande, dass die zurückgebliebenen Kinder durch ihr Leiden uns auf diese Probleme aufmerksam gemacht haben. Wir sind weit davon entfernt, es wirklich zu wissen, aber wir sind auf dem Wege dorthin.

Rudolf Steiner weist oft darauf hin, dass jeder Sinn zwei Seiten hat: auf der einen gibt er uns die Wahrnehmungen, auf der anderen tritt er uns als Organ entgegen. Und so können wir mit Recht abermals fragen: was nehmen wir mit dem Sprachsinn, was mit dem Denksinn und mit dem Ichsinn wahr? Bevor wir darauf näher darauf eingehen, will ich nochmals aufs Hören zurückkommen. Rudolf Steiner hat uns klargemacht, dass es im Grunde genommen drei Sinnesräume gibt: einen Tastraum, einen Sehraum und einen Hörraum. Man kann diese auch mathematisch berechnen und hat gefunden, dass der Sehraum ein Differential und der Hörraum ein Integral ist. Nun, in den Tastraum gehören alle Tastempfindungen, Lebensempfindungen und Eigenbewegungsempfindungen. Diese sind alle durchaus subjektiv und wir können sie mit niemandem teilen. Wie ich meinen Arm, meinen Finger halte, das alles sind vollkommen subjektive Erlebnisse in einem ganz differenzierten Raum.

Mit dem Auge öffnet sich ein neuer Raum. Der Sehraum ist im Grunde genommen ein Bild jener Dreidimensionalität, die aus dem Raume gestaltet und vom Licht erzeugt wird. Innerhalb dieses Raumes riechen und schmecken wir und haben unsere Kälte-Wärme-Empfindungen und darüber können wir mit anderen Menschen in Übereinkunft teilen. Obwohl jeder von uns einen anderen, eigenen Sehraum hat, wird man sich über das Gesehene verständigen können, weil wir zwar nicht Gleiches, aber Ähnliches, das auf Gleiches hinweist, sehen.

Und der dritte Sinnesraum ist der Hörraum. Da haben wir bereits vier Stufen des Hörens kennengelernt; und dieses Hören erleben wir im Dunkel der Nacht, in einer ganz anderen Welt als vorher beim Sehen. Wir sagten ja gestern: Der Blinde lebt hörend in der Nacht, im Dunkel, nur wird diese immer überdeckt von Sinneseindrücken. Aber wir leben und empfinden ja deutlich bei einem Konzert – hier im Hören – in einem Raum-Zeit-Kontinuum, das uns allen gemeinsam ist. In diesem Raum haben wir nicht mehr individuelle Wahrnehmungen, sondern hier bekommen wir plötzlich subjektive Eindrücke. Dadurch wird es möglich, dass aus dem Hören heraus auftreten können die Wahrnehmungen des Sprachsinnes, des Denksinns und des Ichsinns, weil erst hier der Mensch in eine objektive Sphäre einzutreten beginnt. Das ist bisher kaum jemals erlebt und erfahren worden. Das kommt daher, weil wir bis zum Ende des vergangenen Jahrhunderts im Dunkel des ablaufenden Kali-Yuga gelebt haben; denn erst danach konnte das Erwachen zur Objektivität der höheren Sinneserfahrungen eintreten.

Was wir mit dem Sprachsinn, Denksinn und dem Ichsinn erleben, hat Rudolf Steiner in einem Nachrufe für Franz Brentano, das in dem Buch *Von Seelenrätseln* enthalten ist, klargelegt. Dort sagt er, dass beim Hören menschlicher Worte und deren Verstehen als Gedanken eine dreifache Tätigkeit in Betracht kommt. Jedes dieser Glieder muss für sich betrachtet werden. Also außer dem Hören als Tätigkeit ist das *Vernehmen von Worten* als nächste Stufe, und zuletzt das *Erfassen von Gedanken* scharf von der Denktätigkeit zu unterschieden. Daraus ergibt sich für uns: Wir hören Klänge, Geräusche, Töne, Laute, aber Worte nehmen wir wahr. Wir wissen auch unmittelbar, dass das ein Wort ist, das deduzieren wir nicht. Bedenken Sie, auf welche völlig neue Fährte wir da kommen!

Es gibt im kindlichen Alter einen Zustand, wo das Kind taub sein kann für gewisse Obertöne, während das Hören sonst ganz intakt ist. Es hört ein Flugzeug in der Ferne, eine Katze am Boden schleichen, es ist aber völlig taub für das gesprochene Wort. Es kann auch den Unterschied zwischen Geräusch, Ton und Laut und den Worten nicht herausfinden. So sehen wir: Die Welt des *Sprachsinnes* ist die Welt des gesprochenen Wortes. Damit sprechen wir aber etwas Zukünftiges aus.

Nun wollen wir zum *Denksinn* übergehen! In den verschiedenen Sprachen haben Sie verschiedene Bezeichnungen für das gleiche Ding. So heißt der Baum beim Engländer *tree*, beim Deutschen *Baum*, beim Franzosen *arbre* und lateinisch *arbor*. Warum ist das so? Nun, die Deutschen sehen beim Baum als das Wesentliche die Fülle der Krone, das Runde, Umfassende; der Franzose dagegen die Verzweigung, der Engländer den Stamm als das Getriebene. Noch ein Beispiel: Im Deutschen sagen wir *Liebe* und meinen damit, dass dies mit dem Herzen zusammenhängt, beim Franzosen heißt es sehr gefühlvoll *l'amour*! Aber der Engländer sagt nur *love*. Da ist nicht viel dran, wir sind eben in der Bewusstseinsseele. Auch beim *Fenster* im Deutschen ist eine Verbindung zur Umgebung, bei *fenêtre* im Französischen ist etwas schon verschlossen und bei *window* im Englischen ist es schließlich ganz offen. So sehen wir, wie immer diese verschiedenen Bezeichnungen auf ein Gleiches weisen. Wenn ich daher beim Franzosen oder Engländer ein solches Ding charakterisiere, dann kann ich mich auch darüber verständigen. Aber erst der Denksinn gibt mir die Möglichkeit dazu und ich nehme wahr, was hinter dem Kleid der Sprache steckt.

Und der Ichsinn, das ist der Allerinnerste! Da begegne ich ja unmittelbar in der Individualität eines anderen Menschen demjenigen, dem Denken, was kaum mehr aussprechbar ist mit unseren Worten: das vermittelt uns der Ichsinn. Wenn Sie die Entwicklung des kleinen Kindes studieren, dann können Sie auch fragen: Wie kommt überhaupt die Sprachentwicklung zustande? Ende des ersten Jahres beginnt das Kind die ersten zu ihm gesprochenen Worte zu verstehen. Aber wir wissen aus der Erfahrung, dass das Sprachverständnis des normalen Kindes immer einige Schritte voran ist dem eigentlichen Sprechen. Wie kann ein Kind im Alter von 11–12 Monaten, wo es noch fern jeder Gedankenentwicklung ist, ein Wort verstehen? Denn bedenken Sie, das Kind kann noch keinen Entschluss fassen im Sinne eines Urteilsprozesses, weil es diesen Prozess noch nicht hat.

Nun wissen wir ja, dass das Kind im ersten Lebensjahr das Gehen lernt, im zweiten Jahr das Sprechen und im dritten das Denken und dann vollzieht sich im Kinde der gewaltige Augenblick, wo es sich mit dem Wörtchen *Ich* zum ersten Mal benennt. Rudolf Steiner hat diese drei höchsten Sinne als die höchsten Gaben der geistigen Welt an den Menschen bezeichnet. Das Aufrichten des Kindes beginnt ja schon beim Kopfheben und drehen, beim Sitzen; da sehen wir, wie die Aufrichtekraft seines Ich die Schwere überwindet und nun zu wirken beginnt. Wir können beobachten, wie aus der Erbmotorik die erworbene Motorik herausblüht, wie weiter dann aus der Motorik des Kehlkopfes die ersten Worte als Sprache entlassen werden und wie dann im zweiten Lebensjahr sich allmählich dieses Sprechen entfaltet; und wie anhand der Sprache nun das Denken sich zu bilden beginnt. So findet das Kleinkind zwischen dem zweiten und dritten Jahr Beziehungen anhand der Worte, z. B. Mamalöffel, Vatilöffel, Marielöffel – alle Löffel. Da beginnt der Bewegungsprozess im Denken. Das ist alles Entwicklung und darin liegt auch eine Verfeinerung der Motorik, die durch das Bewegen der Gliedmaßen bewirkt wird. Und wenn ich lerne, meine Gliedmaßen zu bewegen, lerne ich aus dieser Gliedmaßenbewegung heraus auch meinen Kehlkopf zu bewegen und dadurch das Sprechen. Anhand des Sprechens lerne ich wiederum die Denkbewegungen zu aktivieren und lerne dadurch wieder das Denken. Wie wir früher gesagt haben: Es muss zuerst ein Ohr da sein, bevor man hören kann, so muss auch zuerst der Sprachsinn entwickelt werden, damit etwas gesprochen werden kann. Aus diesem Sprachsinn entwickelt sich dann das Sprechen und aus diesem wird der Denksinn herausgeboren, wodurch Denkbewegungen möglich werden und aus den Denkbewegungen und dem Denksinn entwickelt sich allmählich als letzter der Ichsinn.

So sind alle drei höchsten Sinne miteinander verbunden, die gehören zusammen. Aber diese drei Sinne weisen eigentlich in die Zukunft. Denken Sie doch, was das heißt! Das Tier macht die Entwicklung der Sinne bis zum Hören mit; dann aber geht es für den Menschen allein weiter. So wird Schritt für Schritt Weg gewonnen, denn Schritt für Schritt werden der Sprachsinn, der Denksinn und der Ichsinn offenbar. Der Mensch wächst aus einem allgemein Verstehenden in ein mehr und mehr differenziertes Wahrnehmen hinein, eines Wahrnehmens der Worte, der Namen, des Sinnens und Denkens hinein. Wenn ein Kind mit groben Händen angefasst wird, Fleisch, Eier und allerlei Zeug – auch Vitamine – zu früh hineingestopft wird, werden sich wohl auch der Sprachsinn, Denksinn und Ichsinn entwickeln, aber sie werden hingerichtet sein auf diese Welt und verloren geht die Eröffnung des Übersinnlichen, in dem wir ja auch dauernd leben.

Jeder Wissenschaftler müsste sich doch einmal fragen: Was sind Worte, Ideen, Gedanken? Und weiter: wie kann ich überhaupt denken?

Denn er baut ja auf sein Denken alles auf. Im Augenblicke, wo man sich seines Denkens wirklich bewusst wird, lebt man schon in der übersinnlichen Welt, die nicht eingeschlossen ist von der Maja der Sinne. Das wissen auch die Wissenschaftler, weil sie ja sonst ihren Denkoperationen nicht vertrauen könnten. Aber sie merken: in dieser Welt der Gedanken lebt etwas ganz Objektives und es lebt dadurch, dass eben ein Denksinn Denkoperationen wahrnehmbar macht.

Nun müssen wir uns ernstlich fragen: wo sind denn die Organe, dieser drei höchsten Sinne? Vorhanden müssen sie sein, denn jeder Sinn hat ein Organ im Physischen. Wenn man ernst nimmt, was ich Ihnen anhand der Entwicklung von Gehen, Sprechen und Denken beim kleinen Kind dargestellt habe und noch die Ergebnisse der modernen Neurologie heranzieht, dann können Sie ahnen, wo diese Sinnesorgane zu finden sind. Wenn das Kind gehen lernt, fängt es auch an, seinen Sprachsinn zu entwickeln. Nun hat man in letzter Zeit wesentliche Entdeckungen gemacht bei Menschen, die Schussverletzungen erlitten hatten. Man kam darauf, dass es nicht ein Sprachzentrum gibt, denn diese Schussverletzungen, wodurch diese Menschen die Sprache verloren hatten, sind nicht in diesem Zentrum aufgetreten, sondern dort, wo man bisher geglaubt hat, dass es die Sphäre der *motorischen Nerven* ist. Dieser Nervenverband, der in alle Muskeln hineingeht und in der Gehirnrinde endet, ist als *Pyramidenbahn* bekannt. Durch die Schussverletzungen ist vor allem das Sprachverständnis ausgelöscht worden, wodurch es zu einer sensorischen Aphasie gekommen ist. Ich kann das Problem nur kurz streifen. Denken Sie einmal (s. Zeichnung, Faksimile 8, S. 188) da oben wäre die Kopfregion, anschließend daran der Rumpf. Nun wirkt die Pyramidenbahn so, wenn hier im Gehirn auf der rechten Seite (roter Strich) Störungen auftreten, sich diese im Rumpf auf der linken Seite auswirken. Auch Untersuchungen Conrads haben ergeben, dass diese gewaltige Bahn nichts mit motorischen Nerven zu tun hat, sondern die Pyramidenbahn das Organ des Sprachsinns ist und als Schattenwurf des Erwerbs des aufrechten Ganges im Kinde zur Ausbildung kommt.[14] Das

V. 29.)

Die Organe der drei höchsten Sinne:

Sehen – Pyramidenbahn – Sprachsinn

Sprechen – Nervus vagus – Denksinn

Denken – Haupt – Ich-Sinn

Leib

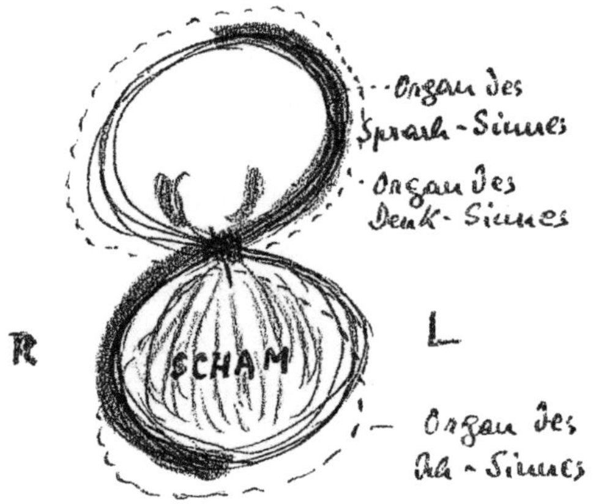

Hier ist wieder: Der ganze Mensch
ein
Träger
des
Wortes

Faksimile 8. Aus Königs Vorbereitungsnotizen

tragen wir in uns in tausendfachen Verästelungen in Arme und Beine hinein.

Einige Monate vor seinem Tode hat ein großer englischer Physiologe, seinen Lieblingsschüler beauftragt, sich mit der *Pyramidenbahn*, die menschlichste aller Nervenverbände, näher zu befassen, weil er erst jetzt darauf gekommen ist, dass sie nicht das ist, wofür wir sie gehalten haben, keinesfalls ein motorischer Nerv. Denn nicht die Nerven, sondern wir selbst bewegen uns. Das wurde auch in einem führenden englischen Zirkel vor 2–3 Jahren veröffentlicht. Das nimmt man nicht ernst, weil es unangenehm ist, es einzugestehen, wenn man nichts anderes dafür hat. Auch in einem zentralen neurologischen Krankenhaus in London hat man aufgrund eingehender Untersuchungen das gleiche Ergebnis gefunden: es gibt keine motorischen Nerven, aber was sie sind, wissen wir nicht! Wenn es auch nicht lehrbuchmäßig und handbuchmäßig erfasst worden ist, allmählich wird es sich schon erweisen.

Etwas Ähnliches haben wir beim Denksinn. Auch da haben wir ein Organ im Körper und ich will Sie auch dahin führen. Schauen Sie, der Kehlkopf wird ja versorgt vom 10. Gehirnnerv, vom Vagus oder herumschweifenden Nerv, den man bisher immer dafür gehalten hat, die Vagotonie zu erzeugen. Aber warum gerade der Nervus vagus dazu ausersehen ist, die Muskulatur des Kehlkopfes zu versorgen? Er ist doch kein motorischer Nerv! Das sind seltsame Dinge. Wenn wir aber wissen, dass der verwandelte Lebenssinn zum Denksinn wird, dann haben wir schon einen wichtigen Hinweis, und da kann man plötzlich erkennen, worauf Rudolf Steiner in einem Vortrag 1916[15] hindeutete: dass dieser Nerv, der scheinbar unnütz alle wichtigen Organe versorgt (Herz, Leber, Uterus, Geschlechtsorgane, Darm), dadurch, dass er das Leben innerlich dämpft, das Denken ermöglicht, dass dadurch Abwehrkräfte verursacht werden, wodurch das Denk-Wahrnehmen entstehen kann.

Es gibt schon diese Organe, wenn man anfängt, neu zu schauen. Nun können wir uns nochmals fragen: Warum schämen wir uns eigentlich? Dann, wenn uns bewusst wird, dass wir Geborene sind, d.h., dass ich ein Sterbender sein werde. Das ist das Geheimnis von Scham und Furcht. Aber das ist doch die Grundlage jenes Denkwahrnehmens, das sich aus dem Lebenssinn heraus als neuer Geistessinn entfaltet. Da haben wir das Zusammenspiel dieser beiden Sinne

Und der Ichsinn? Da sagt uns Rudolf Steiner, dass er als Organ dort zu suchen ist, wo der Kopf als Gestalt mit dem Rumpf eins wird, wo sie zusammenhängen. Da sind also die Formen von Kopf und Rumpf nicht als Funktion, nicht als Substanz gemeint, sondern als Teile eines Ganzen der Gestalt, da ich ein Kopfträger, ein Rumpfträger bin. Das gibt mir das Organ der Ichwahrnehmung des anderen.

Studieren wir nun die Gestalten von Kopf und Rumpf ein wenig genauer, dann finden wir ja, dass unser Kopf dasjenige in uns ist, was in der früheren Inkarnation Rumpf war und nun metamorphosiert in uns ist, und dass wir ebenso im gegenwärtigen Rumpf den Anfang unserer kommenden Inkarnation in uns haben. Dort also, wo sich Vergangenheit unserer Existenz und Zukunft unserer Existenz berühren, wo diese beiden Metamorphosen ineinanderströmen, da wo die Sprache entsteht, dieses alles als Einheit der Form gibt uns das Organ des Ich. Und so können wir jetzt sagen: in diesen drei höchsten Sinnen offenbart sich uns das Schöpfungsgeheimnis: Im Urbeginne war das Wort, und dieses Wort hat uns so gestaltet, dass es in uns Form geworden ist, dass es Wahrheit geworden ist und dass wir Wortträger sein dürfen. Das ist Physiologie, das ist aber auch Psychologie. Denn dadurch durchdringt sich dasjenige, was der Fleiß der Wissenschaftler an Phänomenen enthüllt hat mit dem, was als Wahrheit durch die Welt hindurchwirkt. Deshalb hat Rudolf Steiner die Sinneslehre immer wieder als die Grundlage der Anthroposophie bezeichnet. Darauf müssen wir bauen, denn das ist ja anthroposophische Anthropologie, weil wir in ihr uns erst als Sinneswesen und als Geistwesen zu erfassen beginnen.

Ich möchte Ihnen zum Schluss noch die zwölf Sinne darstellen, angeordnet im Sinneskreis, der dem Tierkreis nachgebildet ist (s. Faksimi-

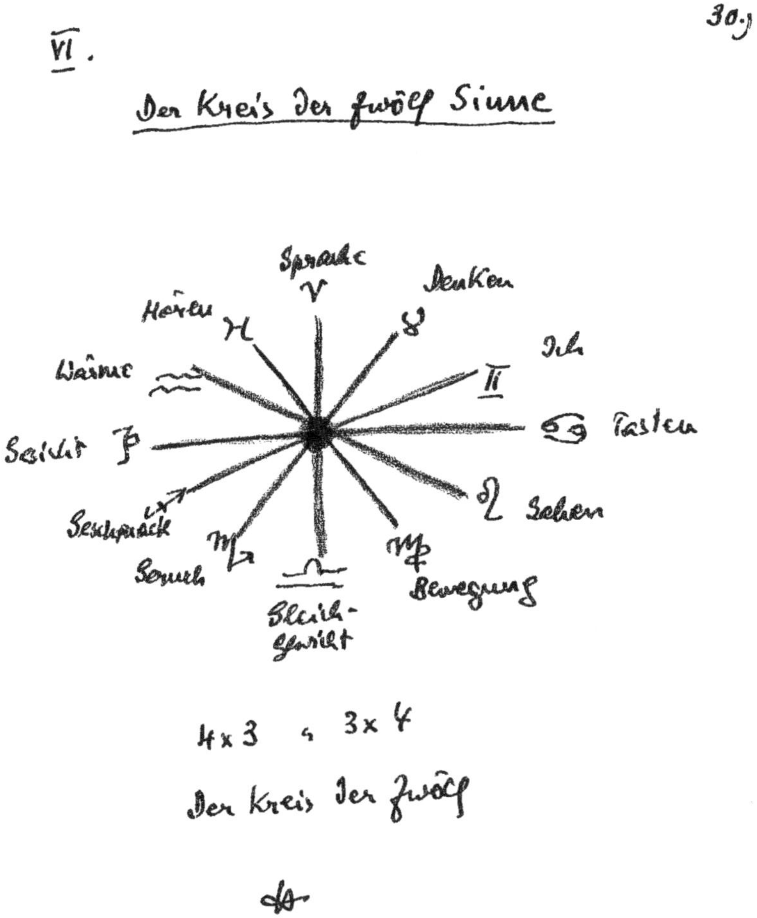

Faksimile 9. Aus Königs Vorbereitungsnotizen

le 9). Wenn wir uns nun den Tierkreis aufzeichnen und Horizontale und Senkrechte dazu, dann beginnen wir oben am Scheitel mit dem Widder, dem der Sprachsinn zugeordnet ist. Es geht weiter rechts mit dem Stier, mit dem Denksinn, den Zwillingen und dem Ichsinn. Da haben wir also die drei höchsten Sinne eingeordnet. Nun kommen wir zur Horizontalen mit dem Zeichen des Krebses, wo wir den Tastsinn finden, mit dem wir die Sinneslehre begonnen haben. Weiter folgt der Lebenssinn im Zeichen des Löwen, der Eigenbewegungssinn im Zeichen der Jungfrau und endlich ganz unten die Waage mit dem Gleichgewichtssinn. Nun kommen wir zu den mittleren Sinnen: und zwar Riechen verbunden mit dem Skorpion, Schmecken mit dem Schützen und, wieder die Horizontale erreichend, das Sehen im Zeichen des Steinbocks. Wir können uns vorstellen, wie der Steinbock da hinaufklettert und oben in die Weiten blickt. Schließlich sind noch der Wärmesinn mit dem Wassermann und der Hörsinn mit den Fischen zu erwähnen, womit wir wieder am Ausgangspunkt angelangt sind. Wenn wir das Ganze überschauen, so merken wir, wie die Welt im Menschen wirkt und wie der Mensch wiederum in ihr wirksam ist.[16]

Nun können wir mit dieser Skala anfangen anthropologisch zu musizieren! Dann werden Sie finden, wie das Hören und der Bewegungssinn miteinander zu tun haben und warum manche Menschen gewisse andere nicht *riechen* oder *schmecken* können. Dann erkennen Sie, wie Tastsinn und Sehen Polaritäten sind und der Gleichgewichtssinn mit dem Sprachsinn zusammenhängt. Nehmen Sie das als Meditationszettel mit nach Hause.

Aber jetzt möchte ich Ihnen raten, nicht damit herumzuspielen, sondern es anzuschauen und langsam in sich werden zu lassen. Man soll nicht die anderen damit beurteilen, sondern sich selbst. Dann wird die Grundlage der Anthroposophie in uns selbst sich zu entfalten beginnen. Das kann man nicht mit dem Denken alles lösen, da muss das Herz mitsprechen und muss erfüllt sein mit Hingabe, Glaube und Liebe. Denn Erkenntnis ist nur möglich, wenn sie erfüllt ist mit dem Sichbeugen vor dem Wunder und wenn sie mit dem liebenden Ich in die Knie geht vor der Gewalt und der Gnade der Schöpfung! Vielleicht haben wir ein Stück davon erlebt, und ich konnte es Ihnen begreiflich machen.

Fragenbeantwortung

20. Oktober 1963

«Wieso ist das Auge das Organ unserer Zeitepoche? Wie hängen Kurz- und Weitsichtigkeit als Zeiterscheinungen bzw. die starke Zunahme bei Jugendlichen mit unserer Zeit zusammen?»

Zu der Frage: Das Auge als Organ unserer Zeitepoche, wie ich es selbst so in meinen Ausführungen bezeichnet habe, dazu ist Folgendes zu sagen: Unsere Augen sind ja noch in der Epoche gestaltet worden, die wir das Finstere Zeitalter nennen und die 5.000 Jahre von 3101 v. Christi bis 1899 n. Chr. gedauert hat. Im Laufe dieser Zeit ist das Auge mehr und mehr das Organ geworden, das uns die Maja dieser Welt eröffnet hat. Aber früher war das ja ganz anders. Zu Beginn des Zeitalters war es noch so, dass kein so großer Unterschied war zwischen Schlafen und Wachen, wie es jetzt der Fall ist. Jene Menschen hatten in Träumen noch eine Verbindung mit dem Übersinnlichen und diese Erlebnisse spielten auch stark in das Tagwachen hinein. Da konnte das Auge naturgemäß kein so äußerliches Organ sein, wie es dann mehr und mehr geworden ist. Wenn heute die Menschen von der Welt reden, dann meinen sie nur diese, die ihn umgebende Außenwelt.

Damit hängt aber auch zusammen das Problem der Kurz- und Weitsichtigkeit, das ja auch mit dem Problem des Karma verknüpft worden ist. Karma ist eigentlich alles, und so sind kurzsichtige Menschen einerseits Träger eines persönlichen Karmas, aber andrerseits wiederum auch Träger eines allgemeinen Karmas.

Wenn sich jetzt so entsetzliche Katastrophen abspielen, wie jene vor Kurzem im Piavetal[17], dann darf man nicht glauben, alle diese Menschen, die da zugrunde gegangen sind, wären für diesen schicksalhaften Tod bestimmt gewesen. Das ist nicht der Fall, sondern da hat Zeitenschicksal hereingewirkt und es wurde dadurch das persönliche Schicksal für ein bis zwei Inkarnationen zurückgestellt, damit sich ein Menschheitskarma vollziehen und erfüllen konnte. Bei den Contergan-Kindern, die zu Tausenden in Mitteleuropa geboren wurden, ist es nicht anders.[18] Hätten die Mütter nicht dieses Mittel genommen, so würden ohne Zweifel die Kinder mit normalen Gliedmaßen geboren worden sein. Diesen Kindern war das nicht möglich, und so nahmen sie ein notwendiges Zeitenkarma auf sich. Ich erwähne das, damit Sie lernen zu unterscheiden zwischen einem persönlichen Karma eines Menschen und einem Zeitenkarma, das er auf sich nimmt. Die Christuswesenheit wirkt sich darin aus, dass sie das Menschheitsschicksal auf sich nimmt, niemals aber das persönliche Karma eines Menschen, das wäre ja ganz und gar unchristlich. Dadurch haben die Menschen eben die Möglichkeit, das persönliche Karma abzutragen bzw. zu verwandeln.

So müssen wir auch die Kurz- und Weitsichtigkeit anschauen. Interessant ist es da, dass viele Kinder in der Schule kurzsichtig sind und diese auch Plattfüße haben. Unser Freund Kolisko[19] sagte deshalb einmal, dass die Brillen nichts anderes sind als die Plattfußeinlagen der Augen, man kann das ja auch umgekehrt sagen. Die Weitsichtigkeit bei Erwachsenen und Kindern ist bedingt dadurch, dass diese durch ihre Veranlagung in die Weite schauen und suchen und zu dem Nächstliegenden doch sehr wenig Verhältnis haben. So ist man nicht weitsichtig, weil der Augapfel (Linse) zu wenig gekrümmt ist, sondern weil der alternde Mensch über das Naheliegende hinwegsieht und schon darübersteht. Ein kurzsichtiger Mensch ist derjenige, dessen Verstand nur bis zur Eintragung ins Kontobuch reicht. Aber alles andere, was in die Ferne geht, gilt nicht für ihn. Sie werden merken, dass ein Neugeborener immer weitsichtig ist und dass erst allmählich, in den ersten drei Lebensjahren, sich die richtige Funktion des Auges einstellt, sodass nun die Fixation erst möglich wird. Wenn ein Kind in seiner inneren Aktivität zu sehr beschränkt wird, dann wird es Stück für Stück kurzsichtig. Das ist ja die Tendenz unserer Zeit, viel zu sehr das Kind mit Gedächtnisstoff zu belasten und so schnell wie möglich aus dem Kind einen Erwachsenen zu machen. Diese Kurzsichtigkeit, die das Kind dadurch bekommt, ist eine solche, die aus dem Denken unserer Zeit heraus entstanden ist, die als eine Zeiterscheinung zu werten ist.

Eine weitere Frage ist: «Hat der Nervus vagus mehr die Tendenz zur Leichte und der Nervus sympathikus mehr die Tendenz zur Schwere?»

Mit ein wenig Nachgiebigkeit könnte man sagen: Es ist etwas dran! Aber das Wesentliche im Unterschied dieser beiden Nerven trifft man mit dieser Aussage nicht, sondern dann, wenn man sagt: Die Verlangsamung aller wichtigen Lebensvorgänge und die Beschleunigung hängen mit der Wirksamkeit dieser beiden Nerven zusammen. Was heißt das? Darf ich mich jetzt anthroposophisch ausdrücken? Der Ätherleib im Menschen ist das aufbauende Prinzip: das Leben-Schaffende, das Bildende, das rhythmisch Wirkende. Es ist das, was den Menschen mit den Weltenweiten verbindet. Mit all diesen Tendenzen hängt der Nervus vagus zusammen. Er ist der letzte Rest des Lebensbaumes, der uns geblieben ist. Der Nervus sympathikus dagegen ist dort wirksam, wo gerade das Gegenteil der aufbauenden, der tragenden Kräfte wirkt, also alle Kräfte, die mit den Abbau-Tendenzen zu tun haben, die erregenden, die Unruhe schaffenden Kräfte. Damit hängt ja auch die Überaktivität der Schilddrüse zusammen. Das sind Menschen, die es nicht mehr fertigbringen, zu rasten, nicht mehr richtig schlafen können und dadurch ununterbrochen in Erregung sind. Aber alle diese Anzeichen deuten darauf hin, dass der Astralleib zu sehr aktiviert ist. Gerade dadurch wird wieder das Ich-Bewusstsein wach.

Anhang

Course on Differential Diagnosis[1]

Donegal, Pennsylvania, 13./15. Juli 1962 (Hörernotizen)

13. Juli 1962

Liebe Freunde,
nach meinem letzten Besuch in den Vereinigten Staaten wurde ich erst deutlich mit dem Problem von Kindern mit psychischen Störungen, traumatisierten Kindern konfrontiert.

Wir haben uns damit beschäftigt und versucht, unseren geisteswissenschaftlichen Erfahrungsschatz zur Verfügung zu stellen, und wissen, dass ein enger Zusammenhang mit den oberen Sinnen in Betracht kommt.

Wir widmeten eine ganze Tagung diesen Fragen – über Kontaktstörungen –, doch hatten wir den Eindruck, dass wir dem Eigentlichen noch nicht nah genug gekommen sind.

Dann sollte ich in London einen Vortrag über psychische Erkrankungen geben, und damit ist mir anfänglich klarer geworden, dass wir nicht nur *einen* Prozess der Inkarnation nach der Geburt und in der weiteren kindlichen Entwicklung betrachten dürfen, sondern mindestens *zwei* Prozesse. Zunächst handelt es sich um einen Prozess in Verbindung mit dem Individuum – also mit dem höheren Ich, das zwar von Inkarnation zu Inkarnation zieht, dennoch nicht selbst in das Erdenleben eintritt.

Dann aber, geht das Individuum in zwei verschiedene Richtungen:

1. Ergreift es die Leibesnatur (die Hüllen, die aus der Embryonalzeit stammen)
2. Ergreift es die Umwelt (Prozess der Inkarnation)

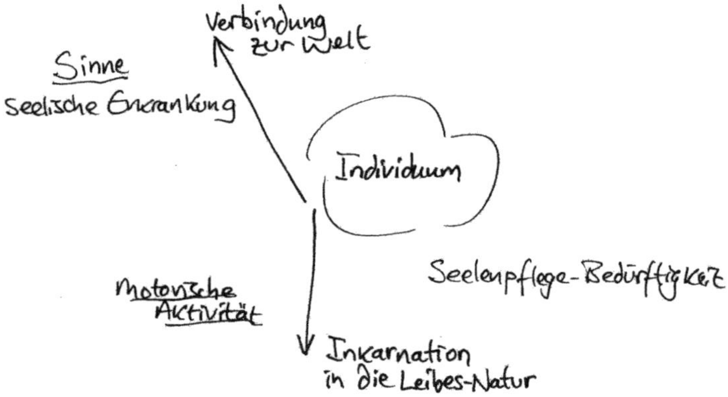

Es werden zwei Kinder vorgestellt:

1. *Christine G.* hat eine Behinderung: Die motorische Entwicklung – bis ins Physische hinein – ist nicht altersgemäß vor sich gegangen.

2. *Michael S.*: Es wird zwar von der Diagnose her Autismus festgestellt, doch steht im Vordergrund, dass die Sinnesprozesse gestört sind. Man kann hier von einer seelischen Erkrankung sprechen.

Rudolf Steiner hat den Prozess genau beschrieben, wie wir uns mit unserer Leibesnatur identifizieren. Diese Stufen habe ich in *Die ersten drei Jahre des Kindes*[2] dargestellt:

Im 1. Jahr Gehen
Im 2. Jahr Sprechen
Im 3. Jahr Denken

Das ist gewissermaßen alles eine «motorische» Entwicklung.
1. Die Stufen des Gehenlernens
Erste Stufe ist erreicht: Das Kind hebt den Kopf
Zweite Stufe: Das Kind setzt sich auf
Dritte Stufe: Das Kind «wächst hinunter» in die Beine und Füße und erlangt die Aufrechte

Das Individuum ergreift zuerst den Kopf und verbindet sich von dort aus mit der Wärme des Leibes. Es ist diese Wärme, die das Brot des Gehirns und der Nerven bäckt und somit einen neuen Impuls der Ergreifung des Leibes ermöglicht.
Der *erste Ausdruck der menschlichen Persönlichkeit* kommt mit dem Gehen.
Persönlichkeit: PerSONare. Die Sohneskräfte tönen durch den Leib.

Dann setzt der Prozess neu an (setzt sich nicht einfach fort):
Der *zweite Ausdruck der motorischen Inkarnation ist eine motorische Vibration.*
Der Ätherleib ist mit Luft durchdrungen. Eine Aktivität der Mundmuskeln setzt ein.

Dann setzt der Prozess wieder neu ein:
Der *dritte Ausdruck: Denkbewegung im Astralischen* (auch wenn man es damit schwer haben mag!).

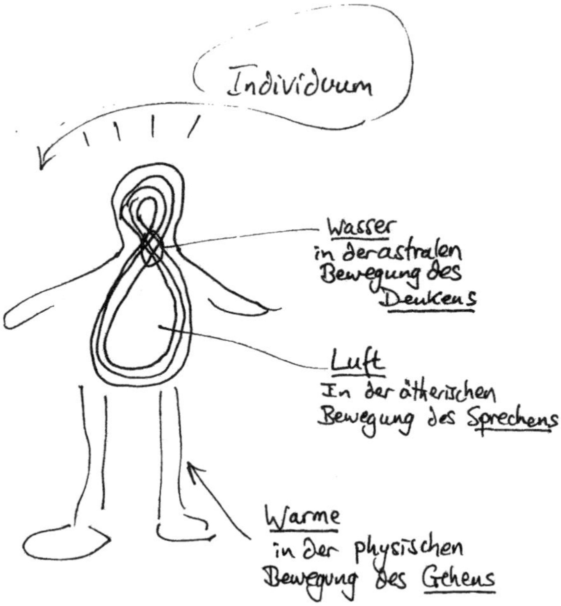

Mit dem motorischen Aspekt alleine von
Gehen
Sprechen
Denken
hätten wir noch keine Möglichkeit, die Welt zu be-/ergreifen –
Wir würden nur wissen, ich bin mit meiner körperlichen Natur identisch.

Mit dem Gehen entwickelt sich der Wortsinn.
Mit dem Erlangen des Sprechens, der Denksinn.
Mit dem Erlangen des Denkens, der Ichsinn.

Diese sind *Sinne* und bedeuten nichts, wenn nicht von einem Ich ergriffen.

In seinem Buch *Wesen und Formen der Sympathie* (1923) hat Max Scheler die seelische Situation des Neugeborenen beschrieben. Er sagt, dass das Kind schon alles mitbekommt, was um es herum geschieht, nur in allgemeiner Form; es sieht nicht Haare, Augen, Nasen und so weiter, sondern den Ausdruck … das Lächeln. Schritt für Schritt verlieren wir dieses umfassende Auffassungsvermögen des Ausdrucks der Welt, bis wir dann in der Schulzeit beginnen, die Einzelheiten als Tatsachen kennenzulernen.

Durch unser Leben in dieser Welt beginnen wir allmählich, Namen zu begreifen … das Wort zu verstehen … das Verhältnis der Dinge zueinander … bis diese Welt uns zu einem Alltagsobjekt wird.

Wir haben manche Kinder zu betreuen, die gehen, sprechen und denken gelernt haben, und dennoch ist die Integration in die Welt hinein so gestört, dass sie darinnen stehen wie in der Fremde, ohne Kontakt zur Welt der Mitmenschen.

Es gibt zwei Wege der Einweihung:
Der Angst-Pol … zur Welt
Der Scham-Pol … zum Körper.

Jede Inkarnation ist eine Einweihung in das Leben hinein.

Das, was im 2. Lebensjahr die Geburt des motorischen Teils der Sprache ist, ist im 7. Lebensjahr die Geburt des Ätherleibes.
Ebenso mit der Geburt der Denkbewegung, was sich im 14. Lebensjahr mit der Geburt des Astralleibes spiegelt.

Die drei Schritte der Entwicklung der höheren Sinne sind also:
Wortsinn ... anhand der Gestalt.
Denksinn ... bei dem das Kind beginnt, Worte als einzelne Gefäße herauszuhören, die das Verständnis mitbringen.
Ichsinn ... bei dem der Mensch immer mehr das Individuelle der Dinge wahrzunehmen beginnt, bis er schließlich das eigene Ich erfasst.

Nun müssen diese beiden Schritte zusammenkommen:
Das Erleben der Ganzheit – und die Differenzierung bis dahin, dass das Ich wahrgenommen wird.

Die vier unteren Sinne sind besonders in Zusammenhang von Behinderung zu sehen, die oberen Sinne mehr mit seelischer Erkrankung.

Am Altar steht der linke Helfer für seelisch Kranke, der rechte für Seelenpflege.

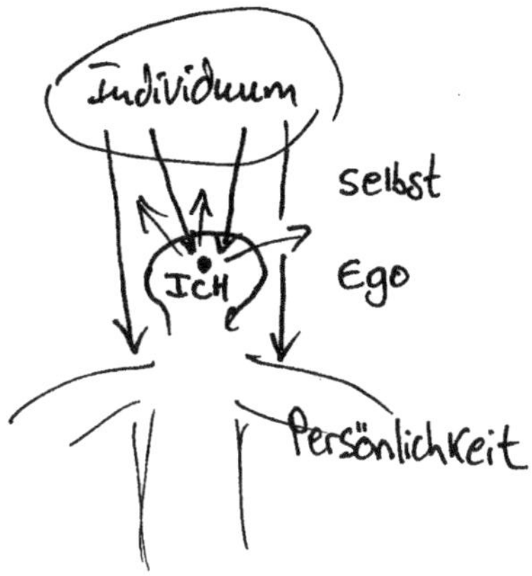

15. Juli 1962

Liebe Freunde,
lasst uns versuchen, etwas mehr über die Entwicklung des menschlichen Wesens zu verstehen. Es gibt eigentlich kaum einen Menschen, der nicht in irgendeiner Weise mit seelischer Erkrankung oder Behinderung zu tun hat; nur wegen der Differenzierung der Betrachtung stellen wir sie getrennt dar. Damit stehen wir am Anfang, und es wird sehr wichtig sein, unseren Weg durch die Erscheinungsformen der Symptome hindurch zu finden … ich habe lediglich versucht, eine gewisse Ordnung der Symptome zu schaffen. Wir befinden uns heute in einer zunehmenden Wertekrise, und es ist eine vordringliche Aufgabe, wo immer möglich, Ordnung darinnen zu schaffen.

In Zusammenhang mit den drei motorischen Errungenschaften – Gehen, Sprechen, Denken, wenn sie nicht ordentlich vor sich gehen, führen sie zu Behinderungen – Seelenpflege-Bedürftigkeit.

Wenn die oberen Sinne sich nicht richtig entwickeln, führt es zur seelischen Erkrankung.

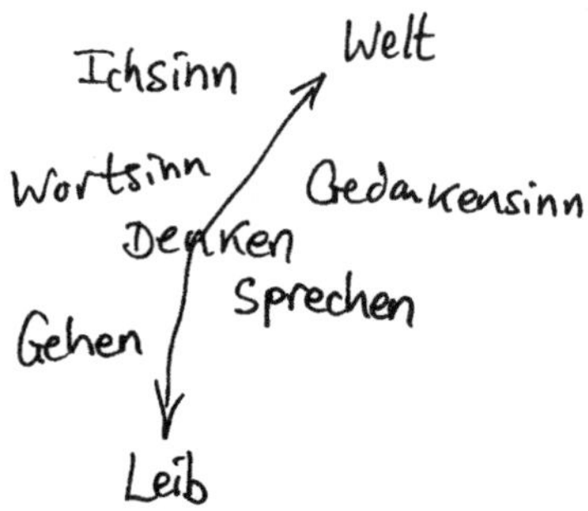

Nun kommen wir zu unserer Hauptfrage:
Das Kind ergreift seine Leiblichkeit, indem es das Gefäß, das ihm bereitet wurde – durch die Eltern, durch die ganze Welt –, mit den Kräften seiner Individualität durchdringt …

Nun muss es sich dies durch die Kraft seiner Persönlichkeit zu eigen machen, die sich innerhalb dieser Leiblichkeit «realisiert» und sich ausdrückt.

Dann lernt es, durch einen zweifachen Prozess von «Offenbaren … oder Erkennen und Besitzen», zwischen sich und der Welt zu differenzieren.

Der Prozess des Erkennens … kommt nicht dadurch, dass der Mensch sich selbst ist, wie der Leib seins ist … sondern durch ein im Kennen-Sein.

Der Prozess des Besitzens: … Wir können den Leib ergreifen UND die Welt verstehen und dennoch nicht in sie integriert sein!

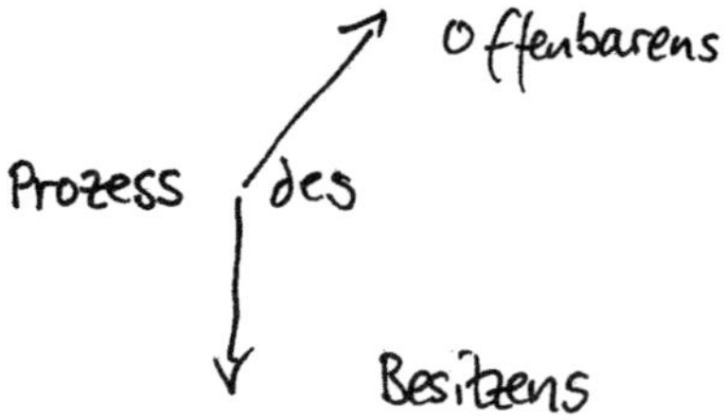

Was also ist Kontakt?

Das Gehen wird im ersten Lebensjahr erworben, aber etwas kommt noch hinzu; wie können wir das verstehen? Was ist es, was uns in die Lage versetzt, dass wir innere – oder auch äußere – Ziele verfolgen und erreichen können? Der Leib ist eine funktionale Einheit geworden.

Wenn das Kind noch vor sich hinstolpert, ist der Leib noch keine funktionale Einheit. Bei Robert T. zum Beispiel [ein Kind, das König am Vortag hat vorstellen lassen] ist der Leib nicht eine funktionale Einheit. Er hat Gleichgewicht, kann springen, tanzen, aber die Schwerkräfte sind nicht eingegliedert worden, und so hat er die Aufrichte noch nicht erlangt.

Ein Vogel ist eine funktionale Einheit, wenn er abhebt und zu fliegen beginnt.

Wir müssen begreifen lernen, dass es dank der funktionalen Einheit unseres Körpers so ist, dass wir einem Ziel folgen können. Ist dies nicht der Fall, entstehen bizarre Bewegungsformen und dergleichen.

Was hat dies mit dem Wortsinn zu tun? Wir müssen fragen, warum es so ist, dass der Wortsinn durch die Bewegungsentwicklung mit etabliert wird – wenn wir gehen lernen und uns in der Welt bewegen. Wir erkennen, dass auch die Welt eine funktionale Einheit ist.

Im Etablieren der funktionalen Einheit des Körpers, entsteht die Möglichkeit, die Welt als funktionale Einheit zu begreifen, und somit ist ein neues Wahrnehmungsvermögen für das Kind entstanden.

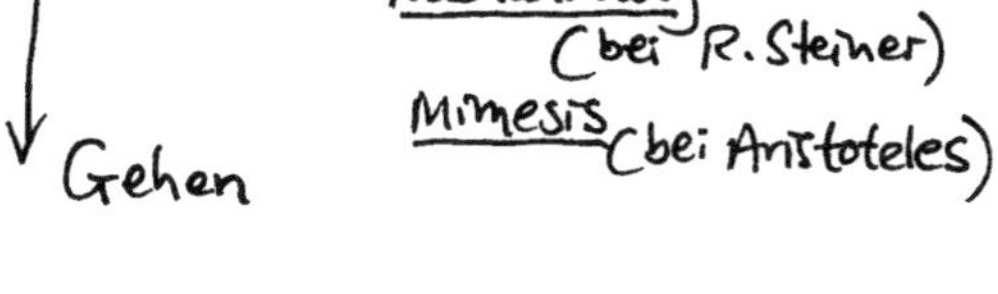

Unser Körper wird zur Einheit, die Welt wird zur Vielfalt. Beide durchdringen sich.

Das Kind, dessen Körper hineinintegriert ist in die Welt, offenbart sich im zweiten Lebensjahr durch das Sprechen als sinnerfüllt.

Aristoteles beschreibt den Menschen als imitierendes Wesen. Die Möglichkeit der «Mimesis» [Nachahmung] ist eine Grundeigenschaft des menschlichen Wesens. Es entsteht da, wo der Körper zu einer funktionalen Einheit geworden ist, die die Aufrichte erlangt hat. Dies ist die Grundlage für jegliche Heilpädagogik.

Wenn man ein Kind mit Autismus anschaut, sieht man, dass Mimesis nicht zustande gekommen ist ... Das führt zu Isolation, in der Familie, im Raum. Es bewegt sich mit nicht zielgerichteten, fixierten Bewegungen. Es bewegt sich ziellos fort.

Nachahmung ist nicht ein bewusster Prozess. Es benutzt das ganze Muskelsystem als Instrument, auf dem es spielt. Die funktionale Einheit, die entstanden ist, spiegelt unmittelbar von sich aus alles, mehr und mehr dasjenige, was sich um das Kind herum abspielt ...

Auf diesem Wege zieht in den Menschen aber auch das Moralische ein.

Die funktionale Einheit des Muskelsystems – von den Ohren abwärts – ist die Nachahmungsleiblichkeit.

Wenn man einen Säugling anlächelt, beginnt er auch zu lächeln, wie eine Knospe – wie die Knospe der ganzen Nachahmung. Wenn dies sich nicht entwickelt oder gänzlich zusammenbricht nach dem ersten Lebensjahr, entsteht autistisches Verhalten. Diese «Knospe», die mit dem Mund beginnt, erhebt den Menschen zum wirklichen Menschen.

Nachahmung ist der Prozess, der dem Kontakt zugrunde liegt.

Man kann es an sich beobachten, wie Nachahmungsprozesse steigen und abebben. Das hängt allerdings etwas von der Erziehung und dem Temperament ab ... Beim Fußballspiel zum Beispiel – wenn wir ganz davon eingenommen werden – wird unser Fuß unwillkürlich partizipieren. Normalerweise muss man sich nicht bewegen – das kann man noch unterdrücken.

Zeichensprache für Taubstumme zum Beispiel gehört auch zum Prozess der Nachahmung. Durch die Sprache wird die Nachahmung nach und nach überwunden ... Das Muskelsystem erhebt sich in den Bereich des Klangs zum Benennen, und somit wird die Geste oder Nachahmung unnötig.

Jedes Wort, welcher Art auch immer ... ist eine Frucht. In dieser Frucht sind Samen verborgen, sie sind versteckt in der Frucht.

Die Frucht ist das Wort ... der Same ist die Idee ... der Begriff, die Individualität des Objekts oder der Person. Und mit dieser *Bedeutung*, mit dem *Sinn* des Objekts erwacht der Sinn der Gedanken, der Denksinn.

Nachahmung wirkt hauptsächlich während der ersten sieben Jahre:

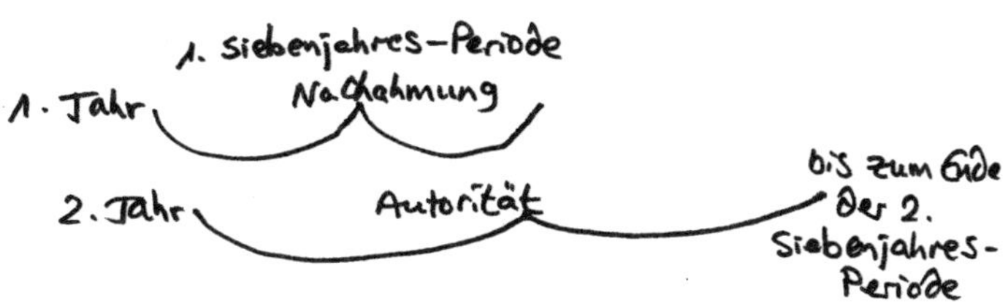

Die Autorität hat viel mit dem Sprechen und mit der Entwicklung des Denksinns zu tun. Wenn das Kind ins Schulalter kommt, steigt es von der Nachahmung zu der Haltung auf, die wir in uns tragen und dem Kind vermitteln können … In diesem Sinne ist der Lehrer der Mikrokosmos aller Früchte der Welt. Er trägt die Früchte in sich, doch sie können nur vom Kind wirklich aufgenommen werden, wenn das Kind in einem bestimmten Sinne die wahre Autorität erlebt. Durch den Lehrer kann das Kind die Früchte aufbrechen und gelangt vom Wort zu den Begriffen, zu den Ideen, Individualitäten … der ganzen Welt.

In dieser Weise schafft diese spirituell bedeutende Erfahrung des göttlichen Hintergrundes der Schöpfung den zweiten Schritt: der des Kontakts.

Der *Sinnes*aspekt des Sprechens … führt zum Lesenlernen.
Der *motorische* Aspekt des Sprechens … führt zum Schreibenlernen.

Dann kommen wir zum dritten Schritt:

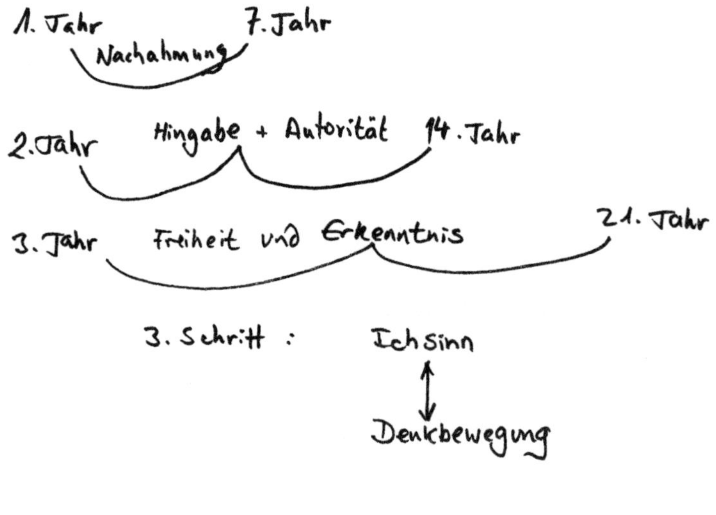

Was geschieht im Kind, wenn es die ersten Denkbewegungen machen kann?

Es beginnt, Geschehen oder Dinge miteinander in ein Verhältnis zu setzen.

Ein großer Hund ... heißt «Mama»,

ein kleiner Hund heißt ... «Ich»,

weil das gleiche Zwischenverhältnis erlebt wird. Hunderte solcher Verhältnisse bestehen in Zeit und Raum um uns herum. Das Bild aber, diese erste Denkbewegung, kann nur erlangt werden, wenn die Zwischenverhältnisse geknüpft werden. Alles, was wir lernen, auch im späteren Leben, beruht auf dieser Tätigkeit, einfach im Verstehen der Verhältnisse zwischen Dingen, zwischen Wesen.

Um die Zeit der Pubertät müsste das Kind entdecken können, dass Ideen und Ideale nicht nur statisch, sondern mit aktiver geistiger Potenzialität begabt sind.

Welche Idee wir auch immer finden, dahinter steht ein Ich-Wesen. Hinter jedem Vogel steht eine Gruppenseele; hinter jeder Pflanze auch eine Gruppenseele. Hinter jedem Haus steht ein Architekt. Und indem wir dies begreifen lernen, können wir allmählich die kosmische Intelligenz erfassen; die aktive Ordnung des Seinsgehalts der Welt.

Dass ein junger Mensch dies erfahren kann – ob bewusst oder unbewusst –, das kann nur aus Freiheit und aus dem Erkennen der mir fremden Individualität heraus entstehen.

Mit 21 Jahren müssten wir durch die Erziehung das erreichen können, auf das Leibnitz [mit der Monadologie] hinweist mit den Worten: «Die Welt ist nichts anderes als eine Vielfalt von Monaden!» Nur kommt dies nicht zustande, weil wir so geistig zerstückelt sind und uns dagegen auflehnen müssen.

Fragenbeantwortung:

Was kann dazu führen, dass die Nachahmung zusammenbricht?

1. Ein Schock innerhalb der Schwangerschaft oder in früher Kindheit.
2. Das Selbstbewusstsein.

Beides hat mit Bewusstsein zu tun: Ein Embryo kann im 7. oder 8. Monat im Mutterleib zum Tagesbewusstsein – in die Dunkelheit und in die es umgebende Wasser hinein – geweckt werden und einen Schock erleiden.

Hier liegt eine wirkliche Ursache der kindlichen Schizophrenie.

[Im Weiteren wurden keine Fragen, sondern nur die Antworten notiert]

Philosophie ist die Basis einer weit genug verstandenen Heilpädagogik.

Heute werden vielfach Maschinen nachgemacht anstelle der Nachahmung ... «Auto» ist oft das erste Wort, statt «Mama».

Hyperaktivität bei Postenzephalitis kommt dadurch zustande, dass statt einer Einordnung in die Verhältnisse der Umwelt, die inneren Triebe und Bewegungen überstark werden.

[Zu einer Frage über das dritte Lebensjahr]:
Es war gar nicht vorgesehen, dass der Mensch sprechen sollte, nur dass er mit dem 21. Lebensjahr sein eigenes Ich ertönen lassen sollte.

Tagebuchnotizen der Reise nach Wien, 1963[1]

Eine «biographische Illustration» zu den Vorträgen «Die zwölf Sinne des Menschen»

Karl König bezog das neu gebaute Birkenhaus in der Camphill-Schulgemeinschaft Brachenreuthe am 26. September 1963 zunächst nur provisorisch. Der endgültige Einzug war dann im Februar 1964 geplant. Zu Michaeli wurde eine kleine interne Feier für die Eröffnung des Kinderdorfes in Föhrenbühl ausgerichtet, und am Abend hielt König seinen «ersten Vortrag in dem neuen Saal»: *Die Menschheit an der Schwelle*. Nach einigen Besuchen – bei der Witwe des gerade verstorbenen Freundes Eberhard Schickler, bei Verlegern in Stuttgart und Donaueschingen sowie einem Vortrag in Pforzheim – reiste er mit dem Zug nach Wien weiter. Aus dem Tagebuch wird deutlich, wie bedeutsam diese Reise für Karl König war: Das Gefühl der alten Heimat, die er 1938 unter den furchtbaren Eindrücken der Besatzung hat verlassen müssen, kommt ihm zunehmend entgegen. Ist es nur «der Traum von Vergangenem», wie er nach dem Theaterbesuch am 17. Oktober fragen muss? Wesentlich ist dann die Aussage nach den Sinnesvorträgen am 18. Oktober:

> Nun ist eine richtige Verbindung hergestellt, und der Boden für weitere Wirksamkeit geschaffen.

Bereits in Salzburg aber, wo die Hinreise mit einer Übernachtung unterbrochen wurde, notierte er am 10. Oktober in seinem Tagebuch:

> Abends steigen wir in Salzburg aus und können noch ein wenig durch die Gassen gehen, an den Häusern und Brunnen vorbei und alles ist bekannt, ist «zu Hause», ist wahre Heimat.

11. Oktober:

> Draußen ist es trüb und regnerisch und außerdem melden sich wieder arge Schmerzen [wohl am Herzen] und großes Übelsein. Was will das werden?
> Die Fahrt nach Wien dauert lange und keinerlei Freude ist in mir. Aber dann kommt Melk und die Vororte und der Wienerwald und ein wenig Heimat flammt wieder auf.
> Steigen ins Hotel in zwei sehr dunkeln Zimmer ab und ich fange an, mich für den Abendvortrag vorzubereiten. Will über «Die Menschheit an der Schwelle» sprechen. Der Saal ist überfüllt und der Vortrag gelingt ein wenig, trotz Dumpfheit und Müdigkeit, die mich völlig durchdringen.

12. Oktober:

> Am Morgen scheint die Sonne: der Himmel ist blau und der ganze Zauber der Stadt Wien wird wach und anschaubar. Fühle mich voller Schmerzen und Alter.
> Es ist so, wie es immer gewesen ist; kaum etwas scheint verändert zu sein, trotz der neuen Häuser. Es ist nur wie eine andere Mode. Aber die Stadt, die sie trägt, ist die gleiche geblieben.

13. Oktober:

> Am Morgen ist wieder schönstes Wetter. Gehe mit Alix durch den Votivpark und es ist Sonntagvormittag in Wien.

Am Nachmittag spricht König zur Eröffnung des neuen Arbeitszentrums der Anthroposophischen Gesellschaft und hält dort abends einen Vortrag über «Selbstmord als Schicksal».

Nach verschiedenen Besprechungen am 14. Oktober schreibt er weiter:

> Und dann ist gerade noch Zeit, mich auf den ersten Vortrag über «Die zwölf Sinne des Menschen» vorzubereiten. Es soll ein Kurs von fünf Vorträgen werden. Der Saal ist recht voll und die Menschen voller Aufmerksamkeit.

15. Oktober:

> Am Vormittag fahren wir bei strahlendem Wetter nach Brunn am Gebirge. Dort erwartet uns Dr. M. Und zeigt uns das Haus, in welchem Rudolf Steiner als Student gelebt hat und die Herausgabe der Goethe'schen naturwissenschaftlichen Schriften vorbereitete. Es ist sehr eindrucksvoll. Aber noch bedeutender ist die nahe Kirche, die wie ein Urbild des ersten Goetheanums im Grund- und Aufriss wirkt. Liegen hier die Wurzeln zu diesem Bau? Ist das bewusst-wirkendes Karma? Dr. M. ist ein richtiger Goetheanist und erinnert an Hans C.
> Bereite mich auf den zweiten Vortrag vor und spreche über die vier unteren Sinne. Die Zuhörer gehen gut mit und freuen sich an der Darstellung dieses großen Themas.

16. Oktober:

... Dann bereite ich mich auf den Abendvortrag vor und habe dazwischen eine Fragestunde mit der hiesigen Studentengruppe. Es sind sehr nette Leute. Treffe sie im Haus der Anthroposophischen Gesellschaft und merke, dass es das Haus ist, in welchem Rudolf Kassner einst gelebt hat. Viele Erinnerungen an ihn tauchen auf. Mit den jungen Leuten ist es sehr nett und lebendig. Abends spreche ich über die mittleren Sinne. Es wird immer mehr so, dass viele Menschen kommen und wie gebannt zuhören. So ist es auch eine Freude, ihnen viel von den Geheimnissen der Sinne zu erzählen und anzuvertrauen.

17. Oktober:

Vormittags nochmals Briefe und dann ein Gang durch die Stadt. Es ist wie eine Verzauberung ... Weil es Heimat war und wieder so stark Heimat geworden ist, hüllt es uns völlig ein. Wir sind für eine kurze Zeit in der Nationalbibliothek und dann zum Mittagessen mit dem Priester Dr. Kelber. Abends ein rechter Vortrag über den Gehörsinn, der die Menschen ergreift.

18. Oktober:

Mittagessen mit Frau Herzog und besprechen mit ihr den nächsten Besuch in Wien nach Ostern 1964. Ich will gerne wiederkommen, weil viel Neues und Altes mich an diese Stadt wieder zu binden beginnt. Ruhe ein wenig am Nachmittag und bereite mich später auf den Abendvortrag vor. Muss vieles aus der Tiefe über die drei obersten Sinne hervorziehen, da ich kein Material oder Belege hier habe. Vorbereitung und Vortrag gelingen und die Menschen sind am Ende sehr begeistert und dankbar. Nun ist eine richtige Verbindung hergestellt, und der Boden für weitere Wirksamkeit geschaffen.

19. Oktober:

Das wird nochmals ein «Wiener» Tag. Bei strahlendem Wetter fahren wir nach Grinzing, wo ich ein Kind ansehe, und dann weiter auf den Kahlenberg, durch den herbstlich leuchtenden Wienerwald. Zum Abschluss auf den Grinzinger Friedhof beim Grab Gustav Mahlers, wo ich das große Vorschau-Erlebnis vor mehr als 40 Jahren hatte.[2] Anschließend ins Burgtheater. Dort ist die Festwoche zum 75. Jahr des neuen Hauses. Wir sehen ein Stück von Nestroy (Das Mädel aus der Vorstadt). Es wird glänzend gespielt, aber das Empfinden der Irrealität ist stark. «Wozu das alles noch?» Ist das Leben wirklich ein Traum? Ist das nicht überhaupt Wien und Österreich, dieser Traum vom Vergangenem?

20. Oktober:

> Am Vormittag mache ich Besuch bei Dr. Wantschura. Er ist sehr lieb und erzählt viele Anekdoten, auch von Rudolf Steiners letztem Besuch in Wien. Dann in der Stephanskirche, und das ist ein wirklich überwältigender Eindruck, der mir die Tränen in die Augen treibt. Diese Gewalt des Katholizismus und die Hingabe der vielen Menschen an das Sakramentale ist einzigartig.
> Am Nachmittag ist erst eine Fragestunde und anschließend eine Zusammenkunft mit dem Studentenkreis im Arbeitszentrum. Beides verläuft recht positiv. Alle verlangen nach mehr.

21. Oktober:

> Und heute ist der letzte Wiener Tag ...
> Ein stilles Abschiednehmen von Wien – Nachtmahl mit Alix im «Deutschen Haus». Wir sprechen über diese Wiener Tage und sind doch nicht klar, was sie wirklich bedeuten. Ist es nur Erinnerung? Oder auch Zukunft?

Für König ging die Reise weiter über Linz, mit Vortrag und Besuch im Stifter-Archiv, dann folgte München mit Vorträgen, Kinder-Besprechungen und Gesprächen im Ärztekreis sowie dem Schulkollegium, eine Fernsehreportage, Treffen mit Reportern und Pädiatern. Weiter ging es nach Tutzingen, wo ihm der Orden des Tutzinger Sterns verliehen wurde,[3] dann Berlin mit einem Kurs zu Heilpädagogik und mehreren Vorträgen – auch in der Urania –, Kinderbetrachtungen und Besprechungen, gefolgt von einem ähnlichen Programm in Hamburg (beim öffentlichen Vortrag mit 1.100 Zuhörern), Bremen, Bochum und Köln, auch mit Rundfunkinterview. Schließlich reiste er über London mit Stationen in verschiedenen Camphill-Gemeinschaften in England nach Schottland zurück.

Anmerkungen

Die zwölf Sinne des Menschen

1 Die Kurse in Wien und in Spring Valley. Allerdings tragen gerade auch die Vorträge über die «oberen Sinne» zu diesem allgemeinen Menschenverständnis bei, indem sie die Rolle der Sinne im sozialen Bezug des Menschen untersuchen. Sie sind bereits in dem Band *Mensch unter Menschen werden*, Stuttgart 2009, veröffentlicht.

2 «Anthroposophie», vier Vorträge in Berlin, Oktober 1909, in: *Anthroposophie, Psychosophie, Pneumatosophie*, GA 115, Dornach 2012. Rudolf Steiner endet den ersten Vortrag dieser Reihe mit den Worten: «Das ist das erste Kapitel der Anthroposophie: die wirkliche Natur und Wesenheit unserer Sinne», und führte den zweiten Vortrag dann mit diesen Worten ein: «Und heute wird es uns obliegen, weil das Gebiet der menschlichen Sinne zu dem Wichtigsten gehört, das wir brauchen werden bei der genaueren Betrachtung der menschlichen Wesenheit, eben diese menschliche Sinnenwesenheit etwas eingehender noch zu betrachten.»

3 Karl König: *Der Kreis der zwölf Sinne und die sieben Lebensprozesse*, Stuttgart 1999 und gleichzeitig auf Englisch: *Living Physiology*, Camphill Books, 1999.

4 Siehe im Anhang, «Tagebuchnotizen der Reise nach Wien 1963».

5 Der Aufsatz «Sinnesentwicklung und Leiberfahrung» von Georg von Arnim wurde im Zusammenhang mit seinem Gesamtwerk in dem Buch *Bewegung, Sprache, Denkkraft* publiziert (Dornach 2000).

6 Peter Matthiessen: «Der Mensch zwischen Fremd- und Selbstbestimmung. In Zusammenhang mit Rudolf Steiners Philosophie der Freiheit», unveröffentlichtes Manuskript, zu beziehen durch das Karl König Institut, beziehungsweise als Download: https://www.karlkoeniginstitute.org/de/karl-koenig-buecher.asp

7 Karl König: *Bruder Tier*, Stuttgart, Erstauflage 1967. An dem letzten Aufsatz

hatte König kurz vor dem Tod noch gearbeitet. Die Aufsatzsammlung ist für die Werkausgabe in Neuauflage vorgesehen.

8 *The Modern Mystic*, London, März 1939, Vol. 3 Nr. 2.

9 Das Erkennen des Bedingten Zusammen-Entstehens war laut Pali-Kanon das Ergebnis der meditativen Praxis des historischen Buddha und bildet zusammen mit den Vier Edlen Wahrheiten die zentrale buddhistische Lehraussage. Sie erklärt den Werdeprozess des Menschen, ohne auf Vorstellungen eines Schöpfers oder eines ewigen Selbst zurückzugreifen. Die Glieder 1–2 gehören dem vorangegangenen Leben, während die Glieder 3–10 die Bedingungen (3–7) und Früchte (8–10) des aktuellen Lebens darstellen. 11–12 gehören zum zukünftigen Leben. Wir wissen, dass König sich mit diesen Texten auseinandergesetzt hat, weil 1961 der ungewöhnliche Aufsatz in Die Drei erschien: «Auf den Spuren Karl Eugen Neumanns, Übersetzer buddhistischer Texte» (veröffentlicht in dem Band *Geister unter dem Zeitgeist*, Stuttgart 2011). Siehe auch Newsletter des Karl König Instituts, Nr. 6, Berlin, 2011

10 Karl König: *Mensch unter Menschen werden. Über die soziale Dreigliederung*, Stuttgart 2009.

11 Ebenda.

Das Sinneswesen als Ich-Leib

1 Dies wird in dem Aufsatz Peter Matthiessen: «Der Mensch zwischen Fremd- und Selbstbestimmung» im 2. Band dieser Ausgabe und in dem dort angegebenen weiterführenden Aufsatz im Einzelnen dargestellt. Rudolf Steiner: *Die Philosophie der Freiheit*, GA 4, Dornach 1995.

2 Herbert Hensel: «Die Sinneswahrnehmung des Menschen», in: Uwe Stave (Hrsg.): *Wissenschaft und Anthroposophie. Impulse für neue Wege der Forschung*, Stuttgart 1989, S. 47–49.

3 Ebenda, S. 49.

4 Rudolf Steiner: *Anthroposophie – Psychosophie – Pneumatosophie*, GA 115, Dornach [4]2001.

5 Herbert Hensel: *Allgemeine Sinnesphysiologie: Hautsinne, Geschmack, Geruch*, Berlin, Heidelberg 1966.

6 Erwin Straus: *Psychologie der Menschlichen Welt*, Berlin, Heidelberg 1960.

7 Siehe Anmerkung 5.

8 Herbert Hensel: «Die Sinneswahrnehmung des Menschen», in: Uwe Stave (Hrsg.): *Wissenschaft und Anthroposophie. Impulse für neue Wege der Forschung*, Stuttgart 1989, S. 52–53.

9 Rudolf Steiner: *Das Rätsel des Menschen*, GA 170, Dornach 1992.

10 Siehe Anmerkung 4, Vortrag vom 23.10.1909, S. 27.

11 Rudolf Steiner: *Menschenwerden, Weltenseele und Weltengeist*, GA 206, Dornach 1991, Vortrag vom 22.07.1921, S. 16.

12 Henry Ey: *Bewusstsein*, Berlin 1967; Hans Walter Gruhle: *Verstehende Psychologie. Erlebnislehre*, Stuttgart, 1956; Karl Jaspers: *Allgemeine Psychopathologie*, Berlin 1973; Carl Gustav Jung: *Experimentelle Untersuchungen*, Düsseldorf 1995; Max Scheler: *Wesen und Formen der Sympathie*, Bonn 1923.

13 M. Cabanac, Y. Minaire, E. R. Adair: «Influence of internal factors on the pleasantness of a gustative sweet sensation», in: Communic Behav Biol Part A. 1, pp. 77–82, 1968; Michel Cabanac: «Plaisir ou déplaisir de la sensation thermique et homeothermie», Physiology and Behavior 4, pp. 359–364, 1969; M. Cabanac, R. Duclaux: «Specificity of internal signals in producing satiety for taste stimuli», in: Nature 227, S. 966–967, 1970; Michel Cabanac: «Physiological Role of Pleasure», Science Vol. 173, Issue 4002, pp. 1103–1107, 1971.

14 Rudolf Steiner: *Anthroposophie – Ein Fragment aus dem Jahre 1910*, GA 45, Dornach ^{5}2009; Rudolf Steiner: GA 115, siehe Anmerkung 4; Herbert Plügge: «Über suizidale Kranke», in: *Wohlbefinden und Missbefinden*, Tübingen 1962; Hans Jürgen Scheurle: *Die Gesamt-Sinnes-Organisation. Überwindung der Subjekt-Objekt-Spaltung in der Sinneslehre*, Stuttgart 1984; Hensel, siehe Anmerkung 5.

15 Cabanac, 1969, siehe Anmerkung 13; Beste, R: «Rezeption statischer thermische Reize», Inaug.-Dissertation, Marburg 1977; Herbert Hensel: «Functional and Structural Basis of Thermoreception», Progress in Brain Research Vol 43, pp. 105–118, 1976; Gunther Hildebrandt, P. Engel, M. Attia: «Temperaturregulation und thermischer Komfort», Z Phys Med 10, pp. 49–61, 1981; Beste, R. und Hensel, H: *Subjective estimation of static temperature at the palm in humans*, Pflügers Archiv 1977, 368 Suppl. R 47.

16 Hans Jürgen Scheurle: *Die Gesamt-Sinnes-Organisation. Überwindung der Subjekt-Objekt-Spaltung in der Sinneslehre*, Stuttgart 1984.

17 M. Cabanac, R. Duclaux: «Specificity of internal signals in producing satiety for taste stimuli», in: *Nature* 227, S. 966–967, 1970.

18 Peter F. Matthiessen: «Baustein für eine Kultur der Herzlichkeit», *Der Merkurstab*, 70(2), S. 110–120, 2017.

19 H. Jakob: *Wahrnehmungsstörung und Krankheitserleben: Psychopathologie des Parkinsonismus und verstehende Psychologie Bewegungs- und Wahrnehmungsgestörter*, Berlin Göttingen Heidelberg 1955.

20 Rudolf Steiner, siehe Anmerkung 4.

21 Martin Peveling et al.: «Der Sprachsinn bei Rudolf Steiner und seine Überprüfung anhand empirischer Befunde der modernen Sprachforschung und der sozialen Neurobiologie», *Der Merkurstab* Heft 2, 2017.

22 A. v. Haller zitiert bei F. B. Hofmann: *Der Geruchssinn beim Menschen*, Berlin Heidelberg 1926; Hans Henning: *Der Geruch: Ein Handbuch für die Gebiete der*

Psychologie, Physiologie, Zoologie, Botanik, Chemie, Physik, Neurologie, Ethnologie, Sprachwissenschaft, Literatur, Aesthetik und Kulturgeschichte, Leipzig 1924; Hendrik Zwaardemaker: «Physiologie der Nase und ihrer Nebenhöhlen», in: *Handbuch der Hals-Nasen-Ohrenheilkunde,* Berlin 1925; Hendrik Zwaardemaker: «Prüfung des Geruchssinns und der Gerüche», in: Emil Abderhalden (Hrsg.): *Handbuch der biologischen Arbeitsmethoden* Abt. V, Methoden zum Studium der Funktionen der einzelnen Organe des tierischen Organismus, Berlin 1930; Johannes v. Kries: *Allgemeine Sinnesphysiologie,* Leipzig 1923; Johannes von Kries: In L. R. Grote (Ed.): *Die Medizin der Gegenwart in Selbstdarstellungen* (Vol. IV:4), Leipzig 1925; M. K. Macdonald, «An experimental study of Henning's system of olfactory qualities», Am J Psychol 33, pp. 321–35, 1922; A. E. Findley, «Further studies of Henning's system of olfacotry qualities», Am J Psychol 35, pp. 436–445, 1924; F. L. Dimmick: «The investigation of the olfactory qualities», Psychol Rev 34, pp. 321–335, 1927; F. W. Hazzard: «A descriptive account of odors», J Exp Psychol 13, pp. 297–331, 1930; E. C. Crocker, L. F. Henderson: «Analysis and Classification of Odors», Amer. Perfumer and Essential Oil Rev 22, pp. 325 ff., 1927; J. E. Amore, J. W. Johnston, Jr., and M. Rubin: «The Stereochemical Theory of Odor», Scientific American, Feb. 1964.

23 E. Stemplinger über Ernst Ludwig Heim, in: *Von berühmten Ärzten,* München, 1963.

24 Zum Beispiel Eugen Fink, Hermann Schmitz, Karl Jaspers und Hans Blumberg. Für das Thema der Sinne wäre an Maurice Merleau-Ponty (Phänomenologie der Wahrnehmung, 1945) zu denken.

25 Thomas Göbel: *Die Quellen der Kunst. Lebendige Sinne und Phantasie als Schlüssel zur Architektur,* Dornach, 1982.

26 Einleitung zum didaktischen Teil der Farbenlehre; vgl. auch das Vorwort zur Farbenlehre «Wär nicht das Auge sonnenhaft ...»: Johann Wolfgang von Goethe: *Werke,* Hamburger Ausgabe in 14 Bänden, Band 14, München 2008.

27 Rudolf Steiner: *Metamorphosen des Seelenlebens,* GA 59, Dornach 2017.

28 Rudolf Steiner: GA 9, S. 17.

29 Ebenda, S. 178 ff.

30 Vgl. Brief Goethes an Wilhelm von Humboldt vom 17.03.1832, Johann Wolfgang von Goethe: *Briefe, Kommentare und Register,* Hamburger Ausgabe in 4 Bänden, Band 4, München 2019.

31 Siehe Anmerkung 4.

32 Gisbert Husemann: «Gehirn und Auge. Eine goetheanistische Studie». Veröffentlicht in: *Beiträge zu einer Erweiterung der Heilkunst nach geisteswissenschaftlichen Erkenntnissen,* Heft 4/1970.

33 Rudolf Steiner: *Goethes naturwissenschaftliche Schriften,* Bd. II, Vorrede, siehe Anmerkung 26.

34 Siehe Anmerkung 18.
35 Karl König: *Die ersten drei Jahre des Kindes,* Stuttgart 2017; Karl König: *Die zwölf Sinne des Menschen,* Band II: *Sinnesentwicklung und Leiberfahrung,* Stuttgart 2021.

Vom Sinn der Sinne und von der Not dieser Sinne / Stuttgart 1961

1 Siehe auch Herbert Hensel: «Die Sinneswahrnehmung des Menschen», in: Uwe Stave (Hrsg.): *Wissenschaft und Anthroposophie. Impulse für neue Wege der Forschung,* Stuttgart 1989.
2 In Rudolf Steiner: *Anthroposophie – Psychosophie – Pneumatosophie,* GA 115, Dornach ²2001.
3 Auf diese Tatsache wird besonders im 2. Band, *Die Zwölf Sinne des Menschen. Sinnesentwicklung und Leiberfahrung,* weiter eingegangen.
4 Siehe auch Anmerkung 1.
5 Siehe auch Peter Heusser: *Anthroposophische Medizin und Wissenschaft. Beiträge zu einer integrativen medizinischen Anthropologie,* Stuttgart, 2010.
6 Vortrag Rudolf Steiners vom 8. August 1920, in: *Geisteswissenschaft als Erkenntnis der Grundimpulse sozialer Gestaltung,* GA 199, Dornach 1985.
7 Arnold Karl Franz Gehlen (1904–1976) war Philosoph, Anthropologe und Soziologe.
8 Der 1904 geborene Psychologe und Verhaltensforscher B. F. Skinner, Professor in Harvard, erfand die sogenannte «Skinner-Box» im Tierexperiment und suchte Wege, seine Erkenntnisse des Lernens durch Belohnung auf den Menschen zu übertragen. Ab 1953 entwickelte er eine «Lernmaschine», die in den 1960er-Jahren weit verbreitet war. Es liefen viele Versuche, diese Idee zu vermarkten, wie die von König erwähnten «Drehkarten». Auch das «Sprachlabor» geht auf Skinner zurück. Seine Lernmaschine geriet in Vergessenheit und fand erst mit PC-gestützten Lernprogrammen eine Fortsetzung. Skinner war auch Autor des utopischen Romans *Walden Two* – auf Deutsch: *Futurum Zwei* –, in dem durch «operante Konditionierung» eine konfliktfreie Gesellschaft entwickelt wird. Siehe auch: Correll, W. (1965), *Programmiertes Lernen und Lernmaschinen,* Braunschweig: Westermann.
9 Karl Heinrich Bauer (1890-1978) gilt als der Pionier der modernen Onkologie. Er war einer der Gründer des Deutschen Krebsforschungszentrums (1964). Das umfassende Werk *Das Krebsproblem* erschien 1949 in Berlin.
10 Die Vortragsreihe *Die Sendung Michaels,* GA 194, Dornach 1994.

Der Kreis der zwölf Sinne / Spring Valley 1960

1 König bezieht sich hier vermutlich auf E. Husserl und M. Scheler (vgl.: M. Scheler: *Zur Phänomenologie und Theorie der Sympathiegefühle*, Halle 1913). Inzwischen gibt es auch von anderer Seite Beschreibungen sozialer Wahrnehmung als Wahrnehmung im eigentlichen Sinne. Zu nennen wäre hier z. B. der Philosoph Hermann Schmitz, der das Gewahren eines anderen Menschen als unmittelbare Wahrnehmung ohne vorherigen Erkenntnisakt beschreibt (vgl. etwa Hermann Schmitz: *Der unvergleichliche Gegenstand*, Bonn 1990, S. 147 ff.). Im Hinblick auf das Erkennen von Sprache als Wahrnehmungsvorgang hat es Peter Lutzker unternommen, ausgehend von Rudolf Steiner und mit Bezug auf sprachwissenschaftliche Forschungsergebnisse, die Existenz eines Sprachsinns darzustellen und zu begründen. (Vgl.: Peter Lutzker: *Der Sprachsinn*, Stuttgart ²2017).

2 Rudolf Steiner: *Anthroposophie – Psychosophie – Pneumatosophie*, GA 115, Dornach ⁴2001.

3 Rudolf Steiner: Vortrag am 21. Juni 1916 in: *Weltwesen und Ichheit*, GA 169, Dornach ²1963; sowie die Vorträge am 12. August und 2. September 1916; in: ders.: *Das Rätsel des Menschen*, GA 170, Dornach ³1980.

4 Siehe Rudolf Steiner, Ita Wegman: *Grundlegendes für eine Erweiterung der Heilkunst nach geisteswissenschaftlichen Erkenntnissen*, GA 27, Dornach 1991 und *Anthroposophie, Ein Fragment aus dem Jahre 1910*, GA 45, Dornach ⁵2009. Hier wird im ersten Kapitel das Verhältnis von Anthropologie, Anthroposophie und Theosophie beschrieben.

5 Die gewöhnlich Tasten genannte Erfahrung verbindet bereits mehrere Sinnesmodalitäten miteinander. (Vgl.: Darian-Smith, I., Goodwin, A., Sugitani, M., Haywood, J.: «Scanning a Textures Surface with the Fingers», in: Goodwin, A. W., Darian-Smith, I. (Hrsg.): *Hand Function and the Neocortex*, Berlin, New York, Tokyo 1985, S. 18–43.

6 Rudolf Steiner beschrieb die hier dargestellten Bereiche von Sinneswahrnehmungen auch als willens- und vorstellungsverwandte Sinne, um darauf hinzuweisen, dass die verschiedenen Sinnesgruppen in unterschiedlichen Sphären des menschlichen Erlebens eine Resonanz finden. In diesem Sinne erscheinen die höchsten Sinne vorstellungsverwandt, da ihre Wahrnehmungen in Vorstellungen übergehen bzw. Vorstellungen anregen. Vgl. dazu den Vortrag Rudolf Steiners am 22. Juli 1921 über «Die zwölf Sinne des Menschen», in: *Menschenwesen, Weltenseele und Weltengeist. Zweiter Teil: Der Mensch als geistiges Wesen im historischen Werdegang*, GA 206, Dornach ²1991.

7 «Die Sinne trügen nicht, aber das Urteil trügt», Johann Wolfgang von Goethe, *Sprüche in Prosa*.

8 Siehe auch Karl König: *Die ersten drei Jahre des Kindes,* Stuttgart 2017 und ders.: Vortrag vom 22. März 1964, in: *Mensch unter Menschen werden,* Stuttgart 2009. Ferner: Friedrich Rittelmeyer: «Rudolf Steiner als Ereignis in der Geschichte des Christentums», in: ders.: *Meine Lebensbegegnung mit Rudolf Steiner,* Stuttgart 2007.

9 Über die Beziehung der Sinne untereinander hat Karl König in den Vorträgen in Wien gesprochen.

10 In seiner nicht vollendeten Schrift *Anthroposophie. Ein Fragment* (GA45, Dornach ^{5}2009), stellt Steiner dar, dass die Sinnesorgane aus einer Welt aufgebaut sein müssen, die selbst übersinnlich ist. Zur Erläuterung der Sätze über das Hören und das Ohr siehe auch im Vortrag vom 5. August 1960.

11 Der Begriff Verstandesseele bezieht sich auf eine Unterscheidung Rudolf Steiners im Hinblick auf die verschiedenen Ebenen in der Beziehung der menschlichen Seele zur Welt. Vgl. dazu Rudolf Steiner: *Theosophie, Einführung in übersinnliche Welterkenntnis und Menschenbestimmung,* GA 9, Dornach ^{31}1987. Steiner unterscheidet hier die Empfindungsseele, die Verstandesseele und die Bewusstseinsseele. In der Empfindungsseele lebt der Mensch in Empfindungen und den sich an sie anknüpfenden Bildern, mit der Verstandesseele werden die Wahrnehmungen gedanklich strukturiert im Sinne einer intellektuellen Verknüpfung. Durch die Bewusstseinsseele wird sich der Mensch selbst als wahrnehmendes und denkendes Wesen in seiner Beziehung zur Welt und den Menschen bewusst. In der Entwicklung der Menschheit zeigt sich in den jeweiligen Kulturepochen das Vorherrschen eines der hier skizzierten Seelenglieder. Siehe dazu etwa: Frank Teichmann: *Die Kultur der Verstandesseele,* Stuttgart 1993.

12 Vortrag am 23. Oktober 1909. Siehe Anmerkung 4.

13 Siehe hierzu etwa den Vortrag Rudolf Steiners am 29. August 1919, in *Allgemeine Menschenkunde als Grundlage der Pädagogik,* GA 293, Dornach ^{9}1992.

14 Über die Begriffe Empfindungsseele, Empfindungsleib und Ätherleib siehe Rudolf Steiner: *Theosophie,* GA 9, Dornach ^{31}1987.

15 Rudolf Steiner: Vortrag am 8. August 1920, in: *Geisteswissenschaft als Erkenntnis der Grundimpulse sozialer Gestaltung,* GA 199, Dornach ^{2}1985.

16 Die Bedeutung des Tastsinns und des Lebenssinns gerade für die kindliche Entwicklung findet sich im 2. Band ausführlich dargestellt.

17 Siehe die ausführlichen Angaben im 2. Band über den Eigenbewegungssinn.

18 Über die Phantomglieder vgl. Georg von Arnim: «Körperschema und Leibessinne»; im 2. Band.

19 Vortrag am 23. Oktober 1909. Siehe Anmerkung 4.

20 Thomas McKeen hat den Unterschied zwischen der labilen Lage des Menschen

und der stabilen Lage des Tieres im Raum eingehend untersucht. Vgl.: Thomas McKeen: *Wesen und Gestalt des Menschen,* Stuttgart 1996.

21 Siehe Anmerkung 18.

22 Siehe das Kapitel über den Eigenbewegungssinn im 2. Band.

23 Siehe Anmerkung 15.

24 Siehe die Angaben über das Organ des Gleichgewichtssinnes in den «Wiener Vorträgen».

25 Über die Beziehung der Zahlen 12 und 28 zur Anatomie des menschlichen Körpers vgl. auch Gisbert Husemann: *Sinnesleben, Seelenwesen und Krankheitsbild,* hrsg. von Armin Husemann, Stuttgart 1998.

26 Vgl. Rudolf Steiners Vortrag am 22. März 1913, in: *Welche Bedeutung hat die okkulte Entwicklung des Menschen für seine Hüllen ... und sein Selbst?,* GA 145, Dornach ^{5}1986. Hier stellt Steiner die Beziehung des Riechens, Schmeckens und der Wärme zu den Ätherarten dar. Über die 4 Ätherarten und deren Zusammenhang mit den Elementen vgl. den Aufsatz von Jochen Bockemühl «Elemente und Äther – Betrachtungsweisen der Welt», in: *Erscheinungsformen des Ätherischen. Wege zum Erfahren des Lebendigen in Natur und Mensch,* hrsg. von Jochen Bockemühl, Stuttgart ^{2}1985; sowie Ernst Martin: *Das Ätherische,* Basel 1989.

27 Rudolf Steiner: «Die Ausdrucksfähigkeit des Menschen – Lachen und Weinen», Vortrag am 27. April 1909, in: *Geisteswissenschaftliche Menschenkunde,* GA 107, Dornach ^{5}1988.

28 Das Gehirn ist phylogenetisch ein Auswuchs des Riechhirns. Die Neuronen der Riechschleimhaut im Nasendach sind praktisch Teile des Zentralen Nervensystems. Es ist die einzige Stelle, wo dieses freiliegt. Vgl. auch Albert Soesman: *Die zwölf Sinne – Tore der Seele. Eine Einführung in die Anthroposophie.* Stuttgart ^{9}2019.

29 Über die Beziehung zwischen Geruchssinn und mystischem Erleben spricht Rudolf Steiner im Vortrag am 8. August 1920 (s. Anmerkung 15), sowie am 3. Oktober 1920 in: *Grenzen der Naturerkenntnis und ihre Überwindung,* GA 322, Dornach ^{5}1981. Siehe dazu auch Hans-Erhard Lauer: *Die 12 Sinne des Menschen,* Schaffhausen 1977, S. 123 ff.

30 Rudolf Steiner: Vortrag am 16. Dezember 1922, in: *Über Gesundheit und Krankheit. Grundlagen einer geisteswissenschaftlichen Sinneslehre,* GA 348, Dornach ^{4}1997; siehe auch den Vortrag am 28. November 1923, in: *Mensch und Welt. Das Wirken des Geistes in der Natur. Über das Wesen der Bienen.* GA 351, Dornach ^{20}1988.

31 Über das Verhältnis von Pflanzen und Planeten siehe Ernst-Michael Kranich: *Pflanze und Kosmos. Grundlinien einer kosmologischen Botanik,* Stuttgart ^{3}1997.

32 Die Beziehung der leiblichen Prozesse zu den Geschmacksrichtungen findet

sich weiter ausgearbeitet in H. J. Scheurle: *Der Gesamtsinnesorganismus*, Stuttgart ³1984.

33 Zum Verhältnis der Begriffe Imagination, Inspiration und Intuition siehe Rudolf Steiner: *Die Stufen der höheren Erkenntnis*, GA 12, Dornach ⁷1993; und in Verbindung mit den Sinnen im Vortrag vom 8. August 1920, in: *Geisteswissenschaft als Erkenntnis der Grundimpulse sozialer Gestaltung*, GA 199, Dornach ²1985.

34 König bezieht sich hier vermutlich auf eine Schilderung Rudolf Steiners im Rahmen seines Vortragszyklus *Die Welt der Sinne und die Welt des Geistes*, GA 134, Dornach ⁴1979. Dort heißt es im Vortrag am 29. Dezember 1911 über die ursprüngliche Bestimmung der menschlichen Wahrnehmung: «Wir werden nämlich nach und nach sehen, dass das, was mit dieser Unordnung gemeint ist, ganz wunderbar ausgedrückt ist in der Bibel mit den Worten, die Lucifer zu den Menschen sagt, wenn er ihn verführen, versuchen will: Eure Augen werden aufgetan werden und ihr werdet unterscheiden das Gute und das Böse. – In diesen Worten liegt etwas ungeheuer Tiefes. Es soll das nicht nur heißen: Eure Augen sollen aufgetan werden. Die Augen stehen hier als Repräsentanten der Sinne überhaupt. Wenn wir das Wort des Lucifer in der richtigen Weise verstehen, so können wir es auf folgende Weise übersetzen: All Eure Sinne werden anders wirken als sie eigentlich wirken sollten, und nicht mir – nämlich dem Lucifer, in einer anderen Gestalt sozusagen durch den Einfluss des Lucifer die Sinne, als sie sonst wirken würden. Ja, es ist allerdings außerordentlich schwer für den gegenwärtigen Menschen, sich vorzustellen, wie diese Sinne wirken, und ich werde schon manches Groteske sagen müssen, wenn ich Ihnen klarmachen will, wie diese Sinne eigentlich wirken würden, wenn nicht die Unordnung eingetreten wäre, in der Zusammensetzung der 4 Glieder der menschlichen Natur durch Lucifer. Man muss Groteskes sagen aus dem Grunde, weil sich die Menschen ja gar nicht denken können, so wie sie nun einmal sind, dass irgendetwas eigentlich anders richtig wäre von Anfang an als das, was die Menschen eben gegenwärtig erleben. Was könnte für den gegenwärtigen Menschen natürlicher und selbstverständlicher sein als das, wenn man die Frage aufwirft: Wozu gehören eigentlich die Augen des Menschen? – er die Antwort gibt: Nun, selbstverständlich zum Sehen. Und man könnte sagen, es hat schon einen gewissen Sinn, nicht wahr, ein Mensch das Recht, einen für einen Narren zu halten, wenn man ihm sagt: Die Augen gehören nicht zum Sehen! In Wirklichkeit sollten vom Ursprung der Erdenentwicklung aus des Menschen Augen gar nicht zum Sehen gehören. Sie sind so zum Sehen geworden, wie sie heute sehen, erst durch die Verführung des Lucifer. Nämlich das, was eigentlich Sehkraft des Menschen ist, das sollte nicht das Auge durchdringen und nach außen gehen bis zu den sogenannten Dingen, sondern es sollte

eigentlich nur gehen bis ans Auge heran, und der Mensch sollte eigentlich bei jedem Sehakt, bei jeder Tätigkeit des Sehens, wenn es nach den ursprünglichen Absichten der Götter – lassen Sie mich diesen Ausdruck gebrauchen – gegangen wäre, er sollte sich eigentlich bei jedem Sehakt unmittelbar seines Auges bewusst werden, d. h. er sollte nicht ein äußeres Ding sehen, sondern sollte eigentlich sein Auge empfinden. Er sollte sich der Tätigkeit bewusst werden, die im Auge als solchem vorgeht, während er sich heute der Tätigkeit des Sehens nicht bewusst wird, was da geschieht durch die Tätigkeit des Auges: er wird sich bewusst, was sich als äußerer Gegenstand ihm entgegentritt. Aber der Mensch sollte sich viel früher schon in seinem Sehen selber verfangen als erst da beim Gegenstande: er sollte sich schon im Auge seiner bewusst werden. Die Tätigkeit des Auges als solches sollte er fühlen.»

35 «Wär' nicht das Auge sonnenhaft, / Wie könnten wir das Licht erblicken? / Lebt nicht in uns des Gottes eig'ne Kraft, / Wie könnt uns Göttliches entzücken?» (Goethe in der Einleitung zum *Entwurf einer Farbenlehre*)

36 Rudolf Steiner: Vortrag am 13. Februar 1920, in: *Geistige und soziale Wandlungen in der Menschheitsentwicklung*, GA 196, Dornach 1966. Darin heißt es: «Das Auge selbst als solches hat nichts zu tun mit den Vorgängen, die die Sehvorgänge sind. Viel weniger sind die Sehvorgänge an das Auge gebunden als die intelligenten Vorgänge an das Werkzeug des Gehirns. Das, was das Auge zu tun hat mit dem Sehen, das ist nämlich etwas ganz anderes, Die Vorgänge, die in unserem Bewusstsein auftreten, als Inhalt beim Sehen, diese Vorgänge haben mit dem Auge nichts zu tun. Was im Auge vorgeht, das bewirkt lediglich, dass wir mit unserem Bewusstsein, mit unserem Ich bei den Sehvorgängen dabei sind. Bitte, beachten Sie wohl diesen fundamentalen, aber nicht leicht zu fassenden Unterschied. Nehmen Sie z. B. einen Menschen, der beide Augen durch irgendeine Krankheit verloren hat. Dadurch hat er nicht eingebüßt den Sehvorgang als solchen, was der Sehvorgang ist, durch sein Ich. Sein Ich weiß nichts davon. Das Ich weiß nichts von dem, was der Sehvorgang ist. Es ist einfach das Ich ausgeschaltet vom Sehvorgang. Was da geschieht, kann man etwa mit dem Folgenden vergleichen. – Nehmen Sie an, Sie haben drei Telegrafenstationen, A, B, C; auf der einen Telegrafenstation haben Sie einen Telegrafen aufgestellt. Wenn der Mann in A nach C telegrafiert, so kann der C ablesen, was da von A nach C hin telegrafiert wird. Es ist gar keine Rede, dass der Morseapparat in A den Inhalt des Telegramms hervorbringt. Der ist nur der Vermittler. Ebensogut kann der Morsetelegraf in C nicht lesen, aber er vermittelt. Wenn aber eingeschaltet ist in die Bahn von A – C der Apparat B, dann kann der Mann, der B bedient, sich dazusetzen und mithören und mitlesen; er braucht ja nur den Streifen laufen zu lassen, so kann er mitlesen. Es ist B dann eingeschaltet in den Gang des Stromes, der den Telegrafeninhalt

vermittelt. Aber der Inhalt, der von A nach C geht, der hat gar nichts zu tun mit den Vorgängen, die sich im Morsetelegrafen bei B abspielen. Sie werden nur wieder dadurch, dass der Apparat eingeschaltet ist, wahrgenommen. – Natürlich, wenn der Apparat nicht eingeschaltet ist, kann man die Vorgänge nicht wahrnehmen. So ist es mit dem menschlichen Auge. Dasjenige, was Vorgänge im Auge sind, das hat an innerer Wahrheit gar nichts mit dem Sehen zu tun, das Auge ist nur eingeschaltet in die Vorgänge. Und weil das Auge eingeschaltet ist in die Vorgänge, so kann das Ich zusehen bei den Vorgängen des Sehens. Aber das Auge ist gar nicht dasjenige, das eigentlich den Inhalt oder Sehvorgänge vermittelt oder bewirkt oder irgendetwas macht damit. Es ist nur der Auffangapparat für das Ich. Man könnte paradox sagen, wenn man sich nicht der Gefahr aussetzte, dass die heute mit einem etwas dicken Gehirn versehene Menschheit einen paradox fände: Unser Sinnesorgan des Auges hat mit dem Sehen gar nichts zu tun, aber alles damit zu tun, dass unser Ich von dem Sehen etwas weiß. – Sinnesorgane, wie wir sie heute haben, also die höheren Sinnesorgane, sind nicht zum Sehen da, sondern sie sind dazu da, dass das Ich vom Sehen wissen kann. Ich möchte sogar diesen Satz an die Tafel schreiben: Höhere Sinnesorgane sind nicht dazu da, die Sinnesvorgänge zu vermitteln, sondern dazu, dass ein Ich von den Sinnesvorgängen weiß.»

37 In diesem Zusammenhang ist die Beobachtung von Bedeutung, dass sich die Reizschwelle der Warm- und Kaltrezeptoren durch die Zugabe bestimmter Stoffe verändert. Darauf beruht die Wärmempfindung nach Calcium-Injektionen und die gegenteilige Wirkung von Menthol-Zugabe. Vgl.: Christoph von Campenhausen: *Die Sinne des Menschen*, Band I, Stuttgart / New York 1981 S. 124.

38 Zur Entwicklungsgeschichte der Erde siehe Rudolf Steiner: *Die Geheimwissenschaft im Umriss*, GA 13, Dornach [30]1989. Über das Phänomen Wärme aus geisteswissenschaftlicher Sicht siehe auch Martin Basfeld: *Wärme: Ur-Materie und Ich-Leib. Beiträge zur Anthropologie und Kosmologie*, Stuttgart 1989.

39 Eine umfassende Darstellung des Herzens findet sich in *Das Herz des Menschen. Aspekte aus der Anthroposophischen Medizin*, hrsg. von Paolo Bavastro und Hans Christoph Kümmell, Stuttgart 1999.

40 Laut Christoph von Campenhausen variiert die Zahl der Warm- und Kaltpunkte nach den Versuchsbedingungen und nach der Aufmerksamkeit (!) der Versuchspersonen erheblich (siehe Anmerkung 37, S. 120). Auch sind die Warm- und Kaltrezeptoren in ihrer Struktur nicht näher bestimmt. Bei der Katzenzunge sind die Kältepunkte freie Nervenendungen, wie auch die Wärmerezeptoren von Schlangen. Für den Menschen liegen entsprechende Befunde noch nicht vor.

41 Siehe auch Peter Matthiessen: «Baustein für eine Kultur der Herzlichkeit», in:

Merkurstab, Zeitschrift für Anthroposophische Medizin, Heft 2, 2017, München.

42 Auch die Physiologie berichtet über paradoxe Phänomene. So zeigen Nervenfasern, die als Kaltfasern eingestuft werden, ein Ansteigen der Erregung mit zunehmender Temperatur oberhalb von 40 Grad. Vgl. Christoph von Campenhausen, Anmerkung 37, S. 124.

43 Rudolf Steiner: «Die Mission des Zorns», in: *Metamorphosen des Seelenlebens – Pfade der Seelenerlebnisse,* Erster Teil, GA 58, Dornach 1984.

44 Rudolf Steiner: Vortrag am 1. Januar 1912, in: *Die Welt der Sinne und die Welt des Geistes,* GA 134, Dornach [4]1979. Dort heißt es: «Denn in seinem jetzigen Zustand ist dieser Hörapparat des Menschen eigentlich, man möchte sagen, wirklich nur noch ein Schatten dessen, was er war. Dieser menschliche Hörapparat hört nur die Töne oder die in Tönen ausdrückenden Worte des physischen Planes. Das ist gewissermaßen ein letzter Rest dessen, was durch das Gehör in den Menschen eingeflossen ist, ein letzter Rest davon, denn es flossen einstmals durch diesen Apparat ein die gewaltigen Bewegungen des ganzen Universums. Und wie wir heute nur irdische Musik durch das Ohr hören, so floss in den Menschen herein in alten Zeiten Weltenmusik, Sphärenmusik. Und wie wir heute die Worte in die Töne kleiden, so kleidete sich einstmals in die Sphärenmusik das göttliche Weltenwort, dasjenige wovon das Johannes-Evangelium als dem göttlichen Weltenworte, dem Logos, kündet. Aus der geistigen Welt floss ein alles, was im alten Sinn als Gehör bezeichnet werden kann, wie jetzt nur das menschliche Wort und die irdische Musik, so einst die himmlische, die Sphärenmusik und innerhalb der Sphärenmusik das, was die göttlichen Geister sprachen. Und wie heute der Mensch durch sein Wort und durch seinen Gesang, durch seinen Ton die Luft in Formen zwingt, in Formen bringt, so brachten die göttlichen Worte Formen hervor. Und die kostbarste dieser Formen, die kann uns in der folgenden Weise vor die Seele treten. Betrachten sie einmal. Wenn Sie heute irgendein Wort, meinetwillen, auch nur einen Vokal aussprechen, zum Beispiel das A, wie dann durch dieses A in die Luft eindringt die Möglichkeit, in dieser Luft eine Form zu bilden. So drang heraus aus dem Weltenwort in die Welt herein die Form und die kostbarste dieser Formen ist der Mensch selber. Der Mensch selber in seinem Urzustande wurde erzeugt dadurch, dass er aus dem göttlichen Worte ausgesprochen wurde. Die Götter sprachen – wie heute die Luft in Formen kommt durch des Menschen Wort, so kam unsere Welt in ihre Form hinein durch das Wort der Götter. Und der Mensch ist die kostbarste dieser Formen. Da war allerdings das Hörorgan ein viel, viel Komplizierteres noch. Jetzt ist es zusammengeschrumpft. Denn das, was Sie heute als äußeres Hörorgan haben, was nur bis zu einer gewissen Tiefe in das Gehirn eindringt, das breitete sich von außen nach innen aus über die ganze menschliche Wesenheit. Und überall im Innern der menschlichen

Wesenheit, breiteten sich aus die Wellengänge, die den Menschen aus dem Gotteswort heraus in die Welt hineinsprachen. So ist der Mensch, als er noch spirituell erzeugt wurde, erzeugt worden durch das Gehörorgan, und so wird in der Zukunft der Mensch, wenn er wieder aufgestiegen sein wird, ein ganz rudimentäres, ein ganz zusammengeschrumpftes Ohr haben. Der Sinn des Ohres, er wird ganz und gar vergangen sein. Das Ohr ist in absteigender Bewegung; dafür wird aber zu höherem Glanze und höherer Vollkommenheit sich entwickelt haben, das, was heute erst im Samenzustande ist, der Kehlkopf.»

45 Rudolf Steiner: Vortrag am 17. April 1909, in: *Geistige Hierarchien und ihre Widerspiegelung in der physischen Welt*, GA 110, Dornach [7]1991.

46 Die vierfache Gliederung des Hörens findet sich auch ausgeführt in Karl Königs Beitrag «Sprache und Sprechen», in: K. König, G. v. Arnim, U. Herberg: *Sprachverständnis und Sprachbehandlung*, Stuttgart [2]1986. Königs Arbeiten über «Die vier Stufen des Hörbaren» sind für die Werkausgabe in einem Band zur Musik und Musiktherapie vorgesehen.

47 Vgl. den Vortrag Rudolf Steiners vom 9. Dezember 1922, in: *Geistige Zusammenhänge in der Gestaltung des menschlichen Organismus*, GA 218, Dornach [3]1992.

48 Mit dem Begriff «sogenannte motorische Nerven» bezieht sich König auf die Auffassung zum menschlichen Nervensystem, wie sie Rudolf Steiner in seiner Schrift *Von Seelenrätseln*, GA 21, Dornach [5]1983 skizziert hat. Eine Darstellung dieser Auffassung und Interpretation im Hinblick auf wissenschaftliche Befunde und Fragen zum Nervensystem gibt der Doppelband *Die menschliche Nervenorganisation*, hrsg. v. W. Schad, Stuttgart 1992.

49 Siehe dazu auch den Vortrag Rudolf Steiners am 21. September 1921, in: *Erziehung und Unterricht aus Menschenerkenntnis* (Meditativ erarbeitete Menschenkunde), GA 302a, Dornach [4]1993, hier spricht Rudolf Steiner über Hörwahrnehmung.

50 Rudolf Steiner: *Anthroposophie – Psychosophie – Pneumatosophie*, GA 115, Dornach [4]2001.

51 In *Anthroposophie – Ein Fragment* (GA 45, Dornach [5]2009, S. 27 f.) charakterisiert Rudolf Steiner die Sinnestätigkeit der oberen Sinne – am Beispiel des Lautsinns – wie folgt: «Wenn man, wie es der Sache entsprechend ist, da von Sinn spricht, wo eine Erkenntnis zustande kommt ohne Mitwirkung des Verstandes, des Gedächtnisses usw., so muss man noch andere Sinne als die aufgezählten anerkennen. Man wird, wenn man diese Unterscheidung zugrunde legt, erkennen, dass im gewöhnlichen Leben das Wort Sinn oft in uneigentlicher Weise angewendet wird. So, wenn man vom Nachahmungssinn, Verheimlichungssinn, usw. spricht. Bei dem, was als Nachahmung, Verheimlichung usw., auftritt, wirken schon der Verstand, das Urteil mit.

Da hat man es mit keiner bloßen Sinnestätigkeit zu tun. Ganz anders aber steht die Sache, wenn wir in der Sprache das wahrnehmen, was sich durch den Laut offenbart. Es ist gewiss selbstverständlich, dass in der Auffassung eines Gesprochenen eine komplizierte Urteilstätigkeit, dass dabei umfassende Seelenverrichtungen in Betracht kommen, welche durchaus nicht mit dem Wort Sinn belegt werden können. Aber es gibt auf diesem Gebiet auch ein Einfaches, Unmittelbares, das genauso vor allem Urteilen eine Empfindung darstellt, wie eine Farbe, ein Wärmegrad eine solche ist.» (Dies wird dann im Folgenden weiter ausgeführt).

52 Rudolf Steiner: *Die geistige Führung des Menschen und der Menschheit*, GA 15, Dornach [10]1987.

53 Die Ausführungen Königs sind an dieser Stelle sehr knapp und können Anlass zu Missverständnissen geben. Mit dem Ichsinn wird nicht das eigene Ich, sondern das Ich des anderen Menschen wahrgenommen. Dass dieses Ich als ein anderes wahrgenommen werden kann, setzt ein Bewusstsein des eigenen Ich voraus. Insofern verbindet König den Beginn der Ichsinn-Entwicklung mit dem ersten Ich-Bewusstsein des Kindes. Siehe dazu auch zu den ebenfalls eher andeutungsweisen Betrachtungen zum Gedankensinn die entsprechenden Kapitel in Königs Schrift über *Die ersten drei Jahre des Kindes*, Stuttgart 2017.

54 Zu den Lotosblumen siehe Rudolf Steiner: *Wie erlangt man Erkenntnisse der höheren Welten?*, GA 10, Dornach [24]1993.

55 Zu den Sinnesorganen der drei höchsten Sinne siehe auch die hier folgenden Wiener Vorträge. – Schriftliche Ausführungen zu diesem Gebiet finden sich in Karl König: *Die ersten drei Jahre des Kindes*, Stuttgart 2017 und in dem Kapitel über den Lebenssinn im 2. Band dieser Ausgabe.

Die zwölf Sinne des Menschen / Wien 1963

1 Rudolf Steiner: *Anthroposophie – Psychosophie – Pneumatosophie*, GA 115, Dornach [4]2001.

2 Der Philosoph und Psychologe Adolf Stöhr (1855–1921) lehrte an der Universität Wien, wo König studierte. Welches «große Buch der Allgemeinen Sinneslehre» gemeint war, ist leider nicht bekannt.

3 Siehe auch im 2. Band den Aufsatz von Richard Steel, wo dies vom Gesichtspunkt der Biographie Rudolf Steiners aufgegriffen wird.

4 In: *Psychologie vom empirischen Standpunkt*, zuerst veröffentlicht 1874 in Leipzig.

5 Vgl. Rudolf Steiner: *Von Seelenrätseln,* Abschnitt «Über die wirkliche Grundlage der intentionalen Beziehungen», GA 21, Dornach ^{5}1983.

6 Die Licht- und Farbtherapie ist näher beschrieben in dem Aufsatz von I. Rascher: «Über eine Farblichtbehandlung für Sehgeschädigte», in: C. Pietzner (Hrsg.): *Aspekte der Heilpädagogik,* Stuttgart 1969.

7 Im ersten Vortrag im Kapitel «Anthroposophie», 23. Oktober 1909, in *Anthroposophie – Psychosophie – Pneumatosophie,* GA 115, Dornach ^{4}2001.

8 Am 8. August 1920, in: *Geisteswissenschaft als Erkenntnis der Grundimpulse sozialer Gestaltung,* GA 199, Dornach 1985. Siehe besonders auch die Ausführungen Karl Königs im 2. Band.

9 Ebenda.

10 Ernst Mach: *Grundlinien der Lehre von den Bewegungsempfindungen,* Wien 1875; Josef Breuer: «Über die Bogengänge des Labyrinths», *Allgemeine Wiener Medizinische Zeitung,* Band 18, 1873. Breuer veröffentliche in den darauffolgenden Jahren mehre Artikel zum Thema.

11 Diese Formulierungen konnten bei Rudolf Steiner bislang nicht ermittelt werden.

12 Rudolf Steiner, im Vortrag «Die Mission des Zornes» vom 21. Oktober 1909, in: GA 58. Da sagte Steiner: «Verwandelter Zorn ist Liebe im Leben. So sagt es uns die Realität. Daher hat der Zorn, der in sich selber maßvoll auftritt im Leben, die Mission, den Menschen zur Liebe zu führen; wir können ihn bezeichnen als der Erzieher zur Liebe [...] Aber wir wissen auch, dass diese beiden Dinge zusammengehören, dass das eine ohne das andere nicht bestehen kann. Im Leben bedingen und bestimmen sich diese Dinge.»

13 König hat viel über die Zusammenhänge gearbeitet und sie als eine Grundlage für die Musiktherapie benutzt. Ein Band der Werkausgabe zu Musik und Musiktherapie ist gegenwärtig (Stand 2021) in Vorbereitung.

14 Vgl. K. Conrad: «New Problems of Aphasia», *Brain,* Vol. 77, 1954. König ist in seiner Schrift: *Die drei ersten Jahre des Kindes,* Stuttgart 2017, näher auf die Arbeiten Conrads eingegangen.

15 Rudolf Steiner: Vortrag am 13. August 1916, in: *Das Rätsel des Menschen. Die geistigen Hintergründe der menschlichen Geschichte,* GA 170, Dornach ^{3}1992.

16 Königs Ausführungen über das Verhältnis von Tierkreis und Sinnen scheinen in Widerspruch zu stehen zu entsprechenden Äußerungen Rudolf Steiners, die eine andere Zuordnung nahelegen – allerdings sie nicht explizit ausführen. Auch hat Steiner selbst den Kreis der Sinne von verschiedenen Gesichtspunkten ausgehend unterschiedlich angeordnet. Siehe dazu etwa den Vortrag vom 12. August 1916, in: *Das Rätsel des Menschen. Die geistigen Hintergründe der menschlichen Geschichte,* GA 170, Dornach ^{3}1992. Ferner den Vortrag vom 20. Juni 1920, in: *Weltwesen und Ichheit,* GA 169, Dornach ^{2}1963; Vortrag vom

8. August 1920, in: *Die Wissenschaft vom Werden des Menschen*, GA 183, Dornach [2]1990 sowie den Vortrag vom 8. August 1920, in: *Geisteswissenschaft als Erkenntnis der Grundimpulse sozialer Gestaltung*, GA 199, Dornach [2]1985.

17 Auch als die «Katastrophe von Longarone» bekannt – am 8. Oktober 1963, also kurz vor dem Kurs in Wien, wurde durch einen Erdrutsch an der Vajont-Staumauer (100 km nördlich von Venedig) eine Flutwelle ins Tal ausgelöst, die das Städtchen Longarone und acht andere Ortschaften vollkommen zerstörte. Über 2.000 Menschen verloren ihr Leben. Die 1956 gebaute Staumauer war damals die höchste der Welt.

18 König hatte sich eingehend mit der Problematik dieser Kinder auseinandergesetzt. Ab 1953 stieg die Anzahl schwerstgelähmter und gliedmaßenverstümmelter Kinder, bis 1963 ein Kinderarzt den Zusammenhang mit dem Medikament «Contergan» und dem Wirkstoff Thalidomid feststellte. In Deutschland allein waren es schon über 5.000 betroffene Kinder. König hielt 1963 eine Vortragsreihe mit dem Titel «Die Contergan-Katastrophe. Die Frage nach dem verlorenen und wiederzufindenden Leben» und schrieb Aufsätze in der Zeitschrift *Die Kommenden* mit dem gleichen Titel. Seine Erfahrungen mit diesen Kindern floss dann teilweise in die Arbeiten ein, die im zweiten Band publiziert sind.

19 Eugen Kolisko (1893–1939) war ein guter Freund Königs und auch manchem Zuhörer gut bekannt. Er war – wie König – Wiener. Nach dem Medizinstudium in Wien lehrte er dort medizinische Chemie und trat in anthroposophischen Kreisen häufig als Redner auf und gab Kurse zu anthroposophischen Themen mit Studierenden. Rudolf Steiner berief ihn als Lehrer und Schularzt für die erste Waldorfschule in Stuttgart. Er war 1936 nach England emigriert und wollte dort eine Freie Universität gründen. Durch seinen plötzlichen Tod, 1939, kam dies nicht mehr zustande.

Course on Differential Diagnosis

1 Unvollständige, fragmentarische Hörernotizen, die hier nicht weiter kommentiert bzw. ergänzt wurden, um den lebendigen Charakter der Vortragssituation beizubehalten.

2 Karl König: *Die ersten drei Jahre des Kindes*, zuerst 1957 beim Bund der Freien Waldorfschulen, Stuttgart, veröffentlicht. Für die Werkausgabe als Neuherausgabe geplant. Siehe auch: Karl König: *Die ersten drei Jahre des Kindes*, mit einem Vorwort von Georg Soldner, Stuttgart 2017.

Tagebuchnotizen der Reise nach Wien

1 Das Tagebuch 1963 gehört zu den Tagebüchern, die nicht vollständig, sondern lediglich in Auszügen erhalten geblieben sind.
2 Siehe Newsletter des Karl König Instituts Nr. 17, Johanni 2017.
3 Siehe die Ansprache bei der Verleihung und Details über den Orden in Karl König: *Camphill. Ursprung und Ziele einer Bewegung*, Stuttgart 2019.

Die Karl König Werkausgabe erscheint seit 2008 sukzessive im Verlag Freies Geistesleben (Stuttgart) sowie in englischer Sprache bei Floris Books (Edinburgh). Sie wird herausgegeben vom *Karl König Archive* (Aberdeen) und berücksichtigt den gesamten, umfangreichen Nachlass Karl Königs – seine sämtlichen Bücher, Aufsätze und Manuskripte, Vorträge und Vortragsvorbereitungen, seine Tagebuch- und Notizbucheintragungen, seine künstlerischen Arbeiten und seine weitläufige Korrespondenz. Die einzelnen Bände der Werkausgabe werden in zwölf thematischen Kategorien publiziert. Es ist das Ziel der Ausgabe, Königs umfangreiches Lebenswerk in systematischer Weise zu erschließen und der Öffentlichkeit bekannt zu machen, eine Arbeit, an der zahlreiche Mitarbeiter aus verschiedenen Ländern beteiligt sind.

Die 12 Abteilungen der Werkausgabe:

1. Medizin und medizinische Menschenkunde
2. Heilpädagogik und Sozialtherapie
3. Psychologie und Pädagogik
4. Landwirtschaft und Naturwissenschaft
5. Soziale Frage
6. Camphill-Bewegung
7. Christentum und Jahresfeste
8. Allgemeine Anthroposophie
9. Zum inneren Schulungsweg
10. Geistesgeschichte und biographische Arbeiten
11. Das künstlerische und literarische Werk
12. Zur Biographie Karl Königs

Karl König Archive
Camphill House
Milltimber | Aberdeen AB 13 0AN
United Kingdom
www. karlkoeniginstitute.org
aberdeen@karlkoeniginstitute.org

Karl König Werkausgabe
Abteilung 6: Die Camphill-Bewegung

297 Seiten, Leinen mit Schutzumschlag
ISBN 978-3-7725-2406-6

Was steht hinter der Camphill-Idee und was hatte Karl König für die Menschen in den Camphill-Gemeinschaften erhofft? Frühe Texte und Aufzeichnungen aus den verschiedenen Aufbauphasen, ergänzt durch zahlreiche Fotos und eine ausführliche Einleitung, erlauben einen detaillierten Einblick in die Ideale und das geschichtliche Werden dieser außergewöhnlichen Bewegung Camphill.

Verlag Freies Geistesleben

Karl König Werkausgabe
Abteilung 2: Heilpädagogik und Sozialtherapie

319 Seiten, Leinen mit Schutzumschlag
ISBN 978-3-7725-2416-5

In der Gründungszeit der neuen gemeinsamen Lebensorte für Menschen mit und ohne Behinderung – den Camphill-Dorfgemeinschaften – hielt Karl König drei Dorfkonferenzen, in denen er wesentliche Impulse für die innere Entwicklung der Mitarbeiter aufzeigte. Die Konferenzen dokumentieren Königs Sicht auf die Aufgaben dieses neuen Zusammenlebens bzw. die Suche nach den wahren Werten der Menschlichkeit.

Verlag Freies Geistesleben